U0656206

汽车维修与服务高技能人才培养丛书

# 汽车影音改装实用教程

主　编　王鹤隆　李　雪
副主编　林彬生　汪　建

机械工业出版社

本书内容包括：汽车影音的基本概念、汽车影音电学基础、汽车影音改装基础知识、汽车隔声、汽车影音改装实例、汽车影音调音步骤与实例、超低音音箱制作过程、汽车影音问题汇总、常见车型汽车音响系统的拆卸、汽车影音改装服务流程及检核重点、MECA 国际裁判守则、音质评分规则与指南、工艺评分规则与指南、声压竞赛规则与指南等。

本书集合了美国、日本和中国改装名店名车改装案例解析，内容深入浅出，理论与实践相结合，便于汽车影音改装人员及职业技术学校师生学习，也可作为汽车影音改装行业认证与培训教材。


**图书在版编目（CIP）数据**

汽车影音改装实用教程/王鹤隆，李雪主编．—北京：机械工业出版社，2012.7（2024.8 重印）

（汽车维修与服务高技能人才培养丛书）

ISBN 978-7-111-38175-4

Ⅰ．①汽…　Ⅱ．①王…②李…　Ⅲ．①汽车-音频设备-基本知识　Ⅳ．①U463.67

中国版本图书馆 CIP 数据核字（2012）第 080238 号

机械工业出版社（北京市百万庄大街 22 号　邮政编码 100037）

策划编辑：齐福江　责任编辑：齐福江

版式设计：石　冉　责任校对：闫玥红

封面设计：路恩中　责任印制：单爱军

北京虎彩文化传播有限公司印刷

2024 年 8 月第 1 版第 10 次印刷

184mm×260mm · 15.75 印张 · 4 插页 · 398 千字

标准书号：ISBN 978-7-111-38175-4

定价：49.00 元

凡购本书，如有缺页、倒页、脱页，由本社发行部调换

电话服务　　网络服务

服务咨询热线：（010）88379833　　机 工 官 网：www.cmpbook.com

读者购书热线：（010）88379649　　机 工 官 博：weibo.com/cmp1952

教育服务网：www.cmpedu.com

封底无防伪标均为盗版　　金 书 网：www.golden-book.com

# 本书编委会

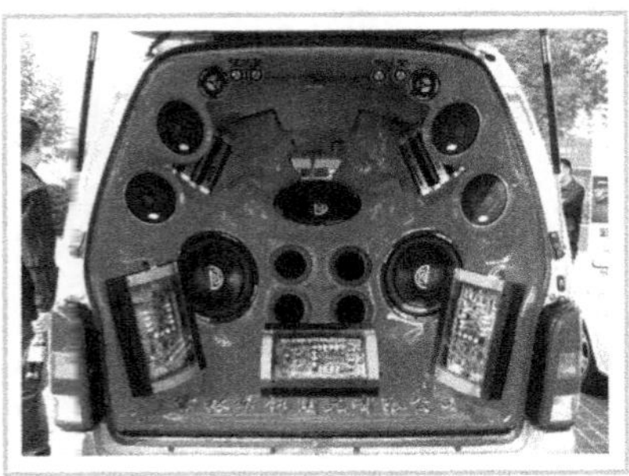

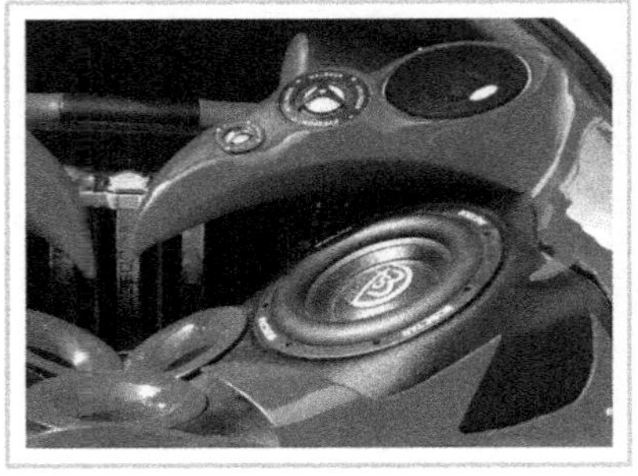

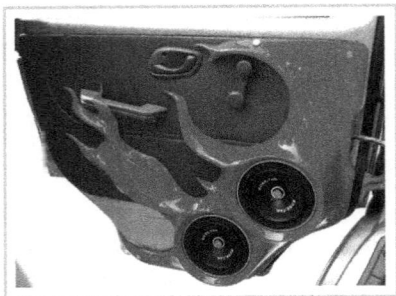

# 前言
# foreword

改装、维修汽车影音设备是当前汽车用户普遍选择的一项汽车改装服务。随着汽车的普及和电子技术的发展，人们开始醉心于车厢内音乐享受，掀起了汽车影音改装的热潮。

汽车影音市场主要分为两部分：一是原厂配套市场，指汽车厂商在汽车生产过程中将某个品牌作为其汽车影音的标准配置；二是后装市场，指原厂装备服务商市场和消费者的终端零售市场。汽车影音改装是汽车产业发展过程中所衍生出来的一个重要的分支行业，它是风靡世界的私家车个性改装文化，也是在这个文化创意产业中最能让消费者领略到最时尚的汽车文化。

现代汽车电子产品技术含量非常高，改装维修汽车影音设备的技术含量也非常高，而且车内改装与保证汽车安全有着密切的联系，因此改装、维修汽车音响及影音设备业务对专业技术人员有着相当高的要求。目前，我国改装、维修汽车音响及影音设备服务也正逐渐走向普及化、专业化，它必然会成为一个庞大的黄金产业和从业人员集中的行业。

同时，汽车影音改装还具有极大的思想性、技术性、艺术性、经济性和社会性，需要产品的提供者、鉴赏者、消费者的共同努力，苦心孤诣，精细运营。汽车影音改装需要依靠从业人员的智慧、技能和天赋，借助于高科技对文化资源进行创造与提升，通过知识产权的开发和运用，生产出高附加值产品，使它成为具有创造财富和就业潜力较大的趋势性行业。

很多初学者与消费者会认为，花哨的改装就是汽车影音改装的卖点。其实不然，改装汽车影音设备首要考虑的就是安全保护系统，然后再依照聆听者的音乐爱好要求，去实现拥有耐人寻味的音乐表现。过多的花哨改装，除了在音质本质上并没有多大的帮助以外，甚至会额外地增加车辆负重和发电机电力负载。如果把这些时间和精力用在车门隔声、中低音扬声器与车门的密合度、A 柱高音角度定位、布线整齐性等研究与实践方面，才更有意义，也才是汽车影音改装的最终目的。

目前改装汽车影音设备从业人员在技术上存在的问题将在本书中进行详细地讲解，同时为读者在汽车影音改装、调音方面的学习提供了丰富的资料和精确的数据，从理论和实践相结合的角度培育真正合格的专业汽车影音改装技师。书中或许尚有不尽理想的地方，还望读者海涵。如果有更好的建议及更好的思路，望请大家能够花点时间回复指导，笔者将会以最快的速度去改正。希望能借本书中的内容，让想学习汽车影音改装的爱好者在实践中累积经验，更上一层楼。

本书内容包括汽车影音的基本概念、汽车影音概论、汽车影音电学基础、汽车影音改装基础知识、汽车隔声、汽车影音改装实例、汽车影音调音步骤与实例、超低音音箱制作过程、汽车影音问题汇总、汽车音响改装系统的附件制作、常见车型汽车音响系统的拆解、汽车影音改装服务流程及检核重点、MECA 国际裁判守则、音质评分规则与指南、工艺评分规则与指南、声压竞赛规则与指南、汽车音响比赛裁判执裁流程等。

本书内容凝炼了笔者在汽车影音行业逾 10 年的从业经验，通过对具体改装实例的分析，采用图文并茂的方式（收纳 500 余张图片），将汽车影音改装知识和操作过程介绍给读者。本书内容深入浅出，理论与实践相结合，便于从业人员及多层次的汽车影音爱好者理解学习。同时，考虑到读者对象的实际情况，对目前市场上较热门的汽车影音器材如先锋 P90、彩虹鉴赏级扬声器等应用实例进行讲解。

读者如果想进一步学习，可以购买全彩印刷的《汽车影音改装技术与实务》（配有 DVD 视频操作教学中）。

**主要鸣谢人员名单（排名不分顺序）：**

**汽车相关资深人士**

饶联锦　中国汽车影音网 CarCAV. com　总裁

刘　扬　MECA 汽车电子竞赛　总经理

金　旭　北京锦隆同创商贸有限责任公司　总经理

付　龙　山东招远付龙汽车音响专卖店

黄宗汉　功学社天津商贸　行销处处长

萧怀龙　资深汽车连锁机构　技术总监

周　工　重庆三正汽车影音　总经理

张振同　山东东韬公司　总经理

**北京乐逍遥车友会**

史新刚　乐逍遥车友会　队长

王煜炜　乐逍遥 – 资深普通队员

曹　和　乐逍遥 – 酒品先锋队员

张　杰　乐逍遥 – 酒品先锋队员

殷小飞　乐逍遥 – 车友驿站　站长

本书由王鹤隆（ANDY）、李雪任主编，林彬生、汪建任副主编，参编人员有居日杰、姚勤、李洁、刘金泽。在编写中还得到中国汽车影音网、MECA 中国汽车影音竞赛裁判团队、中华汽车音响发展协会、澳良集团、北京诚生隆、上海妙声科技、上海新旅程、京辉汽车、锦州车馆、广州音皇汽车音响有限公司以及北京乐逍遥车友会超级发烧友群的鼎力支持，在此表示衷心的感谢。技术支持与交流博客 http：//hi. baidu. com/y20369，电子邮箱 y20369@ QQ. com，微信 y20369，QQ 510242527。

编　者

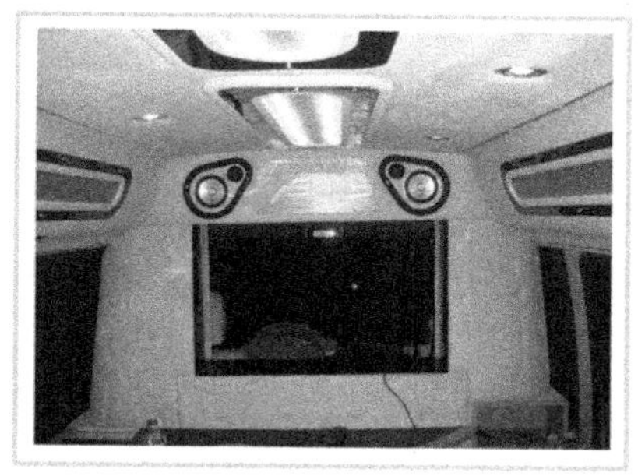

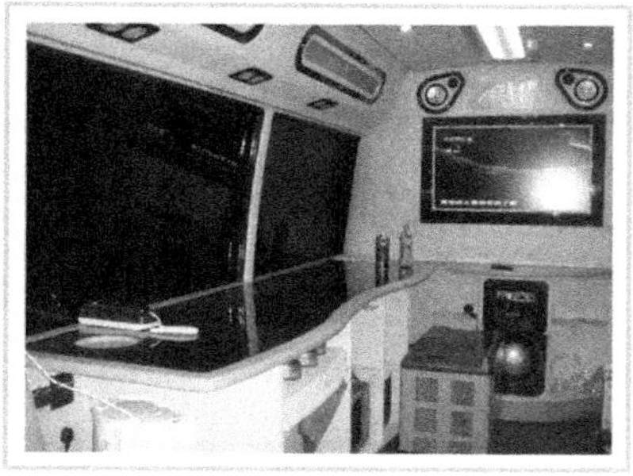

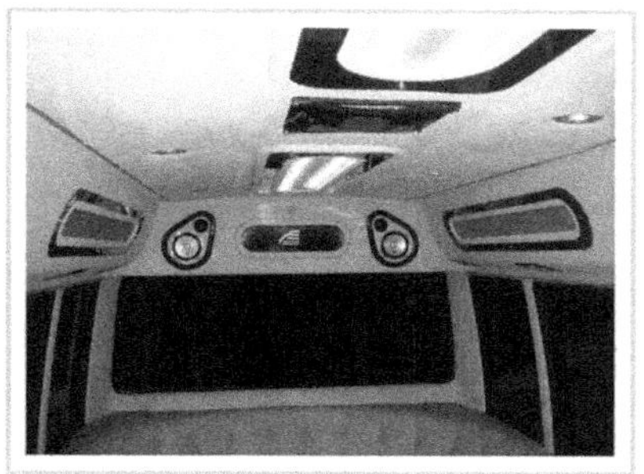

# 目录
# contents

# 第一章

# 汽车影音的基本概念

## 一、汽车影音发展史

随着物质生活的不断提高，人们对精神生活要求也越来越高，欣赏的水平也随之提高，汽车影音也越来越受到重视，造就了多样化的汽车影音。消费者最先接触的汽车影音的试音柜也出现了不同风格、造型，日本先锋汽车影音试音柜如图 1-1 所示。汽车影音从简单的电子管收音机开始，至今已经发展到 DVD 系统甚至 DVD 导航系统模块。

从收音机到半导体的发展过程，用了 30 年，这 30 年时间大家在车上只能听收音机（AMF 波段）。到了 20 世纪七八十年代，出现了磁带机，磁带机给用户带来一个新的起点，通过磁带放歌曲，给用户更多的选择，大大提高了汽车影音在汽车方面的地位。

VCD 的出现大大改变了人们观赏影音的方式，为追求这方面享受的消费者增加了选择余地。随着民用音响的发展，汽车影音的发展也紧随其后，甚至超出民用影音系统，它的要求也越来越高。

今天，就汽车影音器材设计和制造两方面来说，已不仅是一门学问，更是一门艺术。从技术角度来讲，汽车影音里融入很多方面的理论知识，比如电声学、机械与振动、建筑声学、音乐心理学、材料科学、声学、生理学、工业设计等，因此，国内外同行业间都会举办多元化、多项目的汽车影音竞赛。北京国际汽车改装展示会上的颁奖实景如图 1-2 所示。

图 1-1　日本先锋汽车影音试音柜

图 1-2　北京国际汽车改装展示会

现在的汽车影音应该说是科学和艺术等多方面的结合，它属于个性化产品，随着车主喜好不同，经过不同的设计及搭配改装之后，绝大部分车辆的影音器材配置后的效果是不同的。从爱迪生发明留声机这100多年以来，现代电子技术和高端汽车科技有了非常好的融合。

## 二、汽车影音和民用音响的区别

汽车影音和民用音响在理论上是相同的，但实际上汽车影音和民用音响还是有很多不同的地方，特别是汽车影音在安装技术、安装工艺、调试的方式上都要比民用音响复杂。

用数学的语言来讲，汽车影音有无穷的延伸和计算方法，也就是说每辆车的影音系统都是截然不同的。

用物理学的语言来讲，每辆车的声音、音色、音质、声压等都是不同的，有不同的谐波。

用心理学的语言来讲，它可以调节人的各种心理状态，可以使人感觉到很愉悦。

用电声专业技术的语言阐述，汽车影音比起民用音响、多媒体音响来讲是最难“伺候”的。日本多媒体影音系统中的导航系统如图1-3所示。

如果用汽车影音发烧友的语言来说，他们都会有这种感觉：汽车影音是一种能带给我们人性化的快乐旅程，能让驾驶人及乘客保持快乐情绪的一种精神伴侣。

实际在使用过程中由于汽车中环境比较恶劣，造成了汽车影音与民用音响在设计、制作和使用方面的不同。

### 1. 外形结构不同

从器材的外形上来讲，汽车影音和民用音响根本不同。汽车影音主机由于受到汽车仪表板面积的限制，所以体积较小。一般欧洲车型按DIN标准规定，长183mm、高50mm、深153mm；日本车型大多采用2-DIN双层形式，长180mm、高100mm、深153mm；此外还有不规则形状影音主机。

汽车影音所采用的材质是高密度贴片式元器件，多层立体装配结构方式，在有限的体积中，它可以容纳磁带或者CD还有调谐器功率放大器、高低音控制等功能部件，在技术设计方面要求很高，所以在成本上也相对提高。各种主机规格外形如图1-4所示。

图1-3 日本多媒体导航系统

图1-4 标准规格、2-DIN规格、不规则形状的原车主机

**2. 视听环境不同**

汽车影音的使用环境要比民用音响恶劣得多，车内空间狭小，声波的衍射、高温、废气、灰尘和振动等这些因素，均要求汽车影音具有内在的优异质量来抵抗这些环境方面的不足，使汽车影音在不同环境下都能正常工作。汽车影音安装线材与器材的连接也必须固定牢靠，以免发生危险。汽车行驶在不同等级的路面上，使影音器材经常受到振动和冲击，因此汽车影音必须在结构上具有抗振性能。汽车磁带放音部分多采用横向放置方式，上下卡紧保证稳定放音；CD 部分使用多级减振措施（拉簧、阻尼气囊、电子防振系统 ESP 等）；元器件焊接装配要求绝对牢固，个别的元器件还需使用强力胶来固定，以增加防振能力。因此在影音系统中需要高质量的安装设计及要求。日本汽车影音改装案例如图 1-5 所示。

图 1-5　日本汽车影音改装案例

从视听环境来说，民用音响的视听环境空间比较大，所考虑的是器材品质及房间匹配。在汽车视听环境里，除了超低音音箱可以置于行李箱之外，中、高音系统无法像民用音响或试音柜那样利用辅助式音箱来任意摆设定位，所以民用音响在安装上会比汽车影音方便很多。将扬声器安装在原厂预留扬声器孔的位置，在绝大多数情况下都是不理想的，为了使汽车内的音响有好的听音效果，就要对汽车内各个扬声器的安装位置、角度做细致的调整，使聆听者能感受到正确的声场。在汽车影音改装技术中利用踢脚板安装法（Kick Panel）或玻璃钢导模方式来改变扬声器摆设的位置，让声场感受来自风窗玻璃的正前方，而不是从门边的脚底下发出来，后座方位的声源则只是要求具有辅助性。汽车影音改装后要利用包皮革等工艺使其更加完美。

其次，汽车里的温差太大，夏天的暴晒可能使车厢里达到六七十摄氏度，冬天又可能低到零下几十摄氏度，对器材适应温度的能力比民用音响有更高的要求，必须比民用音响有更好的适应能力。高温会对影音器材造成非常大的影响，所以设计良好的通风设备及增加散热装置，也是汽车影音工作者的重要工作之一。民用音响都是现成的器材，按照使用说明书的连接方法将它们连接好，便可以使用。汽车影音的器材却不同，器材盒内可能连电源线都没有，为使汽车影音在改装后绝对安全，所以在为汽车影音器材连接电源线时，就要注意电源线的安装线径以及加装相对应的熔丝，特别是在安装功放时更要注意，才能保证使用安全。

车辆在道路上行驶的各种噪声，如路噪、胎噪、发动机的噪声、风噪，都是民用音响中不存在的问题，但在汽车上却是常见的问题。最常见的现象就是当车辆在停放的时候听音乐，发动机在没有起动的情况下，所听到的影音效果还算不错，但在车辆起动后行驶时，就会发现效果马上变差。车门的密封性与车门内部玻璃升降机等杂物的共振，实在无法满足像民用音响的基本要求。最好的办法是为汽车做隔声，隔声可以降低各种噪声，同时还可以使扬声器有更好的播放效果。

**3. 采用电压不同**

汽车的各种电器都共用一个蓄电池，电磁干扰会透过电源导线和其他线路对影音产生影响，电磁干扰概率要比民用音响大很多。汽车影音的抗干扰技术包括：对电源导线的干扰采用扼流圈串在电源与音响之间进行滤波；对空间辐射干扰采用金属外壳密封屏蔽，并在音响中专门安装抗干扰的集成电路，用以降低外界的噪声干扰。由于车内空间狭小，汽车振动频繁，汽车影音在配线方面也与民用音响不同，尤其是功放必须要走低电压大电流的路线，车辆上所匹配的扬声器阻抗值（4Ω）也与民用音响不同（8Ω），电源与信号线都必须有条有理地安排，安装的线材与器材的连接上也必须固定牢靠，除了避免产生干扰外，还可以避免发生危险。

经典改装欣赏 1-1

#### 4. 调频收音灵敏度不同

汽车调频的收音灵敏度若要得到跟民用音响一样的感受，可以说是不可能的。汽车在道路上行驶时，既有方向变化，又有外界环境影响（如高楼大厦、桥梁、电线网等遮掩屏蔽），要确保调频收音使用正常，就必须要求收音部分在灵敏度、选择性、信噪比方面都具有更高的性能，对 AGC（自动增益控制）和 AFC（自动频率控制）的要求也很高；同时还需利用数码合成调谐器来保证收音部分的灵敏度，来增强抗振和调谐的稳定性。

#### 5. 功放搭配设置不同

民用音响通常只需要配置一台功放就够了，一般的配置只有前级加后级的模式。而汽车影音的声道往往会比民用音响多，在较为合理的配置中需要安装多台功放来推动不同器材，以便能调校出不同的影音效果。在创造出令人心情愉悦的音乐同时，让车主们的生活多姿多彩，这就是汽车影音工作者最重要的使命。把好听又优雅的音乐提供给经常驾车旅游或者喜欢在上下班途中欣赏音乐的车主，让醉人的旋律一路陪伴，心情也会好起来。

另外，国外正在流行汽车影音 DIY，车主与安装技术人员一起拆装音响系统，如果您是汽车影音发烧友，在详读过本书之后，不妨也考虑亲身体验一下。美国 MECA 汽车影音改装实例如图 1-6 所示。日本先锋民用音响组合实例如图 1-7 所示。

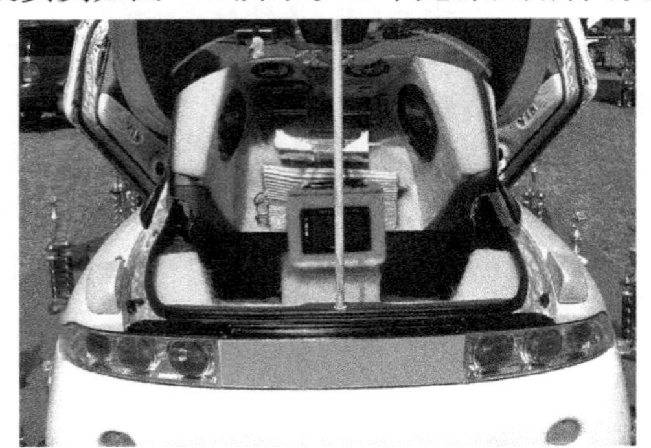
图 1-6　美国 MECA 汽车影音改装

图 1-7　日本先锋民用音响组合

综上所述，汽车影音与民用音响区别重点在于：

①器材外观不同；②视听环境不同；③电源不同；④安全系数不同；⑤防振效果不同；⑥防尘设计不同；⑦收音条件不同；⑧后级配置方法不同。

## 三、汽车影音改装原则

汽车影音器材设计巧妙，但如果没有利用正确的方法让它们发挥性能，无疑就会抹杀这些优秀音响器材的声音本质。选择器材时，要根据各品牌特性进行搭配。例如日本生产的主机，其电子数码科技和敏感便捷的操纵性能优于其他国家；而欧美生产的扬声器，其优质的材料和精纯的质地，以及传统手工的精细铸造技术，又是日本生产商无法比拟的。日本品牌的主机如图 1-8 所示。

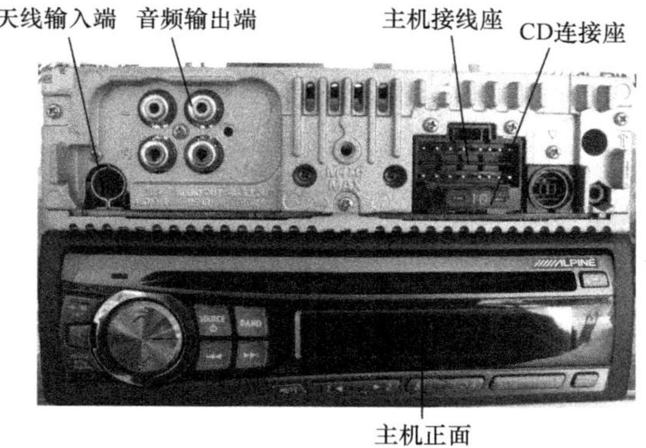


图 1-8　日本品牌的主机

所以在汽车影音改装前，首先要选择好将采用哪些公司生产的专业器材进行搭配，所有的材料都选自一个公司的产品并不是好的选择。除了器材搭配、声场定位调试以外，安装技术、工艺和使用的线材也不同。因此，只有经过专业培训的技师进行安装和调试，才能充分发挥音响器材的优势。

学习汽车影音改装的原则，是希望让读者有机会从基础的角度去了解汽车影音改装，而不单从市场的角度去判断。下面将介绍汽车影音改装的五大原则。

### 1. 安全性原则

车辆在出厂时，其原车电路系统已设计完整，在进行汽车影音等大功率电路改装过程中，把这些额外所需的电流加到原车电路系统中，可能会超出原车电路所能承载的范围。在改装影音设备时，电源线路必须独立于原车电路系统，从蓄电池上单独接出专供影音器材使用的电路，并在前后配置熔断器加以保护，而接线部分必须使用保护套管，以保障车辆的安全。改装蓄电池导线熔丝、熔丝座的标准保护方法如图1-9所示。功放接线保护套管标准保护方法如图 1-10 所示。

### 2. 系统的平衡性

搭配汽车影音时一定要考虑音响各个组成部分的平衡，即主机、功放、扬声器和线材等都要进行恰当的选择，不可偏废。

### 3. 大功率输出原则

所谓大功率输出原则是指在一套影音系统中，主机或功放的输出功率一定要大，因为它们的输出功率越大，表明它们能够控制的音频线性范围越大，这也就意味着其驱动扬声器的能力越强。而小功率的功放不仅容易引起声音上的失真，更会导致烧毁功放或者扬声器线圈。

图 1-9　蓄电池导线熔丝、熔丝座

图 1-10　功放接线保护套管

**4. 音质自然重放原则**

所谓的重放是指播放出来的音乐与原来的音乐变化不大。音质评价时的一个重要指标便是频响曲线的平滑性。曲线的平滑性是指每个音域的声音响亮大小。每个音域的声音都一致，其曲线的平滑性就好，平滑性越好，听音效果就越好。

汽车影音改装无论是主机、功放还是扬声器都必须具有非常平滑的频响响应曲线，要求的是能提供线性的、完美的低音重放效果，而不仅仅只是对超低音进行盲目的修饰和人为加重。

**5. 售后服务保障**

售后服务保障多久对产品选用有决定性的影响。很多汽车影音器材表现不错，但都因为售后服务的水准跟不上产品的脚步而不被认可，所以在选购改装器材时，必须多方面去了解是否拥有专业训练的技师及售后维修工作。

经以上叙述，可大致看出汽车影音改装原则的重要性，而唯有同时具备这五大改装原则，才能真正成为市场的主流。

## 四、声学基础

声学是研究声音及声音与环境交互的影响。要将一套高品质的音响系统完全发挥，了解声学是必须的。声学基础也是安装及使用高品质音响器材的重要基础。

**1. 声音概述**

（1）声音　声音的本质是一种波。将一块石头投入一个平静的池塘，水面上会产生一阵阵的水波，这是从视觉上了解声音最好的方法。这些波纹，从源头开始（假如是声音，源头为扬声器；如为水波，源头则为石头）以同心圆向外扩散。与水波在池塘一样，声波碰上任何东西，都会受到影响而改变，这些包括扬声器产生的其他声波、扬声器与人耳之间的任何物体、甚至于聆听室表面物质的性质。当不同声源频率相同的声波与声波碰上时，可能会出现两种不同的结果：①声波与声波相加，产生更大的波，也就是说在频谱仪曲线上出现高峰；②声波与声波互相抵消，在频谱仪曲线上产生凹陷。

（2）影响声音的一些因素

1）物体。声音不会直接通过物体。当耳朵与扬声器之间有物体时，听到的声音会受到影响，这些影响包括声波的反射及延迟，导致声音品质较为混浊。

2）表面性质。不同材质的表面，会吸收或反射声波，这种吸收或反射的情形，对整体的声音品质有很大的影响。吸收或反射的能力也与频率有关系，也就是说，某一种特定的表面，会反射某些频率，但会吸收另一些频率。

3）空间大小。当设计一套汽车影音系统时，车内空间的大小也必须考虑在内，空间的长、宽、高都会影响到整体的声场，以及推动扬声器所需要的能量。因为声波会冲撞在一起，不同大小的空间，影响会有不同。

4）扬声器位置。扬声器的位置是影响整体声音品质的一大重要因素，尤其是左右声道扬声器的距离与角度。在汽车内，扬声器的位置受到相当大的限制，为解决这个问题有很多不同的方法，例如将扬声器装于 Kick Panel、使用号角扬声器等。

（3）声音的检测　检测车内声音的问题，最方便有效的方法，除了耳朵以外，就是使用频谱分析仪，如图 1-11 所示为 PDA 类型频谱分析仪。

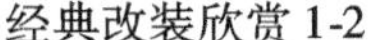

经典改装欣赏 1-2

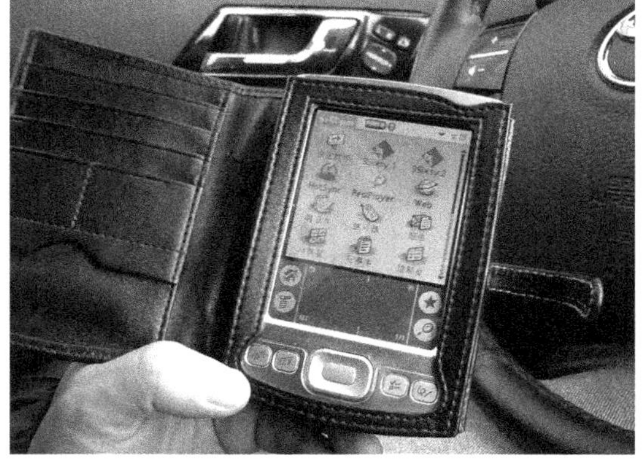

图 1-11　PDA 类型频谱分析仪

**2. 部分电声学名词解释**

每种乐器都有其独特的频谱、音色，要想提高音乐欣赏的能力，一定要多做听力对比，即播放一首乐曲时，影音系统播放出的音色与实际乐器演奏的音色有哪些不同，偏离多少等。为了进行听力对比，首先应该了解一些电声学名词概念，包括人耳的听觉特性和音响设备的主要技术参数指标。

1）纯音。它的含义有两种：①指瞬时声压随时间作正弦变化的声波；②指具有明确单一音调的声音。

2）基音。是指复合音中频率最低的成分。

3）泛音。复合音中频率高于基音的成分，其频率可以是基音频率的整数倍，也可以不是。各种乐器用不同的演奏方法能产生数量和强弱各不相同的泛音成分，即使基音相同也能具有不同的音色。

4）声波。弹性媒质中传播的一种机械波，起源于发声体的振动。声波范围为 20Hz ~ 20kHz，频率高于 20kHz 的声波为超声波，频率低于 20Hz 的声波为次声波，超声波和次声波一般不能引起听觉，只有频率在两者之间的声波才能被听到，我们把能够听到的声波称为可听声。

5）声场。指媒质中有声波存在的区域，不同的声源和环境可以形成不同的声场。

6）响度。又称“音量”，人耳对音量大小的一种感受。响度取决于声强、频率和波形。

7）音色。又叫“音品”，主要由其谐音的多寡及各谐音的相对振幅所决定。

### 3. 人耳的听觉特性

人耳对声音的方位、响度、音调及音色的敏感程度是不同的，存在较大的差异。

1）方位感。人耳对声音传播的方向及距离、定位的辨别能力非常强。人耳的这种听觉特性称为“方位感”，如图 1-12 所示，可以经由耳朵辨别声场位置。

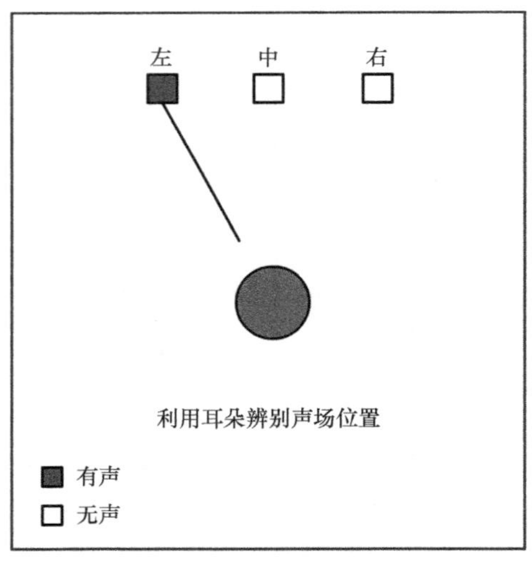


图 1-12　耳朵辨别声场位置

经典改装欣赏 1-3

2）响度感。对微小的声音，只要响度稍有增加，人耳即可感觉到，但是当声音响度增加到某一值后，即使再有较大的增加，人耳的感觉却无明显的变化。通常把可听声按倍频关系分为 3 份来确定低、中、高音频段。即：低音频段 20 ~ 160Hz、中音频段 160Hz ~ 2.5kHz、高音频段 2.5 ~ 20kHz。

3）音色感。是指人耳对音色所具有的一种特殊的听觉上的综合性感受。

4）聚焦效应。人耳的听觉特性可以从众多的声音中聚焦到某一点上。如我们听交响乐时，把精力与听力集中到小提琴演奏出的声音上，其他乐器演奏的音乐声就会被大脑皮层抑制，使听觉感受到的是单纯的小提琴演奏声。这种抑制能力因人而异，经常做听力锻炼的人抑制能力就强。我们把人耳的这种听觉特性称为“聚焦效应”。多做这方面的锻炼，可以提高人耳听觉对某一频谱的音色、音质、解析力及层次的鉴别能力。

**4. 影响音质、音色的主要技术指标**

1）频率范围（单位为 Hz）。指功率放大器在规定的失真度和额定输出功率条件下的工作频带宽度，即功率放大器的最低工作频率至最高工作频率之间的范围。

2）频率响应（单位为 dB）。功率放大器的输出增益随输入信号频率的变化而提升或衰减和相位滞后随输入信号频率而改变的现象。这项指标是考核功率放大器质量优劣的最为重要的一项依据，该值越小，说明功率放大器的频率响应曲线越平坦，失真越小，信号的还原度和再现能力越强。图 1-13 是频率范围及频率响应工作图示表。

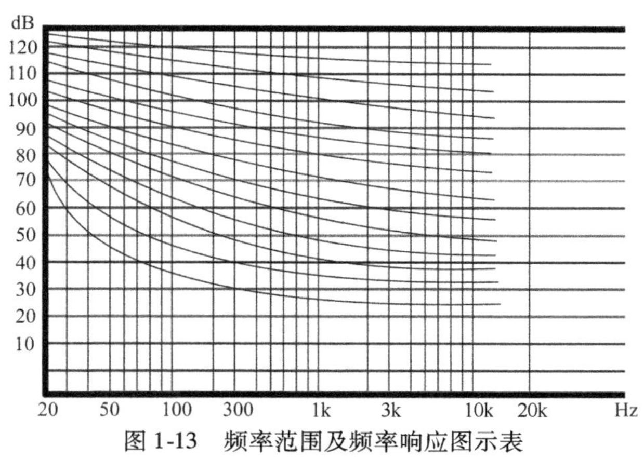


图 1-13　频率范围及频率响应图示表

一套好的影音器材，除要把各种乐器的音韵再现外，还要把各种乐器演奏的位置、距离、场面再现出来。无论个人偏爱的是哪种色调或机型，如果播放出来的音色与原来乐器演奏的音色有听觉上的差异，就不能算是一台好设备。高保真音响（Hi-Fi）的真正含义是高还原度。如果影音设备不能还原出原有乐器的音色韵味，那么就称不上高保真设备。当我们利用主观听觉判断某一音响设备时，要充分注意这一点，不要因个人的偏爱而影响正确的判断与鉴别能力的提高。

**5. 立体声的特点**

立体声系统是一种放声系统，其中的多个话筒、传输通道和扬声器安排得能给收听者一种声源立体分布的感觉。高保真的英文原词是 High-Fidelity，简称 Hi-Fi。声频设备能如实地反映声音信号的本来面貌，就叫高保真。构成立体声最主要的因素如下：

（1）具有声像的临场感　立体声的重放，能够比较真实地再现声场，使人感到声源的“像”（或声像）已被分布到空间的各个角落或某些范围，而不仅限于少数几个扬声器。不仅如此，借助于立体声声像空间的分布感以及空间的层次感，使得那些需要突出的声部也能真实地再现。如图 1-14 所示为构成声像临场感图示。

(2) 具有较高的清晰度和信噪比　立体声由于具有声像空间分布感的特点，声源来自各方位，掩蔽效应虽然还存在，但比单声道的影响要小得多，因而清晰度较高。立体声可以相对减小噪声，提高信噪比。虽然立体声不能实质性地降低背景噪声（背景噪声依然存在），可是由于噪声的随机性，当立体声重放时，这些背景噪声声像也被分散到空间的各个方位了。

**6. 听觉定位原理**

人对声源方位的定位和对声音的立体感觉，主要依赖于双耳。“耳壳效应”对双耳的定位功能起着重要的补充作用。如图 1-15 所示为构成声像立体感图示。

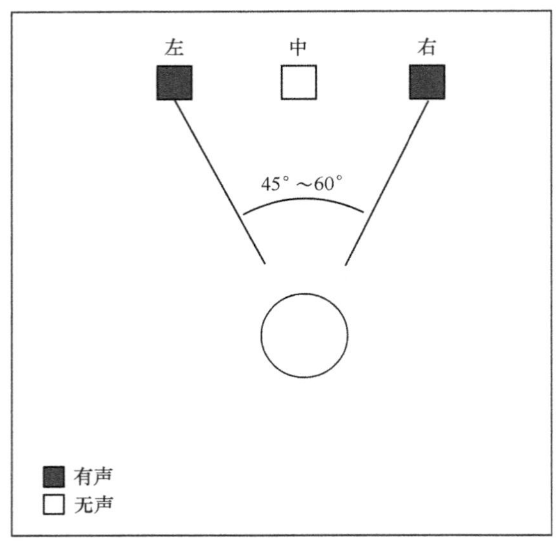


图 1-14　声像临场感构成图

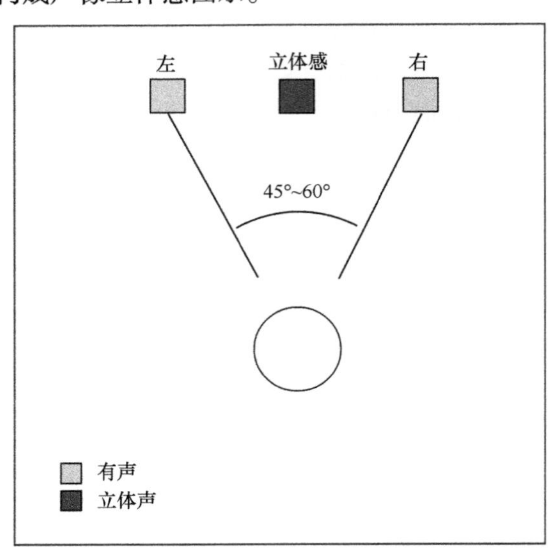


图 1-15　声像立体感构成图

1）双耳效应。当某一声源至两耳的距离不同时，两耳虽然听到的是同一声波，但到达两耳的声音在声级、时间、相位上存在着差异，这种微小差异成为听觉系统判断低频声源方向的重要客观依据。对于频率较高的声音，还要考虑声波的绕射性能。由于头部和耳壳对声波传播的遮盖阻挡影响，也会在两耳间产生声强差和音色差。

总之，由于到达两耳处的声波状态的不同，造成了听觉的方位感和深度感，这就是常说的“双耳效应”。不同方向上的声源会使两耳处产生不同的（但是特定的）声波状态，从而使人能由此判断声源的方向位置。如果人们设法特意地在两耳处制造出与实际声源能够产生相同的声波状态，就可以造成某个方向上有一个对应的声源幻象（声象）的感觉，这正是立体声技术的生理基础。形成双耳效应的本质因素在于声音到达两耳的声级差 $DL_p$、时间差 $D_t$ 和相位差 $D_f$。

①声级差。如果左耳听到的声音比右耳的要大，那么，听音人会觉得声音来自左侧方向，反之亦然。这种现象称为左右耳之间的声级差。声级差效应是听觉辨别声源方位的重要根据之一，如果声音来自听者正前方的中轴线上，那么，到达双耳的声音大小是一样的，于是听者就觉得这个声音处在前方；倘若声音来自听音人的左侧，听音人就会觉得声源偏左，

这取决于扬声器的安装角度和设备的好坏。

当声波在传播过程中遇到障碍物时会产生绕射现象，低频绕射损失不大，高频声波由于遮蔽区的存在，使到达被遮蔽的耳朵的声级较之直达另一耳朵的声级要小，而且频率越高或声源偏离两耳中轴线的角度越大，两耳的声级差 $DL_p$ 也就越大。这种现象称为遮蔽效应（注意：遮蔽效应与掩蔽效应不同）。遮蔽效应在引起声级差的同时，也会导致两耳的音色差，它也有助于双耳的定位作用。

由以上分析，声级差 $DL_p$ 用来判别高频声的定位。不过，当声源较远时，双耳处的声级将近似相等，因而定位作用不甚明显。

②时间差。如果左耳先听到声音，那么听者就觉得这个声音是从左边（先听到声音的耳朵的这侧方向）来的，反之亦然。这种现象称为左右耳之间的时间差效应。时间差效应是听觉辨别声源方位（发出声音的位置）的重要根据之一。如图 1-16 所示为聆听距离差异而导致时间差的图示。

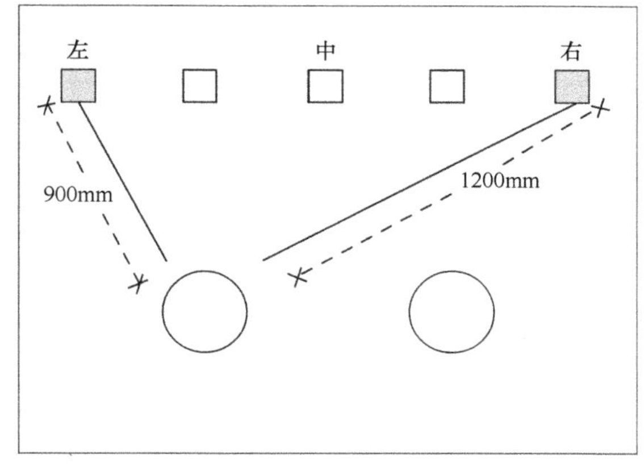


图 1-16　时间差构成图示

耳朵在头的两侧，如果一个声音来自听者正前方（中轴线），那么这个声音到达两耳的距离是相等的，因此，听者就觉得这个声音出自正前方；如果这个声音来自听音人的左侧，那么左耳就比右耳先听到这声音，于是听者便觉得声音出自前方的左侧。换句话说，如果声源偏离正前方中轴线的角度越大，左耳与右耳的听音时间差就越大，即使声源距离较远，时间差总是存在的。

③相位差。人耳在中频区（约 3kHz）左右时对声音的定位反应较差。对集群声方向的辨别能力要高于对纯音方向的辨别，这是由于音色差可以提供人耳更多的方向信息的缘故。声音是以波的形式传播，而声波在空间不同位置上的相位是不同的（除非刚好相距一个波长）。由于两耳在空间上的距离，所以声波到达两耳的相位就可能有差别。

耳朵内的鼓膜是随声波而振动的，这个振动的相位差也就成为我们判别声源方位的一个因素。频率越低，相位差定位感觉越明显。相位差 $D_f$ 与时间差 $D_t$ 和频率（或波长）有关。对低频声波，时间差不会引起太大的相位差，所以可以用来判别低频声波的方位。而对于高频声波，时间差会导致很大的相位差，有可能引起“混乱相差”。

④音色差。声波如果从右侧的某个方向上传来，则要绕过头部的某些部分才能到达左耳。波的绕射能力同波长与障碍物尺寸之间的比例有关。人头的直径约为 200mm，相当于 1700Hz 声波的波长，所以频率为 1000Hz 以上的声波绕过头颅的能力较差，衰减较大。也就是说，同一个声音中的各个分量绕过头部的能力各不相同，频率越高的分量衰减越大。于是左耳听到的音色同右耳听到音色就有差异。只要声音不是从正前方（或正后方）来，两耳听到音色就会不同，这也是人们判别声源方位的一种依据。如图 1-17 所示为由聆听距离差异而导致音色差的图示。

2）耳廓效应。耳廓效应也称单耳效应，人们利用单耳对声音进行定位的能力，由于声音来自方向不同，到达人耳经耳廓反射进入耳道后，会出现时间（相位）和音量等方面的微小差异，根据这些差异，听音者就可以判断出声音的方向。耳廓效应对声音定位的作用是客观存在的，实验还证明耳廓效应对4～20kHz频段的辨位能力最强。而人耳能够辨别方向是由于：①声音到达两耳的时间差；②声音到达两耳的相位差；③声音到达两耳的声级差；④人体对声音的感受；⑤视觉和心理因素的判别。实际上方向的辨别是很复杂的综合作用。

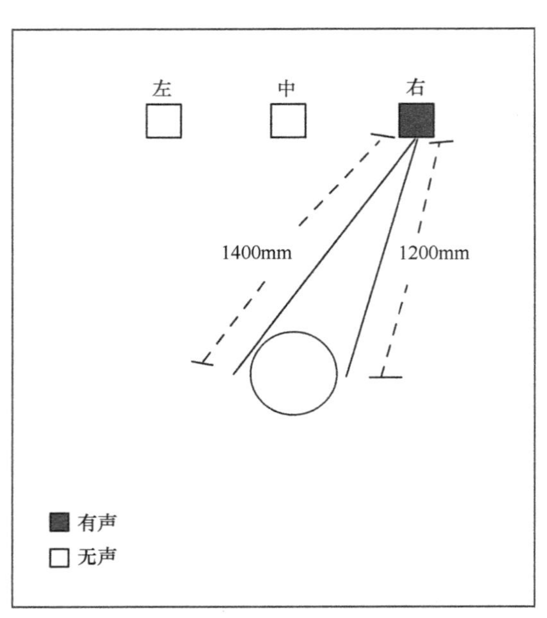


图1-17　音色差构成图

经典改装欣赏1-4

**7. 声场、结像及声场定位**

汽车影音声场、结像（staging）与声场定位（imaging）的形成，主要是利用扬声器的摆位方式。让聆听位置与音箱形成一个三角形，只要左右两个扬声器的相位（Phase）正确，就能够让聆听者感觉到声场的延伸度、结像力与定位感。其立体声信号的左边和右边信号是相似的但不是完全相同的，有两个独立的声道用来提供声音的深度感。

如果聆听位置存在偏向缺陷及扬声器位置不当，就会导致各个发音单元的声波到达耳朵的时间不一致，因而产生了时间差，直接地影响了相位。如图1-18所示，各个发音单元因为距离差异而构成声场、结像与声场定位的差异性。

造成声场无法凝聚成形的因素：①聆听位置与扬声器的距离不恰当；②音量不够大；③聆听环境噪声太多；④影音系统的细节再生能力有限。

第一种因素可以利用物理延时纠正（Physical Time Alignment）及电子延时纠正（Digital

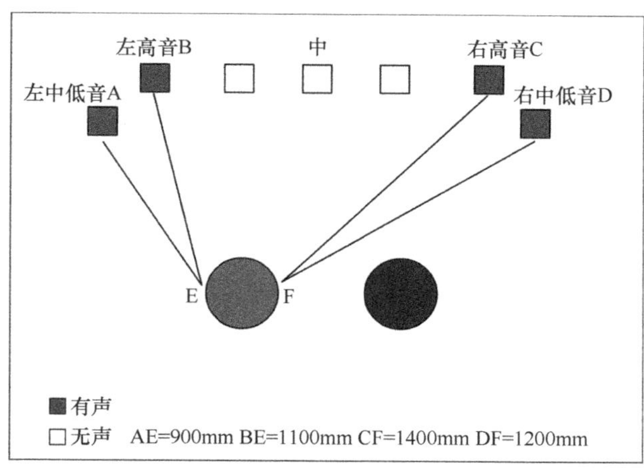


图 1-18 声场、结像与声场定位的差异图

Time Alignment）的方式来加以解决。物理延时纠正即是将前方左、右扬声器的安装位置距离聆听者的位置越远越好，效果越显著。例如前声场 A 柱高音导模和 Kick Panel，其中又以 Kick Panel 为最佳位置。

若以 Kick Panel 和 A 柱安装比较，两者之间的距离差各有多少呢？下面以高音为例来实车测量。

A 柱：

左高音离左耳的距离 = 800mm

右高音离右耳的距离 = 1270mm

距离差 = 470mm

距离比 = 1270/800 = 1. 5875

Kick Panel：

左高音离左耳的距离 = 1200mm

右高音离右耳的距离 = 1420mm

距离差 = 220mm

距离比 = 1420/1200 = 1. 1833

从以上可以比较出来 Kick Panel 在距离差上的改善。

电子延时纠正法（Digital Time Alignment）与物理延时纠正法相比，安装要来得简易。最重要的是，它可以利用车内原有的单元位置来安装扬声器，无需像物理延时纠正法那样导模来改造扬声器的位置。其原理就是把最靠近聆听者位置的扬声器所发出的信号加以延迟（Time Delay），以配合距离聆听位置较远的扬声器的声波，从而使左、右声源发出的声波同时到达聆听位置。延时的长短，视左、右扬声器的距离而定。

在车厢内，驾驶位偏向左方，明显地左边的高音和中低音会比右边更快到达耳朵。根据“德波埃效应”，这样的情况下声源一定是来自左边的方向，那么也就得不到声场上的定位准确性了。

为避免这样的情况，比较高档的主机都会内设“时间延迟功能”，英文叫 TIME ALIGNMENT。

使用这样的主机，可以根据左右扬声器到达人耳的时间差来调整，将左边的扬声器发声时间适当地延迟，使左右扬声器发出的声波到达耳朵的时间没有差异，整个音源就会出现在左右扬声器之间，即使仪表板上的声场开始出现。

经典改装欣赏 1-5

**8. 立体声构成要素**

1）立体声是指一种声音的还音系统，声音传递给聆听者时至少要通过两个通道，用以产生音源位置和深度的感觉。声音在录制过程中被分配到两个独立的声道，从而达到了很好的声音定位效果。这种技术在音乐欣赏中尤为重要，聆听者可以清晰地分辨出各种乐器来自的方向，从而使音乐更富想象力，更加接近于临场感受。

2）双声道立体声是通过两个声音通道，在听众面前重现原来声源的方位和距离的立体声技术。通常把两个独立的扬声器，分别放在听众的左前方和右前方，使聆听者能够听到左右分明并且有移动感觉的立体声节目。它的信号源，可以是立体声唱片、立体声磁带和立体声广播。这些信号源分离为左、右两个声道信号，经过两个独立的放大器放大，分别送到左、右两个扬声器来发出声音。

3）四声道立体声是通过四个声音通道，给聆听者重现四周声源的方位和距离的立体声技术。通常用四个独立的扬声器，分别放在聆听者的左前、右前、左后、右后四个位置上，使听众有更大空间感和临场感。它的信号源有四声道唱片、四声道磁带和四声道广播。这些信号源产生四套分离的信号，经过四个独立的放大器，分别送到四个扬声器放声。同时还建议增加一个低音音箱，以加强对低频信号的回放处理（这也就是如今4.1声道音响系统广泛流行的原因）。如图1-19为汽车影音4.1声道音响系统。

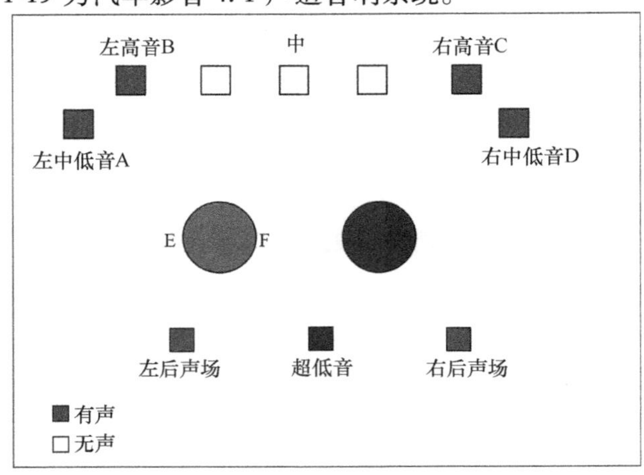


图1-19　汽车影音4.1声道音响系统图

### 9. 环绕声的分类

1）AC-3 杜比数码环绕声系统。杜比实验室在 1991 年开发出一种杜比数码环绕声系统（Dolby Surround Digital），即 AC-3 系统。AC-3 杜比数码环绕声系统由 5 个完全独立的全音域声道和一个超低频声道组成，也将它们称为 5.1 声道。其中 5 个独立声道为前置左声道、前置右声道、中置声道、环绕左声道和环绕右声道；另外还有一个专门用来重放 120Hz 以下的超低频声道，即 0.1 声道。

2）杜比环绕声（Dolby Surround）。一种将后方效果声道编码至立体声信道中的技术。重放时需要一台解码器将环绕声信号从编码的声音中分离出来。

3）杜比 B，C，S。美国杜比公司研制的系列磁带降噪系统，用于降低磁带录音产生的“嘶嘶”声，用来扩展动态范围。B 型降噪系统能降噪 10dB，C 型增加到 20dB，S 型则可达 24dB。

4）杜比 HX Pro。它不是降噪系统，而是一种改善磁带高频记录失真的技术，通常也称为“上动态余量扩展”技术。

5）杜比定向逻辑（Dolby Pro-Logic）。在杜比环绕声的基础上增加了一个前方中置声道，以便将影片中的对白锁定到屏幕上。

6）杜比数字（Dolby Digital）。也被称为新一代 AC-3，杜比实验室发布的新一代家庭影院环绕声系统。其数字化的伴音中包含左前置、中置、右前置、左环绕、右环绕 5 个声道的信号，它们均是独立的全频带信号。此外还有一路单独的超低音效果声道，俗称 0.1 声道。所有这些声道合起来就是所谓的 5.1 声道。

7）数字信号处理（DSP）。指对数字编码信号进行数字运算，从而对音频或视频信号进行处理的一种方式。

8）THX。美国卢卡斯影业公司制定的一种环绕声标准，它对杜比定向逻辑环绕系统进行了改进，使环绕声效果得到进一步的增强。THX标准对重放器材例如影音源、放大器、音箱甚至连接线材都有比较严格而具体的要求，达到这一标准并经卢卡斯公司认证通过的产品，才授予 THX 标志。

9）THX 5.1。基于杜比数字系统的 THX。

10）家庭 THX（Home THX）。指为了在家中重放电影片（复制）的声迹而特地使用的一些专利、技术和重放的标准。THX 和杜比定向逻辑环绕声及杜比数字（DD）环绕声并不矛盾，而是以它们为基础而设法予以提高。如图 1-20 为汽车影音 5.1 声道音响系统。

11）DTS。分离通道家庭影院数码环绕声系统（Discrete-channel home cinema digital sound system）也采用独立的 5.1 声道，效果达到甚至优于杜比数字环绕声系统，是杜比数码环绕声强劲的竞争对手。

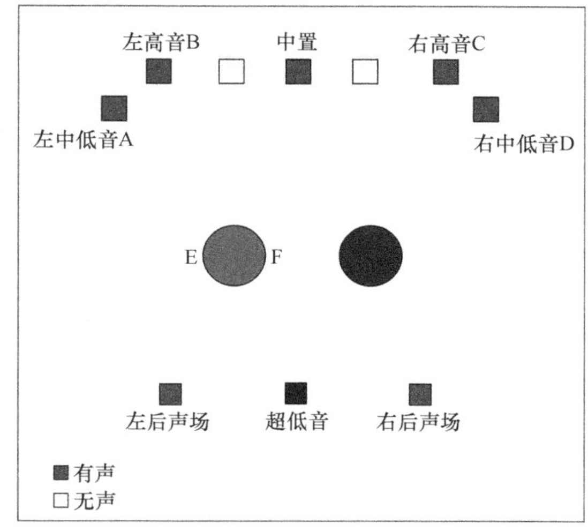


图 1-20 汽车影音 5.1 声道音响系统图

12）SRS。美国 SRS 公司的一种用两只音箱产生环绕声效果的系统。

13）Q-Sound。指加拿大一家公司开发的一种利用双声道来营造虚拟环绕声的技术，已在计算机、电子游戏机和电影院中获得一定的应用。

14）虚拟环绕声（Simulated surround）。指设法用双声道来获得近似于环绕声音响效果的一些方法。如 Q Surround、SRS Tru Surround 和 Spatializer 的 N-2-2 等。但虚拟环绕声同真正的杜比数字（DD）和家庭影院环绕声（DTS）还是不同的。虚拟环绕声还多用 Virtual Surround 表示。

15）SRS 虚拟环绕声。指美国 SRS 实验室推出的一种虚拟环绕声技术，主要采用频率滤波和频率补偿的方法来实现虚拟环绕声。

16）3D 环绕声系统。它利用耳朵的听觉特性和人的听觉心理学，把普通的立体声信号做一定函数的预处理，使用两只音箱就能使聆听者沉浸在富有真实三维空间感的立体声声场中。目前 3D 系统的种类很多，比较常用的有：SRS、Spatializer、APX、Q-SOUND、Virtaul Dolby、Ymersion 等。

3D 系统有三大优点：①它对音源没有特殊要求，无需对节目源进行处理。②利用原来的双声道立体声，不需增添多功效和音箱即可享受真实的环绕声效果。③对听音环境没有严格的要求。

在民用家庭影院和电脑多媒体系统中，以 5.1 声道为基础，又出现了 6.1（图 1-21）、7.1（图 1-22）甚至更多的音箱，其本质不过是在增减环绕或者中置等音箱数量而已，比如 6.1 声道是加了一个环绕中置，7.1 声道将中置增为左右两个声道，配上功放特殊地解析，以达到更细腻的表现效果。

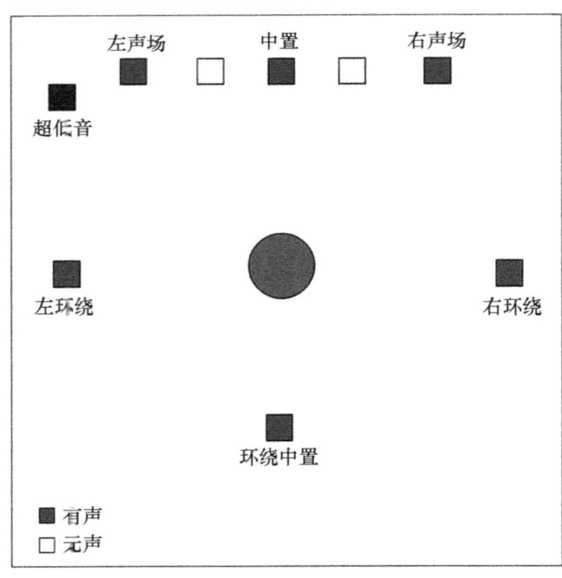


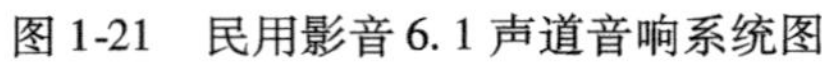
图 1-21　民用影音 6.1 声道音响系统图

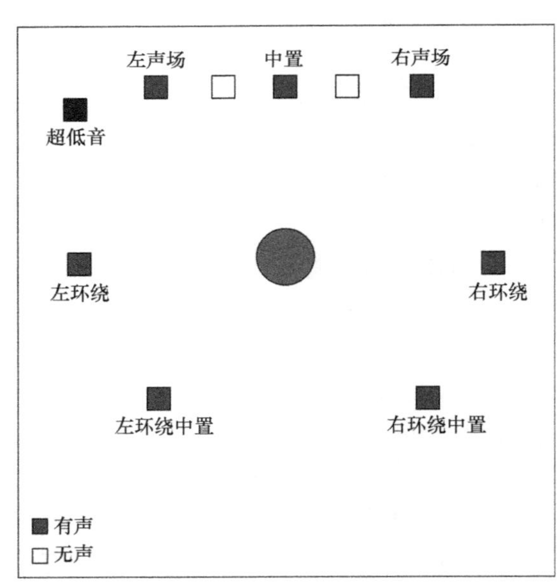


图 1-22　民用影音 7.1 声道音响系统图

前提是 DVD 盘中必须刻有 6.1 声道，如果盘中还是 2 声道的，那使用什么音响系统也无法去实现。Dolby、Pro-Logic、THX 和 AC-3 基本技术参数比较见表 1-1。

表 1-1 Dolby、Pro-Logic、THX 和 AC-3 基本技术参数比较表

| 类　型 | Dolby | Pro-Logic | THX 和 AC-3 |
|---|---|---|---|
| 录音轨道 | 2 路 | 2 路 | 5.1 路 |
| 解码输出 | 左/中/右/环绕 | 左/中/右/环绕 | 左/中/右/环左/环右/超低频 |
| 放音声道 | 左/中/右/环绕/4 声道 | 左/中/右/环绕/超低频 | 左/中/右/环左/环右/超低频 |
| 环绕声道 | 100Hz ~ 7kHz/单声道 | 100Hz ~ 7kHz 模拟立体声 | 20Hz ~ 20kHz 数码立体声 |
| 声道分离度 | 低 | 稍高 | 高 |

**10. 欧美日汽车影音的主要特点**

汽车影音品牌很多，可以归为三大主流品牌系列，即欧洲、美国、日本等不同风格的品牌。了解它们各自的特点，对于选用及欣赏各器材重放还原将会有极大的帮助。

1）欧洲品牌。从设计上奉行电路简洁的原则，外表一般比较朴素、庄重。注重功放本身内在电路结构的精心设计，以确保重放声音自然。音色表现力强，解析力强，音色细腻，富于色彩，失真度小，准确性强，尤其是对人声的表现极为真实。歌唱者发声气息、口齿、共鸣都表现得真切，使人有亲切感，得到了广大原音爱好者的追捧。

经典改装欣赏 1-6

2）美国品牌。汽车影音的最大特点是功率储备十分充足，重放的特点是瞬态响应好，即适合重放节奏感较强的音乐。功放电路设计一般采用高档元器件，对低音的重放较为讲究。外观设计透出金属感，比较有质感，但不华丽。其功率大，声电转换速率快，动态跟随能力强，瞬态特性好，技术参数高，被低频发烧友所青睐。

3）日本品牌。汽车影音注重功能齐全，外观设计较为漂亮和新颖，电路的集成化程度较高，使用功能十分复杂。华丽的外表很吸引消费者，但其内在电路及元器件在相比之下用料较为一般。由于电路中集成电路的大量采用，使器材重放声音较为生硬，层次感和细节表现欠佳，但日本品牌的汽车影音以其物美价廉的市场定位，占有了中国大部分的市场份额。

## 五、汽车影音 5.1 声道改装展示

**1. 本实例器材主要配置**

1）先锋 6850 前置 6 碟 DVD 主机。

2）先锋 7650 解码器。

3）阿尔法 PMZ3002A 前声场功放。

4）蓝宝 GT450 后声场、中置功放。

5）阿尔法 PMZ1601A 低音功放。

6）MOREL 海碧丽欧韵迅两分频 6.5in（1in = 25.4mm）套装扬声器（前声场）。

7）VDO 4in 扬声器（中置）。

8）MOREL 珀斯两分频 6.5in 套装扬声器(后声场)。

9）阿尔法 PSW410（超低音）。

制作面板框前外观

图 1-23　主机面板框改装前

**2. 影音系统制作改装过程**

1）主机面板框改装前如图 1-23 所示。

2）面板框制作过程如图 1-24 ~ 图 1-29 所示。

卸下原车面板框

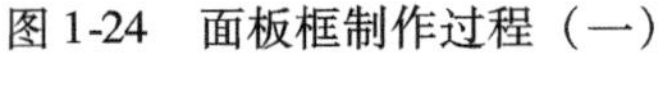

图 1-24　面板框制作过程（一）

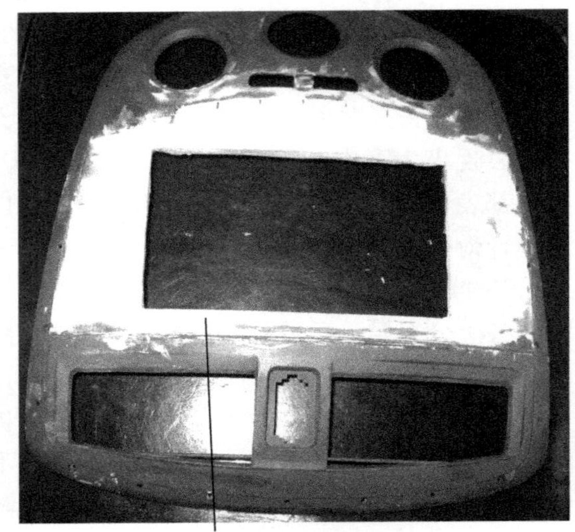

测量好改装所需的面板框尺寸，
然后用腻子将面板框表面做修饰处理

图 1-25　面板框制作过程（二）

拆下面板框后的外观

图 1-26　面板框制作过程（三）

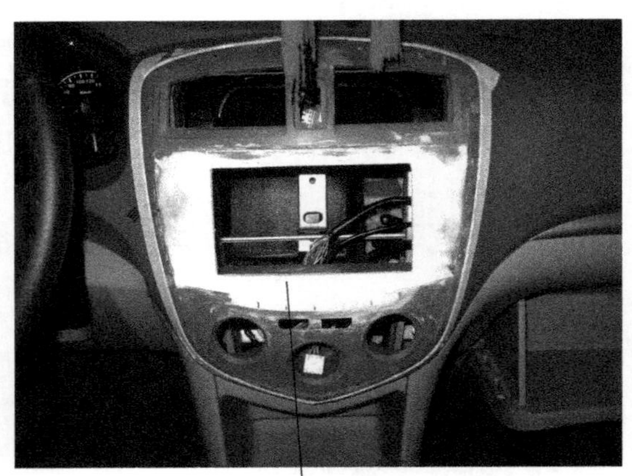

面板框试装时，必须再次确认
与改装主机的外框铁架吻合

图 1-27　面板框制作过程（四）

面板框改装后的效果
（增加碳纤维表面处理）

图 1-28　面板框制作完成（一）

DVD主机改装完成后的效果

图 1-29　面板框制作完成（二）

3）扬声器制作施工过程如图 1-30 ~ 图 1-43 所示。

在仪表板正中央制作一个中置扬声器孔

图 1-30　中置扬声器改装（一）

试装中置扬声器

图 1-31　中置扬声器改装（二）

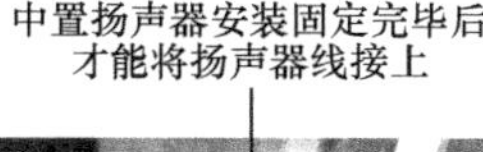
中置扬声器安装固定完毕后
才能将扬声器线接上

图 1-32　中置扬声器改装（三）

将车门贴上隔声材料
制作扬声器木垫圈拖架，
以达到改装后的最佳效果

图 1-33　右前门扬声器改装（一）

车门扬声器改装必须注意
扬声器与车门的吻合

图 1-34　右前门扬声器改装（二）

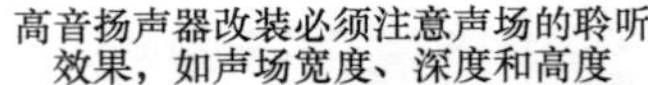
高音扬声器改装必须注意声场的聆听
效果，如声场宽度、深度和高度

图 1-35　右前门扬声器改装（三）

左前门中低音扬声器改装后的效果

图 1-36　左前门扬声器改装（一）

高音扬声器改装后

图 1-37　左前门扬声器改装（二）

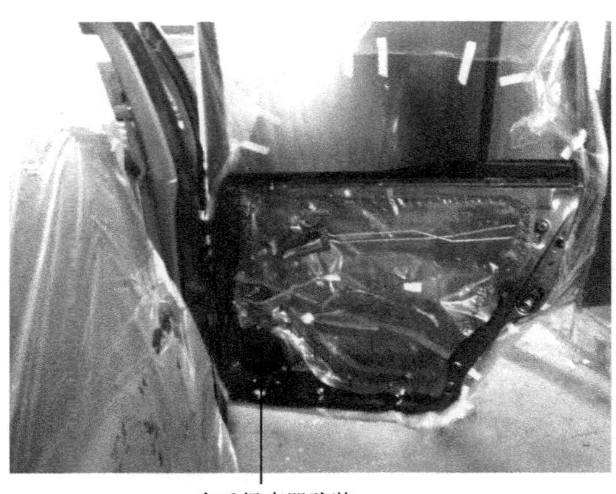
右后扬声器改装

图 1-38　右后门扬声器改装（一）

高音扬声器
右后扬声器改装后的效果

图 1-39　右后门扬声器改装（二）

图 1-40　左后门扬声器改装（一）

线材连接时必须注意防护措施，
并避免引起短路情况


图 1-41　左后门扬声器改装（二）

扬声器木拖架改装必须注意
与车门的吻合

图 1-42　左后门扬声器改装（三）

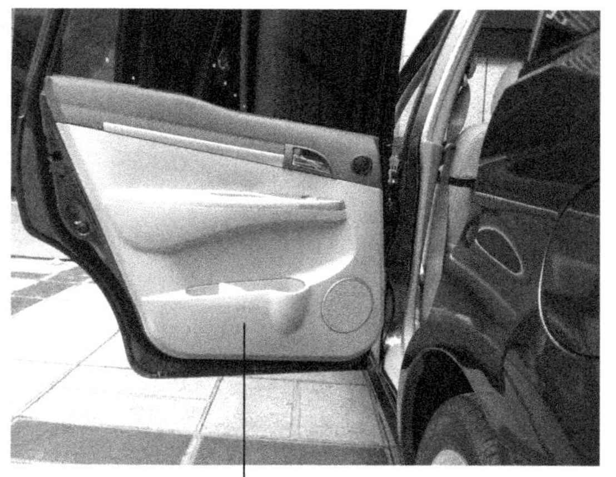


左后车门改装后

图 1-43　左后门扬声器改装（四）

4）影音系统改装完成后的效果如图 1-44 和图 1-45 所示。

DVD影音系统前座改装完成

图 1-44　前声场完成图

后备箱改装后

图 1-45　后备箱完成图

# 本 章 小 结

**1. 汽车影音和民用音响的区别：**

1）器材外观不同。
2）视听环境不同。
3）电源采用不同。
4）安全系数不同。
5）防振效果不同。
6）防尘设计不同。
7）收音条件不同。
8）后级配置方法不同。

**2. 汽车影音改装原则：**

1）安全性原则。
2）系统的平衡性原则。
3）大功率输出原则。
4）音质自然重放原则。
5）售后服务保障。

**3. 影响声音的一些情况：**

1）物体。
2）表面性质。
3）空间大小。
4）扬声器位置。

**4. 人耳的听觉特性：**

1）方位感。
2）响度感。
3）音色感。
4）聚焦效应。

**5. 中国汽车影音市场三大主流品牌系列：**

1）欧洲品牌。
2）美国品牌。
3）日本品牌。

# 第二章

# 汽车影音概论

## 一、汽车影音系统组成

汽车影音系统主要是由主机、功放、扬声器、液晶显示器等四部分构成。主机是汽车影音中最重要的组成部分，就好像人的大脑，要发出什么样的声音，得由大脑来控制。目前流行的主机有 CD 主机、MP3 加 CD 主机和 CD/DVD 影音主机，一般使用最多的是 CD 音响系统。日本汽车娱乐系统展示如图 2-1 所示。

图 2-1　日本汽车娱乐系统展示

### 1. 音源与 DVD 播放机

音源有两层含义，一种是指记录声音的载体，只有先把声音记录在某种载体上，才谈得上用音响设备把载体上的声音还原出来，这些载体是音响系统中的声音来源。汽车影音常见的音源载体有 CD（小型激光唱片）、盒式磁带、DVD、SACD（超级音频 CD）等。

音源的另一层含义，是指播放音源载体的设备。上述 CD、盒式磁带、DVD 等音源载体记录着声音信息，但必须通过相应的设备才能把信息读出来，进而以电信号的形式传输给影音系统中的其他设备。

汽车影音的音源播放设备包括 AM/FM 调谐器、磁带机、CD 播放机、MP3/WMA/AAC 解码、卫星广播、iPod、USB 接口输入、DVD 播放机。一些 DVD 播放机还有内置的环绕声解码器。

如果想充分发挥 5.1 声道的环绕声，就需要多台功放来组成 6 声道。5.1 声道分别是左前、中置、右前、左后环绕、右后环绕、超低音等声道。如果搭配上使用不同的品牌功放，就必须精确地测量输出功率，因为它们是以不同的方式输出功率。

### 2. 前级放大器（Pre-amplifier）

在信号源之后、功率放大器之前的设备都叫做前级，前级放大器如图 2-2 所示。简单来说前级是控制音频信号的设备，如 Balanced Line Driver、EQ、DSP、电子分音器等。平衡线路驱动器（Balanced Line Driver）是将不平衡的信号，转换为平衡的信号，留下一个“干净”的音频信号。

图 2-2　国际知名品牌的前级放大器

前级包括音源选择、音量控制（Volume Control）、前后控制（Fader）、左右控制（Balance）、高低音均衡控制、效果控制、电子分频器和均衡器、延迟校正以及其他相关处理功能的前置放大器。主要的作用是在功放之前的预放大和控制，用于增强信号的电压幅度，提供输入信号选择、音调调整和音量控制等功能。

### 3. 功率放大器

功率放大器（简称功放）是各类影音器材中最大的一个家族，其作用是将前级放大器及输入较为微弱的音频信号进行放大，产生足够大的电流来推动扬声器，进行声音的重放。由于考虑功率、阻抗、失真、动态以及不同的使用范围和控制调节功能，不同的功放在内部的信号处理、线路设计和生产工艺上也各不相同。根据主要用途不同，功放可以分为两大类别，即前后声场与超低音功放。美国品牌单声道功放如图 2-3所示。

### 4. 液晶显示器

显示器主要用来辅助 DVD、VCD、Car PC、导航系统、倒车摄像、移动电视等功能，目前大概分为多功能触摸屏液晶显示器与一般液晶显示器两种类型。一般液晶显示屏还分为台式液晶显示屏和伸缩式液晶显示屏。其安装位置在仪表板附近。有些为了增加家庭娱乐性，会在驾驶座及前排乘客座的头枕附近、后备箱等处安装显示器。伸缩式液晶显示屏如图 2-4 所示。

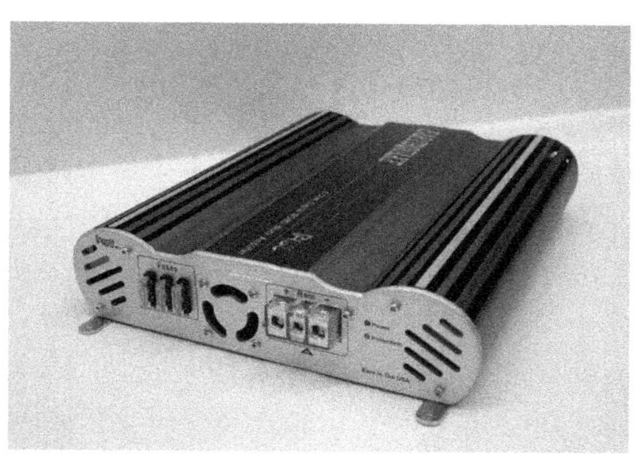

图 2-3　美国品牌单声道功放

图 2-4　伸缩式液晶显示屏

## 二、汽车影音器材介绍

选择主机是改装汽车影音系统中最重要的环节，除了需要了解主机的功能特色以外，还需要了解它的主要参数。不仅有优胜于原车配置的立体声，拥有高功率和更好的电路设计还意味着：它还能表现出更干净、更丰富、更细腻的声音，除此之外还可以增加美观性。附视频输出功能的主机则可以连接到便携式音乐播放器、后座液晶屏幕；音频输出能连接到功率放大器输入端。主机音频输出端如图 2-5 所示。功放音频输入/输出端如图 2-6 所示。

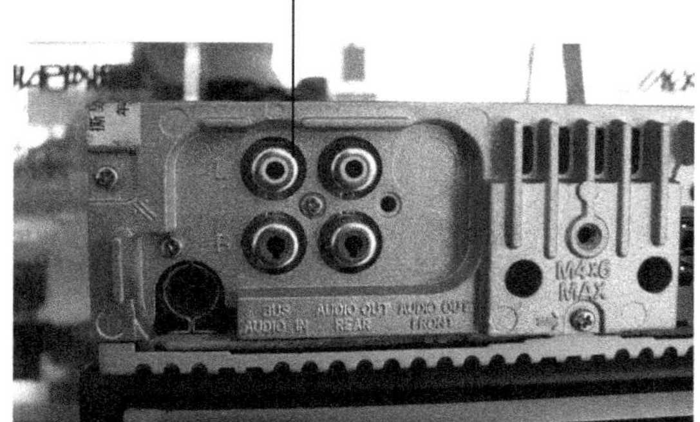


图 2-5　主机音频输出端

图 2-6　功放音频输入/输出端

主机能提供先进的功能，最常见的功能包括 MP3/WMA/AAC、iPod 的支持、卫星广播、数字（HD）电台、内置硬盘存储、DVD 播放、支持环绕声解码、支持手机蓝牙、GPS 导航等，来丰富车辆的音源播放系统。更先进的功能则包括全彩色动画显示、可定制的配色方案、杜比音效和 DTS 环绕声解码、声音控制和精密数字时间校正、参数均衡。

### 1. 汽车影音主机功能

1）RDS 显示功能。可以将电台发出的信息显示在主机的显示屏上（听不到但可以看到）。

2）响度调节功能（Loudness）。在小音量听音乐时，无法听到较低的100Hz 低频或是较高的高频，整个声音好像没有层次感。这时只要打开 LOUD 功能，主机就会对高音、中低音进行提升，令你听到丰满、清晰的声音。但在大音量时会觉得高音刺耳、低音模糊，完整频率响应就会变得较不平坦。

3）预设储存（Station Presets）。是将所选定的电台的频率储存于主机存储器中。

4）预设扫描（Seek/Scan）。是将预设的电台频段，或歌曲音乐以扫描的方式逐一播放几秒钟，以选择你喜欢的电台歌曲音乐。

5）声道调整（Balfad）。用来调整左右及前后声场的平衡。

6）静音功能（Mule）。快速降低音量。

7）预设均衡模式。此功能主要针对不同类型的音乐，设置不同的频率响应曲线。如 ROCK（摇滚乐）、POP（流行音乐）、JAZZ（爵士乐）、VOCAL（唱声）、CLUB（俱乐部）、NEW AGE（前卫）、CLASSLC（古典乐）。

8）照明调节（Illumination）。可以根据喜好改变屏幕灯光的亮度。

9）唤醒功能。按压主机上的任何一个按键都可以将主机唤醒，让其开始工作。

10）防盗功能。如主机前面板可以拆卸、隐藏面板、设定密码或使用安全卡片以防主机被盗。

### 2. 汽车影音主机的主要参数

1）输出功率（Power Output）。现在的主机所标的功率大多数为峰值功率，在 40 ~ 60W 之间，功率越大越好（目前市场上最顶级的主机则无功率输出，俗称哑巴机），通常输出功率太小的主机需要专用的功率放大器（原车主机功率一般在 10 ~ 15W 之间）。请记住，音源信号放大处理最好的方式，始终是外接的功率放大器，而并不是主机内置的功放模块，不规则形主机如图 2-7 所示。

图 2-7　不规则形主机

2）频率响应（Hz）。人耳所能听到的频率范围在 20Hz ~ 20kHz，因此该指标至少要能涵盖到这个数值，而且越宽越好（下限频率值越小越好、上限频率值越高越好）。

3）信噪比（Sn）。指的是音乐信号与噪声的比例，单位为 dB（分贝），该数值越大越好，一般高档的主机都在 100dB 以上，声音干净、清晰。

4）谐波失真（THD）。该指标体现声音再现的还原度，以百分比表示，该数值越小越好，一般高档主机的谐波失真都在 1% 以下。

5）前级放大器输出（Pre-amp Outputs）RCA 插孔。大部分主机都有 1 组 RCA 输出，它能输出低电压信号，用于连接外部功率放大器上。通常有 1～3 组 RCA 输出，一些品牌顶级主机则有 4 组 RCA 输出，如图 2-8 所示。声道输出越多，频率划分会更加细致。

而一般 RCA 电压输出在 2～6V 之间，一般高档主机的 RCA 电压能达到 4～6V，选择 RCA 电压输出高的主机对系统的提升会有很大的帮助。如果打算升级音响系统，建议在搭配时采用 1 组 RCA 输出以上的主机，方便保留以后升级前、后、低音的能力。

图 2-8　音频输出端

## 三、前级信号处理器介绍

主机只要有 RCA 音频输出功能，就可以使用信号处理器。分音器、均衡器和其他类型的信号处理器，应当有输入电压和输出电压两种规格。安装信号处理器应尽量缩短与功率放大器之间的距离，这样能降低噪声干扰的可能性。信号处理器输出电压将类似于主机输出电压，大部分器材产品会大于主机输出电压。均衡器如图 2-9 所示。

EQ 均衡器、等化器、分音器和平衡线路驱动器（Balanced Line Drivers）最主要的功能，是以某种方式使电子音乐信号产生变化，如果善加利用能让整体音乐效果发挥地更加完美。但过度调节，会导致其他器材损坏，如功率放大器、扬声器等。因此在使用之前，必须了解器材参数，才能将器材发挥到最佳状态。

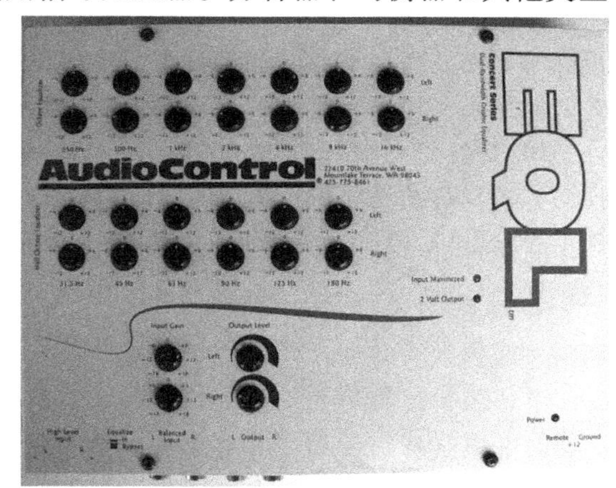


图 2-9　美国品牌均衡器

假设我们利用声音频谱仪来检视汽车影音系统，频谱仪所显示的曲线非常不均匀、不够平滑，这就说明该音响系统需要均衡器来补强。它也是大部分高档汽车影音系统中必备的重要器材。以下将介绍均衡器和分音器的作用与区别。

### 1. 均衡器（Equalizer）

均衡器是一种可以分别调节各种频率成分电信号放大量的电子设备，通过对各种不同频率的电信号的调节来补偿扬声器和声场的缺陷，补偿和修饰各种声源及其他特殊作用，一般均衡器可以调节高频、中频、低频三段频率。均衡器输入端如图 2-10 所示。均衡器输出端如图 2-11 所示。

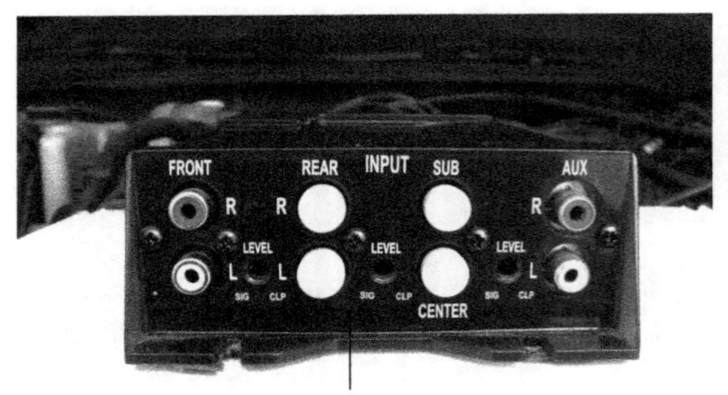

图 2-10　均衡器输入端

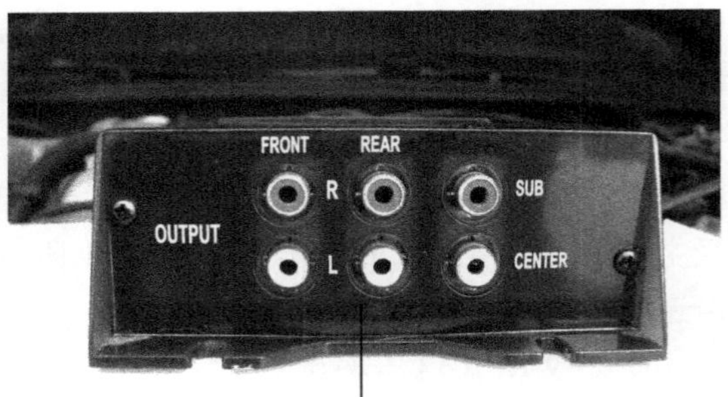


图 2-11　均衡器输出端

均衡器有多种调节模式，其中包括：

1）图示均衡器（Graphics EQ）。它可以直观地反映出所调出的均衡补偿曲线，各个频率的提升和衰减情况一目了然。它采用恒定 $Q$ 值技术，每个频点设有一个推拉电位器，无论提升或衰减某频率，滤波器的频宽始终不变。这种类型最容易调整，因此经常被滥用。

2）参数均衡器（Participation of both weigher）。其功能主要是对均衡调节的各种参数都可细致调节，调节的参数包括频段（如高频、中高频、中低频和超低频等）、频点（扫频式，可任意选择）、增益（提升及衰减量）等，一般用于对声音进行主观调节，对声音信号做特殊加工处理。如参量均衡器可以美化（包括丑化）和修饰声音，使声音（或音乐）风格更加鲜明突出、丰富多彩，达到所需要的音乐效果。

3）数字信号处理（Digital Signal Processing，DSP）。它利用频率的增益功能，营造声场效果，将原有的音乐形成如 VOCAL（声乐）、ROCK（摇滚乐）、NEW-AGE（前卫）、CLASSI（古典乐）、POP（流行乐）、CLUB（俱乐部）、JAZZ（爵士）等音乐感受。

**注意：**

频段分得越细，调节的峰值越尖锐，即 $Q$ 值（品质因数）越高，调节时补偿得越细致；频段分得越粗则调节的峰值就越宽，当声场传输频率特性曲线比较复杂时较难补偿。在使用均衡器时，尽量减少频率增益，如果刻意将音响的频谱曲线调节为直线，很容易会造成器材损坏，尤其是扬声器。

5 段式均衡调节如图 2-12 所示。

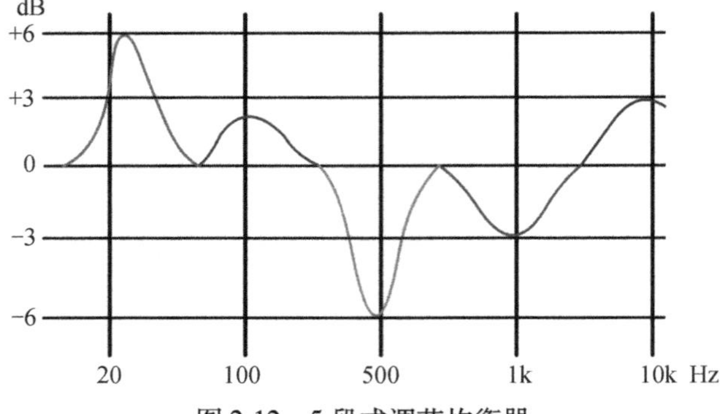


图 2-12　5 段式调节均衡器

经典改装欣赏 2-1

**2. 均衡器的调节基础**

1）低频部分（20～60Hz）。低频部分是音乐的最低音符，应该可以非常方便地辨认，真实地还原，极佳地延伸，不混浊，也不会拖泥带水。相反地，如果车上没有超低音的话，很难会有这种效果，反倒是会在播放音乐时，在低频的部分没有很好的延伸性，混浊、拖泥带水。而影响这部分频率的乐器主要有：低音贝司、管风琴、手风琴、低音萨克斯、竖琴、脚踏鼓、钢琴等。而最好的效果就是 110dB 的情况下，低频真实还原，无失真，控制力好，收放自如，无拖尾。过度提升会使音乐变得混浊不清。

2）中低频部分（60～150Hz）。这部分的频率应没有共振，是声音的基础部分，其能量占整个音频能量的 70%，是表现音乐风格的重要成分。适当时，低音张弛得宜，声音丰满柔和；不足时声音单薄，但应清晰地定义并没有失真。如鼓、吉他等乐器的力度感和延迟等在这个频段非常重要。因此，如果车上的前声场的扬声器没有更换过的话，或者不是 6.5in 以上的扬声器来播放中低频部分，力度感不是很好，并且表现得并不是结实有力，低频听感过硬或松软。影响这部分频率的乐器主要有：法国圆号、低音贝司、男中音和男高音、中提琴、大号、长号、单簧管、巴松管、萨克斯、定音鼓、吉他、竖琴、手风琴、钢琴等。而最好的情况，是在中低频真实还原、控制力好、收放自如、干净利落。

3）中低音（150～500Hz）。是声音的结构部分，人声位于这个位置。不足时，演唱声会被音乐淹没，声音软而无力，适当提升时会感到浑厚有力，提高声音的力度和响度。提升过度时会使低音变得生硬，300Hz 处过度提升 3～6dB，如再加上混响，则会严重影响声音的清晰度。

4）中频（500Hz～3kHz）。这部分的频率应饱满，声音真实自然，没有发毛、刺耳、沉闷或失真等现象。如果听起来感到中频沉闷、声音不自然、或者声音发毛、背景不清晰等，那此套影音系统可能出现了很大的问题，建议去找专业汽车影音改装店检查。影响这部分频率的乐器主要有：弦乐乐器、木管乐器、铜管乐器、鼓、大部分的人声、吉他、钢琴等。适当时声音透彻明亮，不足时声音朦胧。过度提升时会产生类似电话的声音。

5）高频（3～8kHz）。这部分的频率不能太刺耳、太沉闷，而且不能有明显的嗞嗞声和谐振失真，声音不能发破，应该真实自然，不得有感觉发毛、失真。如果在这部分表现得不是很好的话，会影响到开车的心情！因为如果刺耳就表示高频过量；如果沉闷，很有可能车上并没有高音（或者高音损坏）。假如有上述的情况发生的话，听的音乐时间稍微久点，会让聆听者觉得烦闷、不舒服，开起车来也会不顺心，坐在其他的座位也会觉得别扭。这部分频率主要是如下乐器的高次谐波或泛音部分：木管乐器、打击乐器、萨克斯、一些弦乐乐器、铙钹、一部分人声、钢琴等。

经典改装欣赏 2-2

6）超高频（8～20kHz）。调节合适时，三角铁和立叉的金属感通透率高，沙钟的节奏清晰可辨。过度提升这个频段会使声音不自然，并且容易将高音单元烧毁。各频段频率如图 2-13 所示。

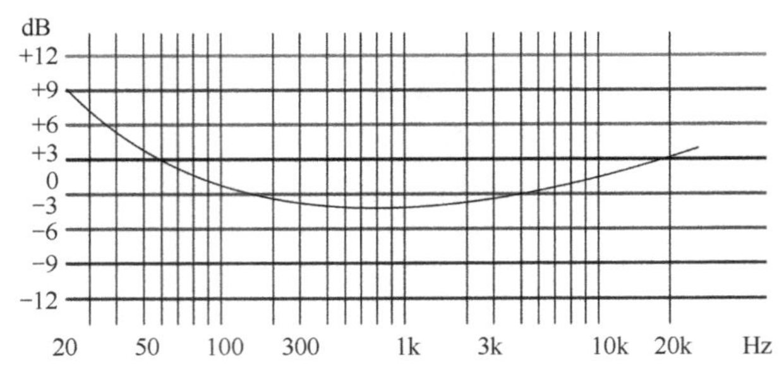


图 2-13　频率分布图

7）音乐线性。音乐线性是指在音频范围内的各频段的比例和均衡性，在正常音量和高音量下的表现一致性。好的汽车影音系统在各种音量的情况下，低、中、高频段都应该有极佳的平顺性，表现十分优秀。最主要的就是上述中的整体频率平衡，任何频段都不能太过于突显或者薄弱。随着控制音量的降低与提升，各频段仍保持很好的效果，这样才能够让您感觉舒坦、宽心。

经典改装欣赏 2-3

8）音响的动态。音响的动态是指在音量大和音量弱时音乐的各元素的回放表现能力。动态范围是指准确重播音乐的大音量和小音量的极限。音量不同，但音乐仍要平滑，低音反应速度快，真实准确。很多人会误以为只要车上有超低音或者有低音系统就可以有很好的表现，这种观点并不完全正确。最简单的举例就是譬如您的车上装了“火箭筒”，它会产生“轰轰轰”的共鸣声音，从低到高音量变化时反应速度差，不稳定，长时间下来很有可能会导致您耳鸣、头痛等症状。正确的情形应该是，无论在大小音量时都不得有失真现象发生。从低到高音量变化时瞬态响应极其顺畅自然，这样才是动态应有的表现。

9）空间感。空间感俗称堂音，是由听音环境所引起的，而不是音源的直接效果。音乐应该直接在声场的前面，但也要有空间所形成的一种包围感。这种感觉应包括聆听环境的大小、处理以及噪声和原始录音所表现的空间。理想的状态是有丰富的细节而且没有失真和混淆。一般来说，在好的录音环境所录制的 CD，都应该有这种状态。如果播放了 MECA 的比赛试音碟中的第三首歌，并没有上述的感觉，表示您的汽车影音系统欠缺了很多应有的器材。

10）均衡器调节的注意事项。①20 ~ 40Hz 这个频段声音的大部分感觉是松软的低音，而不是强劲有力。②40 ~ 150Hz 是声音的基础，但是绝占不到 70%，而人声的鼻音大概在 250Hz 左右这个频段。③150 ~ 500Hz这个频段，是要在处理的时候非常小心的频段，绝不能靠提升这个频段来获得人声的力度。④300Hz 处过度提升3 ~ 6dB，如再加上混响，则会严重影响声音的清晰度。应该说只要在低频部分加混响，都会影响声音的清晰度。

经典改装欣赏 2-4

### 3. 各频率段说明

各频率段说明见表 2-1。

**表 2-1　频率段说明**

| 频　率 | 说　　明 |
|---|---|
| 80Hz 以下 | 80Hz 以下主要是重放音乐中以低频为主的打击乐器，例如大鼓、定音鼓，还有钢琴、大提琴、大号等少数存在极低频率的乐器，这一部分如果有则好，没有对音乐欣赏的影响也不是很大。这一部分要重放好是不容易的，对器材的要求也较高。许多高级的器材，为了表现好 80Hz（或 80Hz 左右）以上的频段的音乐，宁愿将 80Hz（或 80Hz 左右）以下的频率干脆切除掉，以免重放不好，反而影响主要频段的效果。极低频 20Hz 为人耳听觉下限，可测试器材的低频重放下限，低频中的 25Hz、31.5Hz、40Hz、50Hz 和 63Hz 是许多音箱的重放下限，如果超低音音箱在这些频率中某处声音急剧下降，则表明这个频率就是超低音音箱低频重放下限 |
| 80～160Hz | 在 80～160Hz 频段的声音主要表现音乐的厚实感，音响在这部分重放效果好的话，会感到音乐厚实、有底气。这部分表现得好的话，在 80Hz 以下缺乏时，甚至不会感到缺乏低音。如果表现不好，音乐会有沉闷感，甚至是有气无力。是许多超低音音箱的重放上限，据此可判断超低音音箱频率上限 |
| 300～500Hz | 在 300～500Hz 频段的声音主要是表现人声的（唱歌、朗诵），这个频段可以表现人声的厚度和力度，效果好则人声明亮、清晰，否则单薄、混浊 |
| 800Hz | 800Hz 频段一般设备都容易播放好，但是要注意不要过多。这段要是过多的话会感到音响的频响变窄，高音缺乏层次，低频丰满度不够 |
| 1kHz | 1kHz 是音响器材测试的标准参考频率，通常在音响器材中给出的参数是在 1kHz 下测试 |
| 1.2kHz | 1.2kHz 可以适当多一点，但是不宜超过 3dB，可以提高声音的明亮度，但是过多会使声音发硬 |
| 2k～4kHz | 2k～4kHz 对声音的亮度影响很大，对音乐的层次影响也较大，一般不宜衰减。有适当的提升可以提高声音的明亮度和清晰度，但是在 4kHz 时不能有过多的突出，否则女声的齿音会过重 |
| 8k～12kHz | 8k～12kHz 是音乐的高音区，对音响的高频表现感觉最为敏感。适当突出（5dB 以下）对音响的层次和色彩有较大帮助，也会让人感到高音丰富。但是，太多的话会增加背景噪声，例如音源系统的噪声会被明显地表现出来，同时也会让人感到声音发尖、发毛。如果这段缺乏的话，声音将缺乏感染力和活力 |
| 14kHz | 14kHz 以上为音乐的泛音区，如果缺乏，声音将缺乏感染力和高贵感，例如小提琴将没有“松香味”。这一部分也不宜过多，基本平直或稍有衰减（不超过 -3dB）即可 |
| 20kHz | 20kHz 为人耳听觉上限，可测试器材高频重放上限。16～20kHz 可能在一些器材中消失，此时有可能是器材无法重放此段频率，如果聆听者是年纪较大者，也有可能是听觉衰减所致 |
| 正弦波扫频信号 | 20z～20kHz 正弦波扫频信号是从 20Hz 到 20kHz 频率自动平滑改变播放，通过播放此段测试信息可快速判断何处频率存在问题 |

**注意：**

如觉得某一频段特别刺耳或特别弱，则表明器材频率响应不直，可对器材中的每一环节进行分析，找出有问题的器材；如器材无问题，可能是该频段所引起的驻波导致共振，可调节扬声器相位看能否有所改善。

**4. 分音器（Crossover）（Network）**

分音器分为主动式分音器与被动式分音器两种，其中主动式分音器又称为电子分音器。为了使声音效果最好，将不同的频率范围分别送到不同频率的扬声器单体，透过高低通的电子电路，将全音域频率分割为低频、中频及高频的音域，此种高低通的电子电路，统称为分音器。双输入模式被动式分音器如图 2-14 所示。

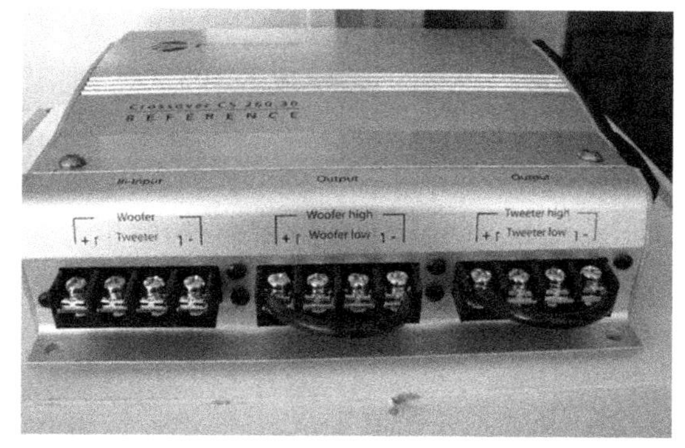

图 2-14　双输入模式被动式分音器

1）电子分音器。电子分音器位于主机与功放之间，由低通、带通、高通滤波器组成，用来将全频的信号切割分频使用，所以每个频段需要一个单独的功率放大电路。电子分音器由两分频到多种分频，所分出来的每一音频信号都必须经过一个功放，如果分频分得越多，功放也就相对应增加。

由于扬声器有一定的物理特性，小扬声器只能产生较高的频段，大扬声器产生较低的频段，因此就需要利用分音器来进行频率切割，并分配给功放，再经由功放传送给扬声器，来发出合适的声音。前级至扬声器的主动式连接方法如图 2-15 所示。

主动式电子分音器优点：①提高声场动态范围；②改善瞬时表现能力；③超低音扬声器能表现更佳，并加强与功放兼容性；④扬声器单体间灵敏度不同的问题容易受到控制；⑤功放在固定的频带上工作，可降低失真；⑥阻抗变化较低，可得到较佳的分类表现。

2）被动式分音器。被动式分音器介于功放与扬声器之间，是在功放之后进行分频的，它是由电阻、电容、电感等被动组件组成的滤波器网络。被动式分音器功能就是负责将功放全频信号输出后，分割成不同频段的声音，分别送到不同尺寸扬声器单体上，表现其应有的特质。被动式连接方法如图 2-16 所示。

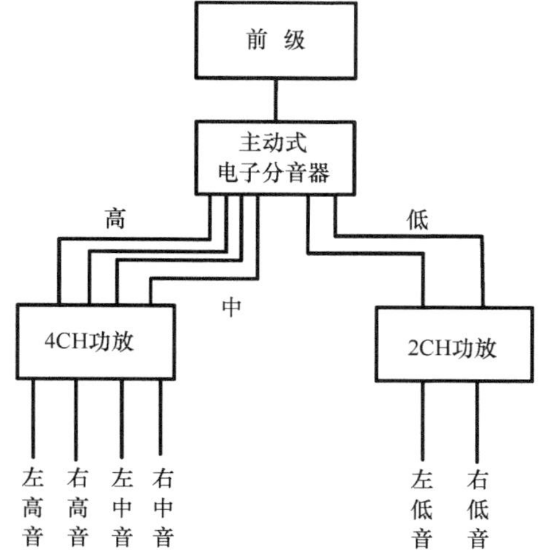

图 2-15　前级至扬声器的主动式连接方法

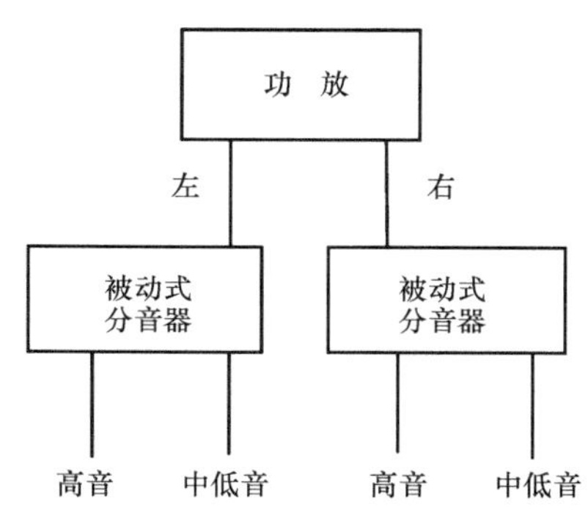

图 2-16　功放与被动式分音器连接图

由于单一扬声器无法达到全频段响应（全频段即是 20Hz ~ 20kHz，为人耳听觉范围），因而利用扬声器单体尺寸不同的物理频宽响应，来达到要求的全频段响应的目的，也因此产生了多种尺寸单体运用在同一声道上的方式。

被动分音器的组件组成为 L/C/R，即电感 L、电容 C、电阻 R，依照各组件对频率分割的特性灵活运用在分频网络上。被动式分音器常用的斜率可分为 4 种：一阶斜率 6dB、二阶斜率 12dB、三阶斜率 18dB、四阶斜率 24dB。

电感和电容器一样，也是一种储能组件，它能把电能转变为磁场能，并在磁场中储存能量。电感用符号 *L* 表示，它的基本单位是亨利（H），常用毫亨（mH）为单位。电感的特性恰恰与电容器的特性相反，它具有阻止交流电通过而让直流电通过的特性。

### 5. 分音器与相位关系

被动式分音器基本上是一个滤波网络，包括有电感（线圈）和电容器。滤波器在交流信号中，峰值电压与峰值电流也许是相反的，即电流超前或是落后电压。被动式分音器的电感、电阻、电容如图 2-17 所示。

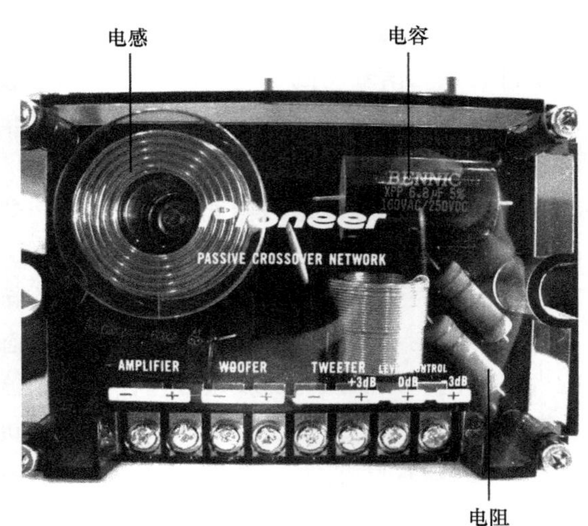


图 2-17　被动式分音器的电感、电阻、电容

当电流通过电感时，电流超前电压，滤波器负责充电，这个瞬间的功率变化量则由电压与电流之间的相位关系决定。电容在电场中储存能量，电感在磁场中储存能量，在交流电线路中阻抗可改变电流与电压的相位关系。

电容量降低则频率增加，也就是说较高的频率比较容易通过电容器。而较低的频率比较容易通过电感。结合这些容抗和感抗在一个滤波网络中，相位关系可以精确操作，正确的做法是将频率衰减而不需要电流及电压之间的相位关系。

最简单的分音器叫做第一阶，它是以 6dB 作为分频斜率，即分频点是 3kHz，低通滤波器则往上一个倍频（音节 OCTAVE）6kHz，这类型分音器是衰减最少的，零件最简单。

1）第一阶分音器。第一阶分音器在输出端有 90°的相位误差，而高通方面它与输入信号有 +45°的误差，而在低通方面有 -45°的误差，在分频点的频率附近或有这样的误差。如果高通与低通合在一个网络则结果与输入信号相同，这类型分音器有重建信号的最佳能力。分频幅度比较平顺，但这不表示是最好的，因为有其他的因素必须考虑在内。

2）第二阶分音器。第二阶分音器的零件刚好是第一阶的两倍，两倍的零件造成更多的 90°旋转，因为它是一个更陡峭的衰减。这就说明在分频点上有 180°的误差，它是以 12dB 作为分频斜率。

当在车门内饰板上装了一组两音路分离式扬声器，假设高音单体和低音单体靠得非常近，而且它们同时经过一个 12dB 的分音器，在分频点上和分频点区域，分音器的输出刚好反相，在这个区域它们的输出会互相抵消，而使输出降低。被动式分音器如图 2-18 所示。

图 2-18　被动式分音器

如果将高音单体的极相接反，则高音与低音在分频点的区域是同相的，在输出时会产生极性相反。有些技师为了补偿分音器的误差，而将高音扬声器反相，实际上反相的信号很难有精确的声音。12dB 的分音器在车上非常适用，因为目前的扬声器都可以适用。

3）第三阶和第四阶分音器。第三阶分音器零件更多，当然它的相位误差也更大，它是以 18dB 做衰减，高通与低通有 270°的相位误差。而第四阶分音器则是以 24dB 斜率做衰减，高通与低通有 360°的相位误差。这类分音器可确保低频部分远离高灵敏度的高音扬声器，使声场更深，尤其 24dB 低音，可以感觉到更深的低音。

### 6. 被动分音器的相位移动及阻值调整

被动式分音器会使信号产生相位转移，6dB 的滤波器产生 90°相位偏移，12dB 产生 180°。正因为如此，为了得到最好的声音效果，通常需要反转高音扬声器的相位。在三分频系统中，高音扬声器的相位通常是反的。在同一个系统中，所有高音扬声器的相位必须一致。同样，斜率是 12dB 的低音扬声器，其相位也被反转。

实际上，分音器通常需要加电阻用以平衡阻抗。调整阻抗是用以平衡在整个频率带宽中扬声器负荷的一种方法。一个额定 4Ω 的电阻在其谐振频率点上的阻值可以达到正常情况下的 25 倍（即 100Ω）。为了让分音器能够与之相匹配，可以接上一个调整组件与扬声器并联。这个组件通常由电容、电阻构成。通常一个 33μF 的电容串联一个 3. 9Ω 的电阻，能用在102mm、140mm和165mm的扬声器上。

被动6dB低通分音公式：

$$L = (160 \times Z)/f_c$$

式中　$Z$——扬声器阻抗（Ω）；

$f_c$——分频点频率（Hz）；

$L$——线圈电感值（mH）。

例如，要做一个分频点为100Hz的6dB低通滤波器，扬声器的阻抗为4Ω，则需要线圈的电感值：$L=(160\times4)/100\text{mH}=6.4\text{mH}$。

串联：总电感值=各电感相加，即 $L=L_1+L_2+L_3+\cdots$

并联：$1/L=1/L_1+1/L_2+1/L_3+\cdots$

被动6dB高通分音公式：

$$C = 160000/(Z \times f_c)$$

式中　$Z$——扬声器阻抗（Ω）；

$f_c$——分频点频率（Hz）；

$C$——电容值（μF）。

假设要做一个分频点为4kHz的6dB高通滤波器，扬声器的阻抗为4Ω，则需要电容的电容值：$C=160000/(4\times4000)\mu\text{F}=100\mu\text{F}$。

并联：总电容值等于各电容相加，即 $C=C_1+C_2+C_3+\cdots$

串联：$1/C=1/C_1+1/C_2+1/C_3+\cdots$

被动12dB低通分音公式：

$$L = (225 \times Z)/f_c$$

$$C = 112500/(Z \times f_c)$$

式中　$Z$——扬声器阻抗（Ω）；

$f_c$——分频点频率（Hz）；

$L$——线圈电感值（mH）；

$C$——电容值（μF）。

假设要做一个分频点为100Hz的12dB低通滤波器，扬声器的阻抗为4Ω，则需要线圈的电感值：$L=(225\times4)/100\text{mH}=9\text{mH}$；

电容值：$C=112500/(4\times100)\mu\text{F}=280\mu\text{F}$。

被动12dB高通分音公式：

$$L = (225 \times Z)/f_c$$

$$C = 112500/(Z \times f_c)$$

式中　$Z$——扬声器阻抗（Ω）；

$f_c$——分频点频率（Hz）；

$L$——线圈电感值（mH）；

$C$——电容值（μF）。

假设要做一个分频点为5kHz的12dB高通滤波器，扬声器的阻抗为4Ω，则需要线圈的电感值：$L=(225\times4)/5000\text{mH}=0.18\text{mH}$。

电容值：$C=112500/(4\times5000)\mu\text{F}=5.6\mu\text{F}$。

由此可见，同样的组件可用于高通和低通，只是位置不同。建议使用内阻小的线圈，真空线圈是首选。带铁心的线圈必须能负载高电流，否则当铁心磁性饱和会造成严重干扰和失真。电容必须用双极性的，且能耐 50～100V 的电压。

**注意：**

连接一个 12dB 的滤波器到低音扬声器时，应适当地在扬声器的两极焊接上一个电容；如果接了电容而没接上低音扬声器，功放可能会受损。不接扬声器就接上一个 12dB 的滤波器会使功放超负荷，从而导致回路被破坏。

## 四、功率放大器

功率放大器（Amplifier）简称功放，是声频系统中十分重要的设备之一。主要作用是将声源输出的微弱音频信号经处理后加以放大，为扬声器提供足够的功率使它发出声音。注意：在安装功率放大器之前，需确定主机或信号处理器的输出电压不超过功率放大器的输入范围，虽然功率放大器的音频信号输入额定电压与信号处理器输出电压基本相同，但稍不注意，很容易造成影音器材损坏。简明的功放安装方式如图 2-19所示。

### 1. 功率放大器的种类

功率放大器的输入端所需要的推动电压，有两种标准，一种是 0dB（0.775V），另一种是 4dB（1.228V）。功率放大器由前置放大、功率放大（后级放大）、电源及各种保护电路组成。功率放大器有单声道、两声道、四声道、五声道、六声道等多种，型号、品牌非常多。功率放大器的输入输出端如图 2-20 所示。五声道功率放大器扬声器输出端如图 2-21 所示。五声道功率放大器音频输入端如图 2-22 所示。

图 2-19　简明的功放安装方式

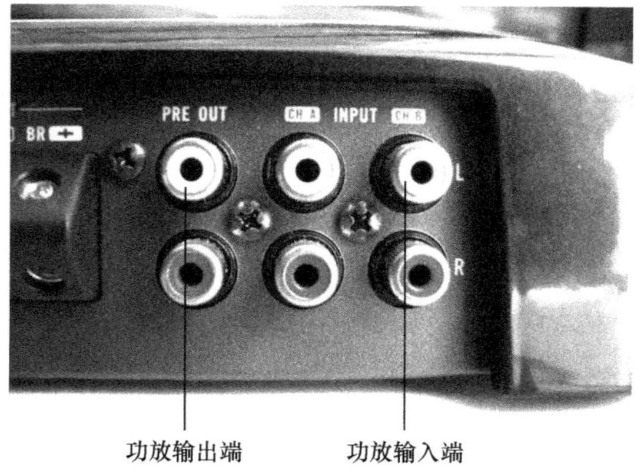


图 2-20　功率放大器的 2 组输入/1 组输出端

图 2-21 五声道功率放大器扬声器输出端

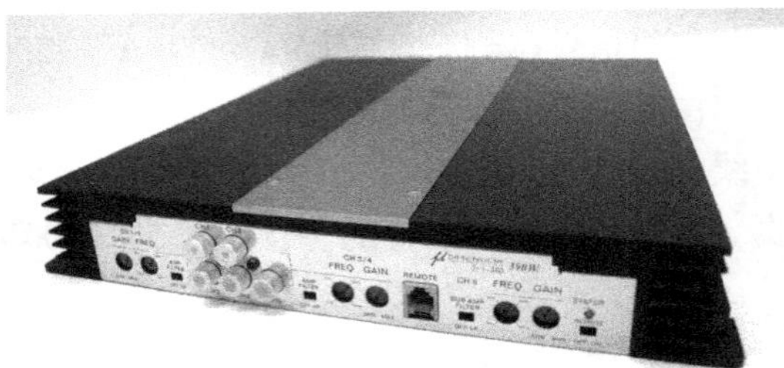

图 2-22 五声道功率放大器音频输入端

按不同的分类方法大致有：

1）甲类功放。又称 A 类功放。是在输入正弦波电压信号的整个周期中（正弦波的正负两个半周），功率输出一直有大电流通过，需要大容量的电源电路，工作时功率管产生的热量很高，并且容易击穿烧坏。特点是音质好，失真小。不足的是输出功率和效率低，消耗电量大。

2）乙类功放。又称 B 类功放。输出功率管只导通正弦信号的半个周期，另半个周期截止。也就是说，正半周由一个功率管工作，负半周由另一个功率管工作，在输出端合成一个完整的、与输入完全相同的波形，用来驱动扬声器系统。一个输入信号由两路分别进行放大是 B 类放大器的特征。乙类放大器的优点是效率高，缺点是会产生交越失真。

3）甲乙类功放。又称 AB 类功放。介于甲类和乙类之间，即功率输出管导通时间大于半个周期而小于一个周期，有较短时间截止。对于乙类或甲类功率放大器为获得不失真的信号输出必须采用由两个功率管组成推挽放大的电路形式，甲乙类放大有效解决了乙类放大器的交越失真问题，效率又比甲类放大器高，因此获得了极为广泛的应用。

4）丁类功放。又称数字放大器，又称 D 类功放。与传统的模拟功放是两种不同的工作原理，属于开关型的音频功放，D 类使用的是 PWM 技术，是一种开关频率随着时钟脉冲周期而变化的放大器。在大功率应用场合，数字功放同时具有频率响应宽，大动态范围和良好的瞬态响应。它的优点是失真小、抗干扰能力强、散热器面积小、体积小、重量轻、电源功耗小、转换效率高、具有甲乙类的音质。如图 2-23 为日本先锋 D 类数字放大器。

图 2-23 日本先锋 D 类数字放大器

**2. 功率放大器的主要功能**

1）音频信号输入选择（Line input）。有 RCA 信号（低电压信号）和主机扬声器线（高电压信号）两种输入方式。其中要获得良好的音质可以采用 RCA 信号输入。若主机无 RCA

信号或保留原车主机情况下，就只有选择用高电平输入（俗称高转低）。

另外，很多功放产品带有一组或两组信号输出，可以将信号传递到另一台功放，这不仅可以节省分音器的费用，更可以保证出色的音质。

2）电子分音（Crossover）。此功能有三种选择：FULL（全频段）；HP（高通）分频点只让100Hz以上的频率通过，主要用于高、中音扬声器的设置；LP（低通）分频点只让80Hz以下的频率通过，主要用于低音扬声器的设置。其中有一些还设置分频可调式，可以根据系统的设计进行分点设定分频（有些器材只能固定在80Hz、100Hz、120Hz这三种频率点上）。

3）桥接输出（Bridged）。当功放采用桥接式接法后，输出功率一般可以提高一倍，从而使它在需要的时候增加用途（如用来推动超低音扬声器）。

4）输入增益调整（Gain）。此旋钮是用于调整功放的输入电压与主机传输过来的信号电压达到最理想的匹配状态，以保证声音不会有任何的失真。

5）音调调节。部分产品设置有低音（Bass）、高音（Tweeter）调节，可分别在45Hz、10kHz两个频率进行提升或衰减，调整范围在0～12dB之间，能令播放的低音更加丰满深沉，高音更加清晰透明。

经典改装欣赏2-5

### 3. 功率放大器主要规格说明

功放就如同人类一样，它的血统是否优良纯正，关系到它的进化或淘汰。一台好的功放，必须要有高水平工程师，才能设计出优良产品，不至于被市场所淘汰，一位好的工程师除了要了解电器方面，还熟悉电子材料的品质并了解市场上的需求。功率放大器主要规格见表2-2。

表2-2 功率放大器主要规格

| 项　目 | 数　值 |
|---|---|
| 立体声功放 | T. H. D. +N（1kHz）总谐波失真 |
| 50W×2（4Ω） | <0.02% |
| 非立体声输出 | |
| 100W×1（8Ω） | <0.017% |
| 频率范围 | 20Hz～20kHz+（0～0.35dB） |
| 信噪比 | >100dB（越大越好） |
| 瞬时失真 | <0.01%（越小越好） |
| 分离度 | >60dB |

（续）

| 项　　目 | 数　　值 |
| --- | --- |
| 阻尼效应 | >900kHz（4Ω） |
| 输入灵敏度 | 1～4V 和 4～16V |
| 爬升率 | 26V/μS |
| 静态电流 | 1.75A |
| 尺寸 | 2.4in(*H*)×8.75(in)(*W*)×13.5in(*L*) |

1）输出功率。指功率放大器的额定输出功率。现代专业功率放大器多为双声道立体声方式，即有两组相同的功放线路，左右两个输出声道。也可接成桥式工作方式，它的峰值功率为额定功率的三倍多。

① 额定功率（RMS）。额定功率指在一定的谐波范围内，能够连续输出的功率有效值。经常把谐波失真度为1%时的平均功率称为额定输出功率或最大有用功率、持续功率、不失真功率等。很显然规定的失真度前提不同时，额定功率数值将不相同。

② 最大功率输出（Peak Power）。当不考虑失真度大小时，功放电路的输出功率可远高于额定功率，它能输出的最大功率称为最大输出功率。前述额定功率与最大输出功率是两种不同前提条件的输出功率。

③ 音乐输出功率（MPO）。音乐输出功率MPO是英文Music Power Output的缩写，它是指功放电路工作于音乐信号时的输出功率，也就是输出失真度不超过规定值的条件下，功放对音乐信号的瞬间最大输出功率。

音乐输出功率可以用来评价功放的动态听音效果，例如在平稳的音乐过程后面突然出现了冲击性强的打击乐器声音，有的功放电路可在瞬间提供很大的输出功率给以力度感；有的功放却显得力不从心、底气不足。瞬间突发性输出功率的能力可以用音乐输出功率来衡量。

④ 峰值音乐输出功率（PMPO）。它是以音乐信号瞬间能达到的峰值电压来计算的输出功率，是功放电路的另一个动态指标，若不考虑失真度，功放电路可输出的最大音乐功率就是峰值音乐输出功率。

通常峰值音乐输出功率大于音乐输出功率，音乐输出功率大于最大输出功率，最大输出功率大于额定输出功率，经实践统计，峰值音乐输出功率比额定输出功率的（RMS）高出3～4倍。

2）频率特性。频率特性是指功率放大器对不同频率表现的放大性能，实际上就是测量对高频、中频、低频等各频率信号的放大是否均匀，理想的频率特性曲线应是平直的，通常从20Hz～20kHz的均匀性在±0.5dB之内。

3）失真（THD）。失真是指放大器输入信号与输出信号产生了波形的畸变或者信号成分的增减，失去原有的音色。失真有线性失真与非线性失真，优质功率放大器的失真度，一般控制在0.1%或者更小一些。

4）灵敏度。是一种调校电平，范围由100mV～6V甚至更多，调音时必须与音源匹配。

5）信噪比（S/N）。噪声主要是由晶体管（电子管）、集成块及电阻等组件产生的，输出信号电压与同时输出的噪声电压之比，就是信号噪声比，简称信噪比。信噪比越高表明它产生的杂音越少，放音质量就越高，高质量的功率放大器的信噪比大都在 100dB 以上。

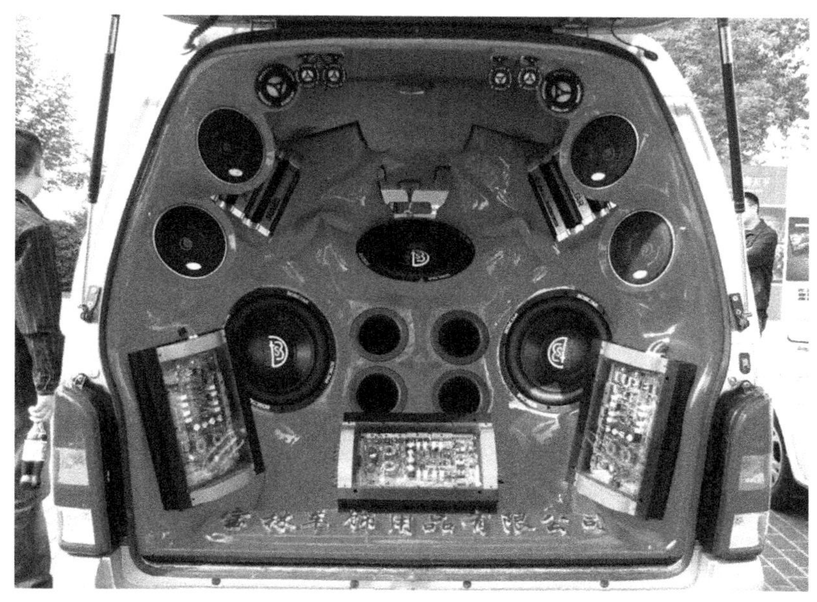

经典改装欣赏 2-6

6）动态范围。通常，信号源的动态范围是指信号最强的部分与最微弱部分之间的电平差，以 dB 表示。而放大器的动态范围则是指它的最高不失真输出电压与无信号输出噪声电压之比。显然，放大器的动态范围必须大于节目信号的动态范围，这样才能获得高保真的重放效果。目前 CD 唱片的动态范围已达 85dB 以上，这就要求功率放大器的动态范围更大。

7）阻抗。阻抗并不是单一的，它由电阻的特性（Resistance）、电感对频率的反应特性（感抗，Inductive Reactance）以及电容对频率的反应特性（容抗，Capacitive Reactance）所组成。

阻抗是电路或设备对交流电流的阻碍作用，输出阻抗是在出口处测得的阻抗。阻抗越小，驱动负载的能力就越高。单位是欧姆（Ω）。

① 输入阻抗。功率放大器的输入阻抗通常在20～150kΩ 之间，高输入阻抗能够减小电路连接时信号的变化，才可以保证功率放大器的输入不会让前置放大器的输出出现过载。

② 输出阻抗。功率放大器的输出阻抗则很低，输出端与负载（扬声器）所表现出的等效内阻抗称为功放的输出阻抗。可以把输出阻抗看作与负载串联，因此在设计上考虑，希望输出阻抗能够更低些。一般功率放大器的输出阻抗为：2Ω、4Ω、8Ω、16Ω，一般 4Ω、8Ω 用得最多。

8）阻尼系数。是指放大器的额定负载（扬声器）阻抗与功率放大器实际阻抗的比值。阻尼系数大表示功率放大器的输出阻抗小。阻尼系数是放大器在信号消失后控制扬声器锥体运动的能力。具有高阻尼系数的放大器，对于扬声器在信号终止时能减小其振动。

功率放大器的输出阻抗会直接影响扬声器系统的低频 $Q$ 值，从而影响系统的低频特性。扬声器系统的 $Q$ 值不宜过高，一般在 0.5～1 范围内较好，功率放大器的输出阻抗是使低频 $Q$ 值上升的因素，所以一般希望功率放大器的输出阻抗小、阻尼系数大为好。阻尼系数一般在几十到几百之间，优质专业功率放大器的阻尼系数可高达200以上。

9）工作电压。汽车影音一般在10～15V的电压范围内正常工作。

10）爬升率（Slew Rate）。阻尼效应和爬升率是功放规格里最重要的两个系数，是关系功放声音是否干净清晰，或者是否具有朦胧美。现在应该清楚知道为什么有的功放声音清晰、有的模糊，除了用耳朵鉴赏外，还可以从功放规格中寻获。

爬升率可以比喻为车辆以多快速度达到终点而不致被后者追上。以声音做解释而言，当聆听一首优美的音乐，音量可以稍微大一些，如果听到像指甲刮黑板一样刺耳的声音，那表示功放的速度（爬升率）不够快，无法精确表现高频部分的细腻。爬升率高的功放应该表现出音乐当中的声场感、细腻感和弦乐器所能表现的松香味。

11）增益（Gain）。增益的意义就是由一个小的信号电平经过放大电路成为大的信号电平，也就是说由小变大之间的差异就叫增益，也叫放大率。反过来叫衰减率。原则上是采用倍数来计算，不过常常会在好几万倍的情形下，所以采用了dB这种表示单位。通常功放在串联的情况下放大倍数是相乘的，dB数是相加的。

比如说一部前级的平坦放大器，当输入信号电压为0.1V时，而输出电压为1V，这种称之10倍放大器，也就是具有20dB的放大能力；如果以0.1V的输入而能有10V的输出时，称此放大器为100倍放大，也就是40dB放大能力。

如果将信号电平减小到百分之一时，就叫－40dB衰减。比方说有一个20dB放大器后面又加一个20dB放大器然后再加一个20dB放大器这样看起来就是60dB，再看放大倍数就是1000倍。放大倍数和dB之间的关系及换算见表2-3。

**表2-3　放大倍数和dB之间的关系及换算**

| 放大倍数 | 1 | 2 | 3 | 4 | 5 | 6 | 7 | 8 | 9 | 10 |
|---|---|---|---|---|---|---|---|---|---|---|
| 电压增益/dB | 0 | 6 | 10 | 12 | 14 | 16 | 17 | 18 | 19 | 20 |

例如60dB的电压增益比

60dB＝20dB＋20dB＋20dB

1000倍＝10×10×10

例如50dB的电压增益比

50dB＝20dB＋20dB＋10dB

300倍＝10×10×3

在音响系统内，一般以信号源的输入电平决定放大的增益，基本上分低电平输入及高电平输入两部分，低电平大部分指唱头输入包括MM、MC及（加升压器后）麦克风输出信号。高电平信号则指录音座、CD、DVD及一般大部分音频信号源的输出信号。

在标准的前级一般增益是10倍，也就是20dB，如果输出推动后级约100W的功率，在满功率时电压是1V，前级的信号输入端应该是0.1V，也就是说它在0.1V时已经满载了，超过后一定会造成失真及超负荷现象。但是一般的CD播放器的输出最少也有1V，当这样电压输入后一定要用一个衰减器来调整，也就是音量控制器，如果要减掉90%时就是－20dB的衰减，这时还是满功率输出。意思就是说我们在用音响控制器时，范围是在整个控制器的十分之一里面在变动，虽然在用的人表面看不出来，因为它是用指数规律来分配的，所以用在音响控制的电位器一定要用 A 型。如果用 B 型就是平均型，结果你必须要在最小端十分之一范围内调整。

**与增益有关的重要观念：**

① 决定增益大小是由放大电路回授量的比值决定，或由变压器内线圈的比值来改变，和晶体管本身的放大系数无关，所以晶体管的放大率和配对输出的音量大小无任何关系。

② 一般均为以电位器作为衰减增益的控制器。电路内的回授量及阻抗的匹配才是决定增益大小真正的方法。

③ 音响控制器的位置和输出功率大小无关，因为它是一个衰减器，只和输入信号大小及放大器的增益有关。

## 五、扬声器

主机是汽车影音中最重要的组成部分，就好像人的大脑，要发出什么样的声音，得由大脑来控制。而扬声器（Speaker）就好像是人的歌喉，发出的声音是否甜美，就要看其嗓音如何。中低频扬声器正面如图 2-24 所示。

图 2-24　中低频扬声器正面

扬声器俗称喇叭，它的作用是将音频电信号转换成声信号并向周围的空气媒介辐射。车用扬声器以锥形设计最为多见，这是因为在车内安装位置有限的情况下，锥形设计可以尽可能地扩大振膜的有效面积，而振膜的有效面积决定了扬声器的低频响应。也就是说，锥形设计可以在不加装超重低音的情况下，增强低音效果。

按照用途扬声器可分为全频、高频、中频、中低频和低频 5 种；也可以根据能量转换形式，分为电动式、电磁式、压电式、静电式和平板式。车用扬声器以电动式为主。

全频扬声器即同轴扬声器，它的低频单元和高频单元被设计在同一轴线上，外侧是低频，内侧是高频，但发声点在同一物理位置。这种设计可以消除高、低频单元由于频率范围不同而引起的声音漂移，但是因为高、低音都是从一个点所发出的，所以音色的失真度较大。

分频套装扬声器分为 2 分频和 3 分频，2 分频由高音单元和中低音单元组成，3 分频则是再加上中音单元。因为每个单元负责不同的频率，拓宽了频率的有效范围，从而解决了音色失真的问题。不过由于日常生活中，我们所听到的声音基本上都是从一个点发出的，而分频扬声器每个单元所发出的频率不同，安装的物理位置又有所不同。这样，就会出现声音漂移的现象。另外，高、低音单元虽然负责的频率不同，但是它势必存在一个临界点，这样在不同的位置上，发出相同的频率，就会产生声波干扰。

要解决这些困难，就要借助分频器的作用。分频器就是将不同的频率分开，并送往不同的扬声器单元。当然，它还要根据扬声器的特性进行适当调整，以减少失真和干扰。2分频套装扬声器如图 2-25。3 分频套装扬声器如图 2-26。高音单元如图 2-27。中低音单元如图 2-28。

图 2-25　2 分频套装扬声器

图 2-26　3 分频套装扬声器

图 2-27　高音单元

图 2-28　中低音单元

**1. 扬声器结构**

通电导体会产生磁场，磁场的方向受电流的方向影响，这种现象叫做电磁效应。利用电磁效应，通电线圈在磁场中运动，带动纸盆振动推动空气发出声音。

目前市面上最常见的是电动式锥形纸盆扬声器。尽管目前振膜仍以纸盆为主，但也出现了许多高分子材料振膜和金属振膜，用锥形扬声器称呼就名副其实了。锥形纸盆扬声器主要由磁回路系统（永磁体、心柱、导磁板）、振动系统（纸盆、音圈）和支承辅助系统（定心支片、盆架、垫边）等三大部分构成。扬声器的橡胶边及纸盆如图 2-29。扬声器的定心支片、音圈引出线如图 2-30。

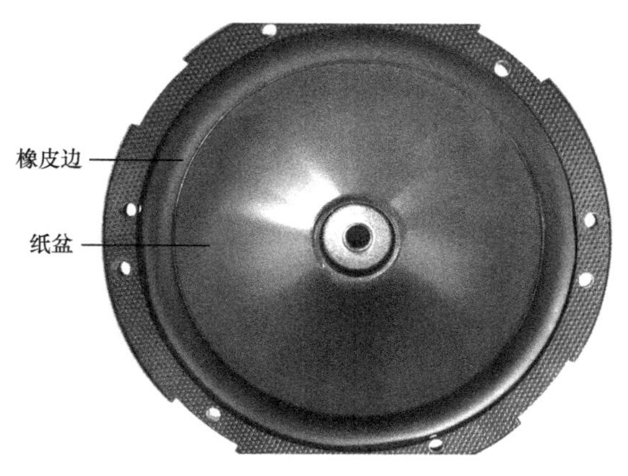


图 2-29　扬声器的橡胶边及纸盆

图 2-30　扬声器的定心支片、音圈引出线

1）音圈。音圈是锥形纸盆扬声器的驱动单元，它用很细的铜导线分两层绕在纸管上，一般绕有几十圈，放置于导磁心柱与导磁板构成的磁隙中。音圈与纸盆固定在一起，当声音电流信号通入音圈后，音圈振动带动着纸盆振动。

2）纸盆。锥形纸盆扬声器的锥形振膜所用的材料有很多种类，一般有天然纤维和人造纤维两大类。天然纤维常采用棉、木材、羊毛、绢丝等，人造纤维则采用人造丝、尼龙、玻璃纤维等。由于纸盆是扬声器的声音辐射设备，在相当大的程度上决定着扬声器的放声性能，所以无论哪一种纸盆，既要质轻又要刚性良好，不能因环境温度、湿度变化而变化。

3）折环（橡胶边）。折环是为保证纸盆沿扬声器的轴向运动、限制横向运动而设置的，同时起到阻挡纸盆前后空气流通的作用。折环的材料除常用纸盆的材料外，还利用塑料、天然橡胶等，经过热压粘接在纸盆上。

4）定心支片。定心支片用于支持音圈和纸盆的结合部位，保证其垂直而不歪斜。定心支片上有许多同心圆环，使音圈在磁隙中自由地上下移动而不做横向移动，保证音圈不与导磁板相碰。定心支片上的防尘罩是为了防止外部灰尘等落入磁隙，避免造成灰尘与音圈摩擦，而使扬声器产生异常声音。

**2. 扬声器的类别区分**

1）全频带扬声器。全频带扬声器是指能够同时覆盖低音、中音和高音各频段的扬声器，可以播放整个音频范围内的电信号。其理论频率范围要求是从几十赫兹至20kHz，但在实际上由于采用一只扬声器是很困难的，因而大多数都做成双纸盆扬声器或同轴扬声器。

双纸盆扬声器是在扬声器的大口径中央加上一个小口径的纸盆，用来重放高频声音信号，从而有利于频率特性响应上限值的提升。同轴式扬声器是采用两个不同口径的低音扬声器与高音扬声器安装在同一个轴线上。

全频带扬声器放音的一致性较好，但频响特性较差，它不能在低频区和高频区放音，对频域宽广的音乐得不到原有的声场效果。一般规格有 76mm、102mm、127mm、165mm、152mm×229mm，特殊规格有 102mm×152mm、127mm×178mm、178mm×250mm。

2）高音扬声器。高音扬声器是指主要播放高频信号的扬声器。高音扬声器为使高频放音的上限频率能达到人耳听觉上限频率 20kHz，因而口径较小，振动膜较韧。和中、低音扬声器相比，高音扬声器的性能要求除和中音单元相同外，还要求其重放频段上限要高、输入容量要大。常用的高音扬声器有纸盆形、平板形、球顶形、带状电容形等多种形式。它的放音频率较高，一般在 2.5～20kHz 范围。高音扬声器大多安装在汽车仪表板两侧和两侧 A 柱，应用较多的尺寸为 25mm 和 50mm。A 柱高音扬声器安装过程如图 2-31。A 柱高音扬声器安装完成如图 2-32。

图 2-31　A 柱高音扬声器安装过程

图 2-32　A 柱高音扬声器安装完成

3）中音扬声器。中音扬声器是指主要播放中频信号的扬声器。中音扬声器可以实现低音扬声器和高音扬声器重放音乐时的频率衔接。由于中频占整个音域的主导范围，且人耳对中频的感觉较其他频段灵敏，因而中音扬声器的音质要求较高。有纸盆形、球顶形和号筒形等类型。作为中音扬声器，主要性能要求是声压频率特性曲线平坦、失真小、指向性好等。

配置纯中音扬声器的，都是对音质要求较高的。应用较多的尺寸为 102mm，有同轴式和分体式。它的放音频率一般在 800Hz～4kHz 范围，大多匹配在三分频与高、中低音扬声器配合使用，能衔接高、中低音扬声器的放音频率。

4）中低音扬声器。展现出人声清晰而精细的音乐神韵，应用较多的尺寸为 127mm、152mm、165mm，有同轴式和分体式。它的放音频率一般在 150Hz～5kHz 范围，它可与高、超低音扬声器配合使用，能衔接高、超低音扬声器的放音频率。

5）超低音扬声器。超低音扬声器是指主要播放超低频信号的扬声器，其低音性能很好。汽车行驶中路面噪声以及汽车内部结构条件常常使低音效果受到削弱，安装适当的高性能超低音扬声器可以很理想地解决这个问题，从而保持自然的音调平衡，听起来富有深度和广度，并且清晰纯净。高性能超低音扬声器如图 2-33。

图 2-33　高性能超低音扬声器

超低音扬声器为使低频放音下限尽量向下

延伸，因而扬声器的口径做得都比较大，能承受较大的输入功率。为了提高纸盆振动幅度的容限值，常采用软而宽的支撑边，如橡胶边、布边、绝缘边等。一般情况下，超低音扬声器的口径越大，重放时的低频音质越好，所承受的输入功率越大。

超低音扬声器采用强度高的精铜和铝质盆架，镀金端子可以提升扬声器整体性能，应用较多的尺寸为 203mm、254mm、305mm、381mm、457mm 等。能放音的频率大约在 20Hz 到几百赫兹的低频段。低音使声音浑厚，传播遥远，有震感。材质强度高的超低音扬声器如图 2-34。

图 2-34　材质强度高的超低音扬声器

### 3. 扬声器的性能指标

1）额定功率（W）。扬声器的额定功率是指扬声器能长时间工作的输出功率，又称为不失真功率，它一般都标示在扬声器后端的铭牌上。当扬声器工作于额定功率时，音圈不会产生过热或机械过载等现象，发出的声音不会失真。

额定功率是一种平均功率，而实际上扬声器工作在变功率状态，它随输入音频信号强弱而变化，在较弱的音乐及声音信号中，峰值脉冲信号会超过额定功率很多倍，由于持续时间较短而不会损坏扬声器，但有可能出现失真。

因此，为保证在峰值脉冲出现时仍能获得很好的音质，扬声器需留足够的功率余量。一般扬声器的最大功率是额定功率的 2 ~4 倍，但并不意味着一定需要这么大功率的功放才推得动，扬声器的驱动难易主要由其灵敏度和阻抗特性来决定。

2）频率特性（Hz）。频率特性是衡量扬声器放音频带宽度的指标。高保真放音系统要求扬声器系统应能重放 20Hz ~20kHz 的人耳可听音域。由于用单只扬声器不易实现，故目前高保真音箱系统采用高、中、低音三种扬声器来实现全频带重放覆盖。

此外，高保真扬声器的频率特性应尽量趋于平坦，否则会使重放的频率失真。高保真放音系统要求扬声器在放音频率范围内的频率特性不平坦度小于 10dB。

3）额定阻抗（Ω）。扬声器的额定阻抗是指扬声器在额定状态下，施加在扬声器输入端的电压与流过扬声器的电流的比值。扬声器的额定阻抗一般有 2Ω、4Ω、8Ω、16Ω、32Ω 等几种。

扬声器额定阻抗是在输入 400Hz 信号电压情况下测得的，而扬声器音圈的直流电阻值为 0. 9Ω。

4）谐波失真（TMD%）。扬声器的失真有很多种，常见的有谐波失真（多由扬声器磁场不均匀以及振动系统的畸变而引起，常在低频时产生）、互调失真（因两种不同频率的信号同时加入扬声器，互相调制引起的音质劣化）和瞬态失真（因振动系统的惯性不能紧跟信号的变化而变化，从而引起信号失真）等。

谐波失真是指重放时，增加了原信号中没有的谐波成分。扬声器的谐波失真来源于磁体磁场不均匀、振动膜的特性、音圈位移等非线性失真。目前，较好的扬声器的谐波失真应不大于5%。

5）灵敏度（dB/W）。扬声器的灵敏度通常是指输入功率为1W的噪声电压时，在扬声器轴向正面1m处所测得的声压大小。灵敏度是衡量扬声器对音频信号中的细节能否巨细无疑地重放的指标。灵敏度高，则扬声器对音频信号中所有细节均能做出响应。

经典改装欣赏 2-7

6）指向性。扬声器的指向因频率不同而不同，这种特性称为扬声器的指向性。一般而言，对250Hz～20kHz以下的低频信号，没有明显的指向性。对1.5～20kHz以上的高频信号则有明显的指向性。

#### 4. 扬声器的工作原理区别

1）电动式扬声器。这种扬声器采用通电导体作音圈，当音圈中输入一个音频电流信号时，音圈相当于一个载流导体。如果将它放在固定磁场里，根据载流导体在磁场中会受到力的作用而运动的原理，音圈会受到一个大小与音频电流成正比、方向随音频电流变化而变化的力。这样，音圈就会在磁场作用下产生振动，并带动振膜振动，振膜前后的空气也随之振动，这样就将电信号转换成声波向四周辐射。这种扬声器应用最广泛。

2）电磁式扬声器。也叫舌簧式扬声器，声源信号电流通过音圈后会把用软铁材料制成的舌簧磁化，磁化了的可振动舌簧与磁体相互吸引或排斥，产生驱动力，使振膜振动而发音。

3）静电式扬声器。这种扬声器利用的是电容原理，即将导电振膜与固定电极按相反极性配置，形成一个电容。将声源电信号加于此电容的两极，极间因电场强度变化产生吸引力，从而驱动振膜振动发声。

4）压电式扬声器。利用压电材料受到电场作用发生形变的原理，将压电元件置于音频电流信号形成的电场中，使其发生位移，从而驱动振膜发声。

### 5. 扬声器的形状区别

1）锥形振膜扬声器中应用最广的就是锥形纸盆扬声器，它的振膜成圆锥状，是电动式扬声器中最普通、应用最广的扬声器，尤其是作为低音扬声器应用得最多。

2）平板扬声器也是一种电动式扬声器，它的振膜是平面的，以整体振动直接向外辐射声波。它的平面振膜是一块圆形蜂巢板，板中间是用铝箔制成的蜂巢芯，两面蒙上玻璃纤维。它的频率特性较为平坦，频带宽而且失真小，但额定功率较小。

3）球顶形扬声器是电动式扬声器的一种，其工作原理与纸盆扬声器相同。球顶形扬声器的显著特点是瞬态响应好、失真小、指向性好，但效率低些，常作为扬声器系统的中、高音单元使用。

4）号角扬声器的工作原理与电动式纸盆扬声器相同。号角扬声器的振膜多是球顶形的，也可以是其他形状。这种扬声器和其他扬声器的区别主要在于它的声音辐射方式，纸盆扬声器和球顶形扬声器等是由振膜直接鼓动周围的空气将声音辐射出去的，是直接辐射；而号角扬声器是把振膜产生的声音通过号角辐射到空间的，是间接辐射。号角扬声器最大的优点是效率高、谐波失真较小，而且方向性强，但其频带较窄，低频响应差。所以多作为扬声器系统中的中、高音单元使用。

### 6. 判别扬声器音质的方法

虽然任何扬声器都有其强项和弱点，尤其在有限的预算下，如何选择一组超值的扬声器是一门学问，但无论对于任何价位和层次的扬声器而言，都有一定的参考标准。

1）测试低频的品质。劣质扬声器所产生的低频可以是轰耳若聋，但完全是那种臃肿松厚，缺乏层次感和结实感的声音。好的低频应是洁净明快、层次分明，不会拖泥带水，即使各种低频乐器如大小鼓声、低音吉他和钢琴的低音，都能轻易分辨出来。所以不要轻易被低频的音量感所蒙骗，劣质低频不如干净的声音来得自然舒服。很多消费者会认为很重的扬声器就能代表它很超值，其实这种说法不完全对，重量是根据扬声器单体的磁铁大小，磁铁大所呈现的低音就沉。

2）测试中频的人声。人声是最常听到的声音，优劣并不难察觉，留意人声是否有不寻常的鼻音，或被抿着嘴发声的感觉。一些扬声器的“箱声”同样会大大干扰中频，令此频段的声音模糊不清。中频音染相对于其他频率音染而言更为严重，因为大部分可听到的声音频率，或是音乐的频率都集中在中频范围，这点几乎对所有种类的乐曲而言，都会成为重播的障碍。

3）测试高频的柔韧感。劣质的高频是尖声刺耳，听得人头痛欲裂，极端情况下会把小提琴或女高音的美声变为汽车制动的尖锐噪声。同样，高音中不同的乐器多产生不同质感，好的高音是能分辨出来的。再优秀一级的高频甚至能令人从中分辨出两把不同年份、不同木质的乐器所奏出的不同音韵。最易掌握的要诀是好的高音是不会令人听而生畏、毛发竖立的，也不会令人越听越累，而应该是绵韧而富弹性，幼滑而具层次，高至最高处仍可容易听见却不会产生变音（当然不是以走音歌手的录音光碟做参考）。

4）测试高音量及声场结像。一些扬声器在低音量时表现稳定，但在音量提升到一定程度便会失真，或“拍边”，出现各种非录音中的音乐信号，以不过峰值功率的音量为测试标准。合乎标准的扬声器在一定程度上营造出清晰的声场和结像，显示出不同乐器的分布位置和质感。有充足的扩散以至于能满足现有聆听空间，弱音和尾音应该可以清楚听见，而在大音量的情况下没有失真变形，人声和乐器声不会纠缠不分。优质的重播能显现丰润的音乐感、空气感和音符的弹跳力，像拨开云雾见青天一样，展现出整幅细致有序的音像。而更直接的是在长久聆听下不会令耳朵疲累。

### 7. 高音单元高频衰减方法

大多数的汽车影音系统，因为：①高音扬声器安装的位置太近；②光滑表面的装潢材料，例如玻璃、塑料等，对高音的反射效果；③为了加强低音的效果，按主机的 LOUD 键，高音也一起增加；④其他因素，例如不当的被动式分音器等，导致高频的音量太多，造成高音太尖、高音太亮、高音太吵、人声干涩、人声不甜等现象。

解决这个问题非常简单，首先将不当的调音因素排除，例如解除 LOUD、将主机及放大器等器材的 TREBLE 降低。假如问题仍然存在，可以用图 2-35 的方式来降低高音单元的音量，此种方法并不会改变原来扬声器的特性，并且不会导致功放烧毁或者器材损毁。

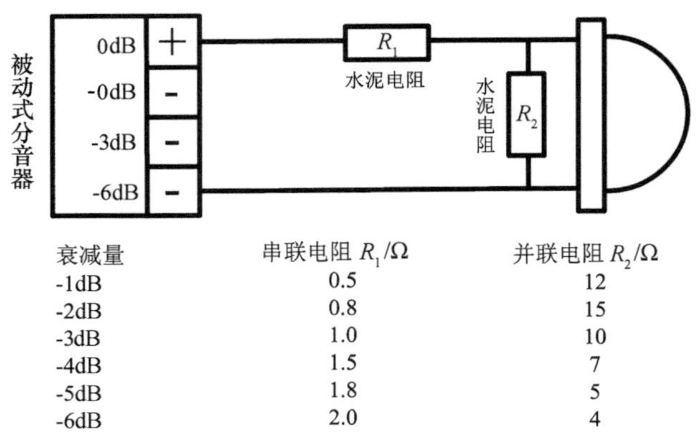


| 衰减量 | 串联电阻 $R_1/\Omega$ | 并联电阻 $R_2/\Omega$ |
| --- | --- | --- |
| -1dB | 0.5 | 12 |
| -2dB | 0.8 | 15 |
| -3dB | 1.0 | 10 |
| -4dB | 1.5 | 7 |
| -5dB | 1.8 | 5 |
| -6dB | 2.0 | 4 |

图 2-35　高音单元衰减方法

**注意事项：**

$R_1$ 及 $R_2$ 为水泥电阻，承受功率在 5W 以上。

### 8. 扬声器故障原因

影音系统中的扬声器常有烧掉或失真的情形，一般人直觉会认为是将音量开得太大声才导致扬声器受不了，因而使扬声器损坏。其实不然，有许多种情况都可能是造成扬声器烧掉的原因。

1）音量开得太大声固然会将扬声器震坏，也就是说超出了扬声器的正常使用功率。另一种情况就是功放功率不足的情况下将音量开得太大声，所输出的都是不正常的切割信号，这种情况也会把扬声器损坏。建议喜好大音量的使用者要选购大功率的功放，30W 的小功率后级是极有可能烧掉低阻抗大扬声器的。

经典改装欣赏 2-8

2）功放如果有直流输出，那一定会烧掉低音扬声器，甚至极少数的高音扬声器也会烧掉。原因是低音（或其他音路）扬声器分音路径上没有电容器隔离直流，直流输出就像把直流电通入扬声器中，连分音器线圈一起烧得焦黑。因此选购功放时千万注意，要先用万用表测量前级和后级的输出端是否有直流输出，如果前级有直流输出，也有可能经由后级再放大把直流传入扬声器。

3）如果您自己是安装的高手，一定知道高频振荡，假如您现在也在自己装，那更要请注意高频振荡，最好用示波器检查一下前级和后级，是否有发生振荡或直流输出的现象，万一有这种现象却没有发现，那也许会烧掉高级的扬声器了。

# 本 章 小 结

**1. 汽车影音系统主要构成部分是：**

1）主机。

2）功放。

3）扬声器。

4）液晶显示器。

**2. 汽车影音主机的主要参数：**

1）输出功率。
2）频率响应。
3）信噪比。
4）谐波失真。
5）前级放大器输出。

**3. 均衡器的调节频点大致可分为：**

1）低频部分（20～60Hz）。
2）中低频部分（60～150Hz）。
3）中低音（150～500Hz）。
4）中频（500Hz～3kHz）。
5）高频（3～8kHz）。
6）超高频（8～20kHz）。

**4. 主动式电子分音器优点：**

1）提高声场动态范围。
2）改善瞬时表现能力。
3）超低音扬声器能表现更佳，并加强与功放兼容性。
4）扬声器单体间灵敏度不同的问题容易受到控制。
5）功放在固定的频带上工作，可减少许多失真。
6）阻抗变化较低，可得到较佳的分类表现。

**5. 功率放大器的种类：**

1）甲类功放，又称 A 类功放。
2）乙类功放，又称 B 类功放。
3）甲乙类功放，又称 AB 类功放。
4）丁（D）类功放，又称数字放大器。

# 第三章

# 汽车影音电学基础

## 一、电子技术

电子技术是根据电子学的原理，运用电子设备设计和制造某种特定功能的电路以解决实际问题的科学，包括信息电子技术和电力电子技术两大分支。信息电子技术包括模拟电子技术和数字电子技术。

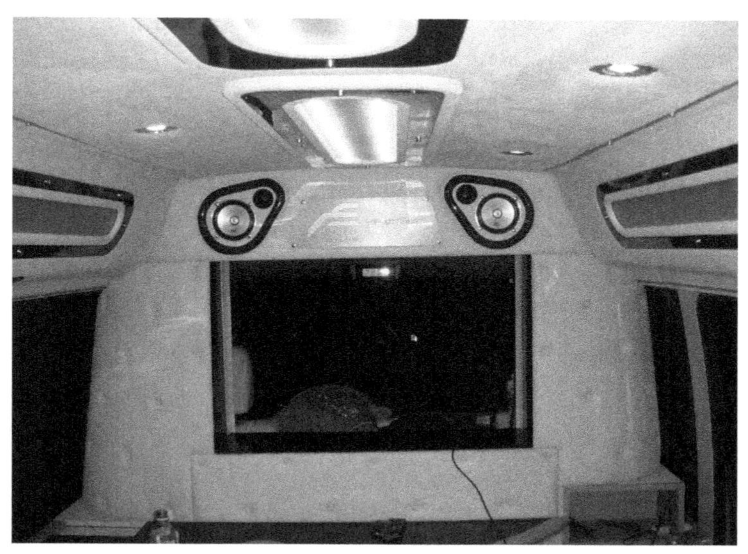

经典改装欣赏 3-1

### 1. 交流电与直流电

交流电（AC）也称“交变电流”，简称“交流”。一般指大小和方向随时间做周期性变化的电压或电流。它的最基本的形式是正弦交流电。交流电随时间变化的形式可以是多种多样的。不同变化形式的交流电其应用范围和产生的效果也是不同的。以正弦交流电应用最为广泛，其他非正弦交流电一般都可以经过数学处理后，成为正弦交流电的叠加。

交流电是用交流发电机发出的，在发电过程中，多对磁极按一定的角度均匀分布在一个圆周上，使得发电过程中，各个线圈切割磁力线，由于具有多对磁极，每对磁极产生的磁力线被切割产生的电压、电流都是按正弦规律变化的，所以能够不断地产生稳定的电流。交流电的频率一般是50Hz，即每秒变化50次。当然也有其他形式的交流电，如电子线路中有方波的、三角形的等，但这些波形的交流电不是导体切割磁力线产生的，而是电容充放电、开关晶体管工作时产生的。

通常，物体中的正、负电荷数量是相等的，一旦物体失去或得到一些电子时，就表现出负电或正电。电荷有规则的运动就产生电流。电流大小的单位是安培，用符号 A 表示。

如果在一个电路中，电荷沿着一个不变的方向流动，电流大小也不变，这就是直流电（DC）。在日常生活中，由电池提供的电流，就是直流电。直流输电具备输电容量大、稳定性好、控制调节灵活等优点。当电路中的电流方向和大小做周期性变化时，称为交流电。现代发电厂生产的电能都是交流电，家庭用电和工业动力用电也都是交流电。高压直流输电方式与高压交流输电方式相比，有明显的优越性。仅仅由于技术上的原因，才使得交流输电代替了直流输电。

交流电的优点主要表现在发电和配电方面，利用建立在电磁感应原理基础上的交流发电机，经济又方便地把机械能（水的动能、风能）、化学能（石油、天然气）等其他形式的能转化为电能；交流电源和交流变电站与同功率的直流电源和直流换流站相比，造价低廉；交流电可以方便地通过变压器升压和降压，这给配送电带来极大的方便，这是交流电与直流电相比所具有的独特优势。直流电的优点主要在输电方面：

1）输送相同功率时，直流输电所用线材仅为交流输电的 1/2 ~ 2/3。直流输电采用两线制，以大地或海水作回线，与采用三线制三相交流输电相比，在输电线截面积相同和电流相同的条件下，即使不考虑趋肤效应，也可以输送相同的电功率，而输电线和绝缘材料可节约 1/3。

如果考虑到趋肤效应和各种损耗（绝缘材料的介质损耗、磁感应的涡流损耗、架空线的电晕损耗等），输送同样功率交流电所用导线截面积大于或等于直流输电所用导线截面积的 1.33 倍。因此，直流输电所用的线材几乎只有交流输电的一半。同时，直流输电杆塔结构也比同容量的三相交流输电简单，线路走廊占地面积也少。

2）在电缆输电线路中，直流输电没有电容电流产生，而交流输电线路存在电容电流，引起损耗。在一些特殊场合，必须用电缆输电。例如高压输电线经过大城市时，采用地下电缆；输电线经过海峡时，要用海底电缆。由于电缆芯线与大地之间构成同轴电容器，在交流高压输线路中，空载电容电流极为可观。一条 200kV 的电缆，每千米的电容约为 0.2μF，每千米需供给充电功率约 $3\times10^3$kW，在每千米输电线路上，每年就要耗电 $2.6\times10^7$kW · h。而在直流输电中，由于电压波动很小，基本上没有电容电流加在电缆上。

3）直流输电时，其两侧交流系统不需同步运行，而交流输电必须同步运行。交流远距离输电时，电流的相位在交流输电系统的两端会产生显著的相位差；并网的各系统交流电的频率虽然规定统一为 50Hz，但实际上常产生波动。这两种因素引起交流系统不能同步运行，需要用复杂庞大的补偿系统和综合性很强的技术加以调整，否则就可能在设备中形成强大的循环电流，损坏设备，或造成不同步运行的停电事故。在技术不发达的国家里，交流输电距离一般不超过 300km。而直流输电线路互联时，它两端的交流电网可以用各自的频率和相位运行，不需进行同步调整。

4）直流输电发生故障的损失比交流输电小。两个交流系统若用交流线路互连，则当一侧系统发生短路时，另一侧要向故障一侧输送短路电流，因此使两侧系统原有开关切断短路电流的能力受到威胁，需要更换开关。而直流输电中，由于采用可控硅装置，电路功率能迅速、方便地进行调节，直流输电线路上基本上不向发生短路的交流系统输送短路电流，故障侧交流系统的短路电流与没有互联时一样，因此不必更换两侧原有开关及载流设备。

在直流输电线路中，各极是独立调节和工作的，彼此没有影响。所以，当一极发生故障时，只需停运故障极，另一极仍可输送不少于一半功率的电能。但在交流输电线路中，任一极相发生永久性故障时，必须全线停电。

**提醒：**在直流输电系统中，只有输电环节是直流电，发电系统和用电系统仍然是交流电。

### 2. 电子

电子（Electron）是一种基本粒子，目前无法再分解为更小的粒子。其直径是质子的0.001倍，质量为质子的1/1836。电子围绕原子核做高速运动，通常排列在各个电子层上。当原子结合成为分子时，在最外层的电子便会由一个原子，移至另一个原子或成为彼此共享的电子。

电荷的最终携带者是组成原子的微小粒子。每个绕原子核运动的电子都带有一个单位的负电荷，而原子核里面的质子带有一个单位的正电荷。正常情况下，在物质中电子和质子的数目是相等的，它们携带的电荷相平衡，物质呈中性。物质在经过摩擦后，要么会失去电子，留下更多的正电荷（质子比电子多）；要么增加电子，获得更多的负电荷（电子比质子多），这个过程称为摩擦生电。

自由电子（从原子中逃逸出来的电子）能够在导体的原子之间移动，但它们在绝缘体中不能移动。于是，物体在摩擦时传递到导体上的电荷会被迅速中和，因为多余的电子会从物质表面流走，或者额外的电子会被吸附到物体表面上代替流失的电子。所以，无论摩擦多么剧烈，金属都不可能摩擦生电。但是，橡胶或塑料这样的绝缘体，在摩擦之后，其表面就会留下电荷。

我们现在知道，构成实物的许多基本粒子都带有一定的电，有正、有负，电荷的绝对量都相等。正常情况下，同一个原子中正负电荷数相等，因而整个物体被认为是不带电的或中性的。当它们因故失去一部分电子时，就带正电；获得额外电子时，就带负电。电荷周围存在电场，运动时还会产生磁场。

电量是物质、原子或电子等所带的电荷的量。单位是库仑（符号为C），简称库。我们常将“带电粒子”称为电荷，但电荷本身并非“粒子”，只是我们常将它想象成粒子以方便描述。因此带电量多者我们称之为具有较多电荷，而电量的多寡决定了周围电场的强弱。此外，根据电场作用力的方向性，电荷可分为正电荷与负电荷，电子则带有负电。根据库仑定律，带有同种电荷的物体之间会互相排斥，带有异种电荷的物体之间会互相吸引。排斥或吸引的力与电荷的乘积成正比。

### 3. 电压

大家都知道，因为有着高水位和低水位之间的差别而产生的一种压力，水才能从高处流向低处。城市中使用的自来水，之所以能够一打开水龙头，就能从管中流出来，也是因为自来水的储水塔比地面高，或者是由于用水泵推动水产生压力的缘故。

电也是如此，电荷之所以能够在导线中流动，也是因为在电路中有着高电势能和低电势能的差别，这种差别叫“电位差”，也叫电压（Voltage），通常用字母 $U$ 表示。电压的单位是伏特（Volt），简称伏，用符号 V 表示。高电压可以用千伏（kV）表示，低电压可以用毫伏（mV）表示，也可以用微伏（μV）表示。电压是产生电流的原因。

在其他条件不变的情况下，增大或减小压差，会导致电流（水流）同比例地增大或减小。换句话说，增大电压就能增大电流。将一个电压加到固定电阻器的两端，如果我们增大或减小电压，电阻器中的电流也会同比例地增大或减小。

把 1V 的电压加在 1Ω 的电阻器上，则回路里的电流为 1A。如果把电阻器的阻值加倍，电压保持不变，则电流变为 0.5A。同理，将 2V 电压加在 1Ω 的电阻器上，其电流为 2A。

**注意事项：**

不要认为“大电池的电压一定高”，高电压相当于高的水压，也就是高电势能。

### 4. 电流

电流（Current）是指电荷的定向移动。电压是使电路中电荷定向移动形成电流的原因。电流的大小（符号为 $I$）是指单位时间内通过导线某一截面的电荷量，1s 内通过 1C 的电量称为 1A。安培是国际单位制中的基本单位。除了安培，常用的单位有毫安（mA）及微安（μA）。

电流可以是由正电荷、负电荷或这两种电荷同时做定向运动而形成的。负电荷沿同一个方向运动所形成的电流与等量的正电荷沿相反方向运动所形成的电流相同。依照惯例，人们假定电流是沿着正电荷运动方向流动。电流有多种效应，例如流过导体（超导体除外）的电流会使导体发热；电流会产生磁场；电流在磁场中会受到力的作用；电流还可参与化学变化，例如在电池、电解槽中那样。这些效应提供了电流应用的多种可能性。

### 5. 电阻

在物理学中，电阻（Resistance）表示导体对电流的阻碍作用。导体的电阻越大，表示导体对电流的阻碍作用越大。不同的导体，电阻一般不同，电阻是导体本身的一种性质。导体的电阻用字母 $R$ 表示，电阻的单位是欧姆，简称欧，符号是 Ω。比较大的单位有千欧（kΩ）、兆欧（MΩ）。电阻器简称电阻（Resistor，通常用“R”表示），是所有电子电路中使用最多的元件。电阻的主要特征是将电能转化为热能，也可说它是一个耗能元件，电流经过它就产生内能。电阻在电路中通常起分压的作用。对信号来说，交流与直流信号都可以通过电阻。

通常的电源都是在一定的负载上提供一定的电压。1V 电压加在 1Ω 电阻器上，其电流是 1A。如果电压保持不变，电阻变为原来的一半，则电流会变成原来的二倍。所以，当电压保持不变时，电阻越大，其电流越小。假设有一个额定 12V、1A 的电源，当把它加载到 24Ω 的电阻器上时，回路内的电流只有 0.5A。如果将另一个 24Ω 的电阻器再接到电源两端，电源将达到最大安全输出。如果再接入第三只相同电阻，电源将承受其安全负载的 1.5

倍（假设在高负载下这个电源仍然能够保持输出电压不变）。这时，电源或熔断器将很快被烧毁。同样地，如果回路内的用电器阻值过小，其电流将会非常大，此时电源就会被烧毁。对于电源来说，最理想的状况是在安全范围内接入电阻尽量小的负载，以提供尽量大的输出功率。

回到汽车影音上的应用，现在有一个最小额定阻值4Ω的100W功放，也就是说，在4Ω的负载下，该功放可提供100W输出，而更小的阻值将会烧坏功放。为了达到100W输出，功放的工作电流将达到5A。要在4Ω的回路中提供5A工作电流，功放就必须有20V的电压（即加载到扬声器终端的最大电压是20V）。在这里讨论是为了计算电压、电阻及电流之间的关系，把4Ω和20V输入到下面的计算器中，电流将作为结果被计算出来。如果把电阻阻值减小到2Ω，电流将变成原来的二倍。过小的电阻导致了高于5A的额定电流，从而会烧毁功放。电阻分为固定电阻、可变电阻、半固定可变电阻，电阻色码辨认方式见表3-1。

**表3-1　电阻色码辨认方式**

| 色别 | 第一位色环（电阻值的第一位） | 第二色环（电阻值的第二位） | 第三位色环（电阻值的第三位） | 第四位色环（表误差） |
|---|---|---|---|---|
| 棕 | 1 | 1 | 10 | — |
| 红 | 2 | 2 | 100 | — |
| 橙 | 3 | 3 | 1000 | — |
| 黄 | 4 | 4 | 10000 | — |
| 绿 | 5 | 5 | 100000 | — |
| 蓝 | 6 | 6 | 100000 | — |
| 紫 | 7 | 7 | 1000000 | — |
| 灰 | 8 | 8 | 10000000 | — |
| 白 | 9 | 9 | 100000000 | — |
| 黑 | 0 | 0 | 1 | — |
| 金 | — | — | 0.1 | ±0.5 |
| 银 | — | — | 0.01 | ±0.1 |
| 无色 | — | — | — | ±0.2 |

**注意事项：**

色码的读法是从最靠近电阻器左端的色码条纹开始。

### 6. 电路

电流流过的回路叫做电路（Circuit）。最简单的电路由电源、负载、导线和开关等元件组成。电路处处连通叫做通路。电路只有处于通路时，才有电流通过。电路某一处断开叫做断路或者开路。电路某一部分的两端直接接通，使这部分电路两端的电压变成零，叫做短路。

简单来说电路就是电流走过的路线，它可以是最简单的“电池加灯泡”，也可以是计算机里面的大规模集成电路。电路可以包含任意多个用电器，只要电流是从电源一端流出，从另一端流入，它就可以称为一个电路。

**注意事项：**

有些人认为“接触不良”和“短路”是一样的，其实不然。“短路”是指电流从用电器以外的途径流走，通常短路电路的电阻很小，这样就会使流过电源的电流过大。当我们把电源线接地时，熔断器就会烧毁。这就是短路。接触不良的表现是：移动导线时，用电器两端的电流出现间歇性的间断，把这种现象叫做接触不良。

### 7. 功率

瓦特是功率（Power）的单位（无论产生还是消耗），1W 相当于 1A 电流通过 1Ω 电阻产生的功率。功率是指物体在单位时间内所做的功，即功率是描述做功快慢的物理量。扬声器音质的好坏和功率没有直接的关系。功率决定的是音箱所能发出的最大声强，感觉上就是扬声器发出的声音能有多大的震撼力。

根据国际标准，功率有两种标注方法：额定功率与瞬间峰值功率。额定功率是指在额定范围内驱动一个 4Ω 扬声器，规定了波形持续模拟信号，在有一定间隔并重复一定次数后，扬声器不发生任何损坏的最大功率。峰值功率是指扬声器短时间所能承受的最大功率。

经典改装欣赏 3-2

扬声器的功率不是越大越好，适用才是最好的，但功放的储备功率越大越好，最好为实际输出功率的 2 倍以上。比如扬声器输出功率为 30W，则功放的功率最好大于 60W。功放的功率取决于扬声器的负载以及放大器加载到扬声器上的推力。扬声器纸盆振动的幅度随着功放输出功率的增加而增大。

## 二、电源系统

汽车电气系统包含充电电路、起动电路、点火电路、照明电路和辅助电路。汽车电源系统包括蓄电池、导线、发电机和控制单元。汽车电气系统如图 3-1 所示。

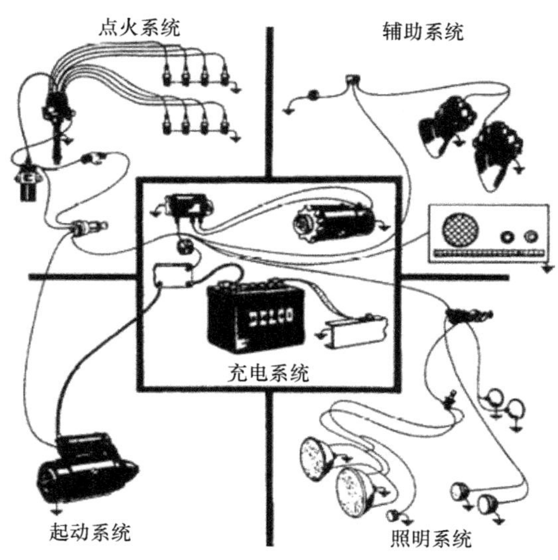


图 3-1 汽车电气系统

### 1. 发电机

发电机是将其他形式的能转换成电能的设备。改装影音系统后，如果蓄电池经常莫名其妙地出现故障，这便说明发电机需要进行升级，因为电力供应系统并没有跟上，无法满足当前所有用电器的需要。

### 2. 蓄电池

蓄电池主要功能是在发动机还没有运行时，给起动机、点火系统、电子燃油喷射系统以及其他电器设备供电。在发动机起动后，车辆主要电力来源是正在运转的发电机，而不是蓄电池。当发动机没有运行时，蓄电池仍然提供电能，所以在改装汽车影音系统之前，必须将电源断开。如果电源线短路，它有可能会对车辆及人身安全造成威胁，例如：火灾。注意：请在施工之前确认该车是否配备密码防盗功能，并了解相关操作程序。

改装功率较大的汽车影音系统，需要足够的电力来承载。但是很容易产生一种错误的观念，认为加装了第二个蓄电池就能解决好电力系统的问题。或者认为原本蓄电池是好的，再加装一个蓄电池就一定会更好。请记住，蓄电池的功能只是用来起动发动机和发动机在没有运转时提供电能。第二个蓄电池唯一的好处只是在没有起动发动机时提供额外的电力来运行影音系统。解决电力系统问题的最佳方案，就是再增加发电机来改善电力系统，如图 3-2 所示。

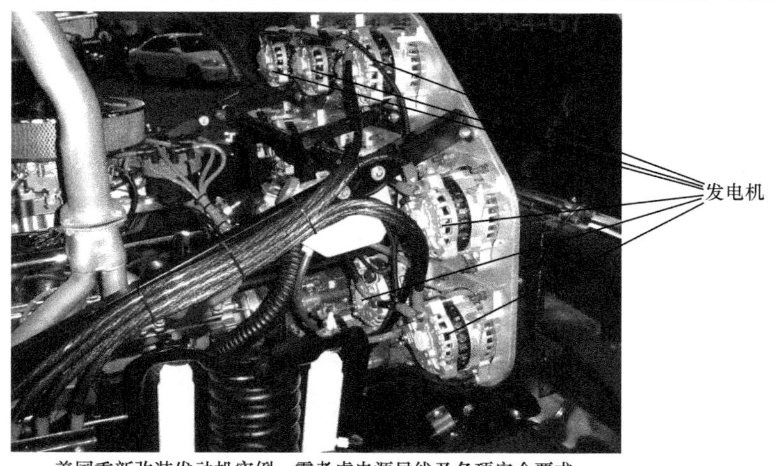


美国重新改装发动机实例，需考虑电源导线及各项安全要求

图 3-2 美国发电机改装方案

如果真想增加蓄电池的话，请使用免维护型蓄电池。把蓄电池放入专用的木箱中固定妥当，并提供适当的散热和通风，以防起火（建议只是更换容量更大的蓄电池）。第二个蓄电池一定要装有熔丝，熔丝一定要靠近蓄电池（正如主蓄电池方式），影音系统中的所有放大器必须要经过熔丝（在蓄电池附近）来防止火灾。切记，无论使用什么类型的蓄电池，接头都不能和其他物体接触。第二个蓄电池的接地应该被接到车辆的底盘。接底盘的连线是片状的金属线。一般的简易影音改装，实际功率没多大的影音系统就不必要刻意担心此问题。加装蓄电池必须再制作专用木箱保护，如图3-3所示。

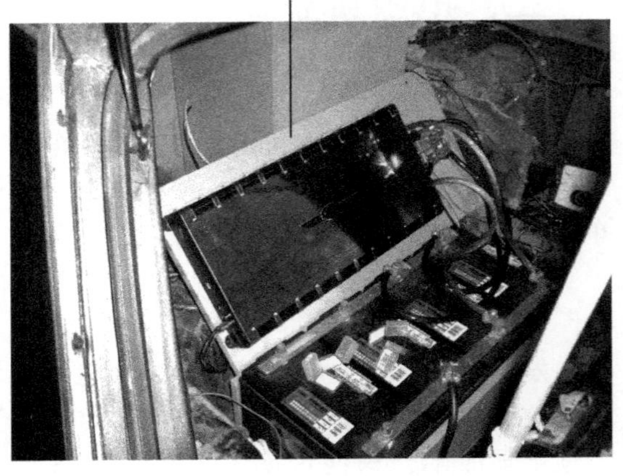

加装蓄电池必须再制作专用木箱保护，
以防止蓄电池液流出或产生危害人身安全的事故


图3-3　加装蓄电池专用木箱

**3. 选择导线的重要参考**

改装汽车影音系统时，选择导线首先要考虑导线所能承载的电流，最常用的导线在4AWG和22AWG之间。导线电流是从高电位流向低电位，从正极出发，回到负极，将其比喻成水循环来解释亦很贴切，而导线就像水管一样，用水量大，则水管必须口径大，反之则水管细。相对地，出水口大，则回水口径亦不能小，解释线路中的正、负极用线径的道理是一样的。再则电源导线使用低阻抗、传输速度快的材质，可令音响系统里的器材发挥到最佳状态。导线都是有阻抗的，电流在经过导线时也会发热。

**注意事项：**

1）安装导线时必须加装熔丝，并尽可能靠近蓄电池。

2）扬声器导线阻抗。使用大的扬声器导线可以避免输出有明显的浪费。对于大多数的情形，16AWG扬声器导线是非常好的。通常1dB是能够听到的最小损耗。如果损耗比1dB少，将会无法听到它。

表3-2表示将会引起15in长的导线下降0.5V电压的电流。许多人认为电源导线下降0.5V电压是最大的限度。“总功率”是所有的被连接的放大器的总RMS功率输出，分别以60%效率（AB级放大器）、75%效率（D级放大器）和一个13.8V电压的蓄电池电压为基础。

**表3-2　电源导线规格表**

| 线径/AWG | 电流/A | AB类功放最大功率（60%）/W | D类功放最大功率（75%）/W |
|---|---|---|---|
| 0 | 330 | 2731 | 3414 |
| 1 | 262 | 2168 | 2710 |
| 2 | 208 | 1720 | 2151 |
| 3 | 165 | 1365 | 1707 |

（续）

| 线径/AWG | 电流/A | AB 类功放最大功率（60%）/W | D 类功放最大功率（75%）/W |
|---|---|---|---|
| 4 | 131 | 1084 | 1355 |
| 5 | 104 | 860 | 1075 |
| 6 | 82 | 683 | 853 |
| 7 | 65 | 542 | 677 |
| 8 | 52 | 430 | 537 |
| 9 | 41 | 341 | 427 |
| 10 | 33 | 271 | 339 |
| 11 | 26 | 215 | 269 |
| 12 | 21 | 171 | 213 |
| 13 | 16 | 135 | 169 |
| 14 | 13 | 107 | 134 |

**注意事项：**

AWG 即 American Wire Gage（美国线规）的缩写。

#### 4. 电源导线的识别

对于汽车影音的电源导线，大家可能往往只注意到线材的外径，而很少去注意线芯（截面积）。电源导线的线芯越粗（截面积越大），它的电阻就越小，容许通过电流就越大，容许的输出功率就越大。同时，总线芯由多少股绞成，每股中有多少根，这个也很重要。因为，组成的线芯越多越细，它们的表面面积越大，电流流动就越快。另外，还要看线芯纯度，一般用 N 表示，如 7N 则表示百分比小数点后有 7 个 9，即 99.9999999%。

导线材质大多为铜，它由透明的绝缘体包裹。而铜在与空气接触一段时间之后，就会开始氧化，当铜被氧化后，导电能力就会变差，这也表示导线的导电能力也将会变差。导线连接的方法基本上有两种，一种是夹线方式，在夹线连接完成后，必须尝试着将导线从端子往外拉动，如果能将导线拉出来，这证明连接效果不好；另一种是将导线插进接线柱后旋紧，这需要将螺钉旋紧才可行，并且在完成后也要尝试拉动导线，确保导线不会有松动的情形。

在安装导线之前，请先将铜导线“镀锡”，这样它就不会轻易地被氧化，并且可以增加使用的寿命。想要知道电源导线的最大通过电流，可以透过下列的计算方法。如果不清楚是 B 类或 D 类功放，请以 50% 计算。10AWG 导线阻值是每 1000ft 为 1Ω（可转换成 1Ω/1000ft 或 0.001Ω/ft）。而 10AWG 导线 15ft 长计算结果如下：

$$电阻 = 0.001 \times 15\Omega = 0.015\Omega$$

虽然导线电阻能使用以上公式计算，但如果使用不同的线径，可以利用以下方法计算。电阻系数是 1.26，这表示 11AWG 的导线大约每 1000ft 有 1.26Ω 电阻（以 10AWG 导线作为参考），9AWG 导线 1000ft 电阻为 0.79Ω（1Ω/1.26）。能用系数 1.26 继续计算每个导线大小。如果必须为（相似的 4AWG 功率导线）导线计算的电阻，能使用下列的公式：

对于 4AWG 导线：

经典改装欣赏 3-3

1000ft 电阻 $=1/1.26^6\Omega$

1000ft 电阻 $=0.25\Omega$

或对于 16AWG 导线：

1000ft 电阻 $=1\times1.26^6\Omega$

1000ft 电阻 $=4\Omega$

或对于 20AWG 导线：

1000ft 电阻 $=1\times1.26^{10}\Omega$

1000ft 电阻 $=10\Omega$

如果想计算导线通过的电流电压下降多少，能使用欧姆定律公式 $U=I\times R$。$U$ 是导线两端的电压降，$I$ 是经过导线的电流，$R$ 是导线的阻值。如集有 4AWG 功率的 15ft 导线，而放大器最大输出电流为 150A。

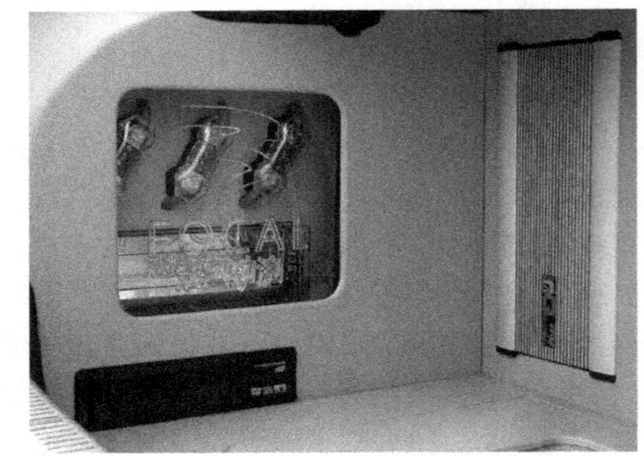



经典改装欣赏 3-4

电压降 = 电流 ×（导线长度 × 单位长度阻抗）

电压降 $=150\times(15\times0.00025)$ V

$=150\times0.00375$V

$=0.563$V

## 三、欧姆定律及应用

物体对电流的阻碍作用叫做电阻，电阻的单位是欧姆。1V 电压加在 1Ω 电阻器上，其电流是 1A。如果电压保持不变，电阻的阻值为原来的一半，则电流会变成原来的 2 倍。所以，当电压保持不变时，电阻越大，其电流越小。在音响器材中，主机、功放与扬声器的阻抗多设计为4Ω，因为在这个阻抗下，器材将有最佳的工作状态。其实扬声器的阻抗是随着频率高低的不同而变化的，扬声器规格中所标示的通常是一个大约的平均值，目前规格有2Ω、4Ω、6Ω或8Ω。

功率是指瞬间功率在一个周期内的平均值，它和用电量有着密切的关系，功放的功率取决于扬声器的负载以及放大器加载到扬声器上的推力。扬声器纸盆振动的幅度随着功放输出功率的增加而增大。

掌握欧姆定律将有助于了解电流、电压、电阻和功率之间的关系。如果拥有其中的两个参数，就可以计算出其他两个参数，这会有助于汽车影音系统的设计。欧姆定律见表3-3。

**表3-3　欧姆定律**

| 欧姆定律 | | | |
|---|---|---|---|
| 基本公式 | $P = I \times U$ | $U = I \times R$ | |
| 计算　电压 | $U = P/I$ | $U = I \times R$ | $U =$ SQR（$P \times R$） |
| 计算　电流 | $I = P/U$ | $I = U/R$ | $I =$ SQR（$P/R$） |
| 计算　功率 | $P = I \times U$ | $P = U^2/R$ | $P = I^2 \times R$ |
| 计算　阻抗 | $R = U^2/P$ | $R = U/I$ | $R = P/I^2$ |
| 代号表示：$P$—功率（W）　$U$—电压（V） | | | |
| $I$—电流（A）　$R$—阻抗（Ω）　SQR—平方根 | | | |

下面将计算几组实例：

例一：$U = I \times R$

式中　$U$——电压（V）；

$I$——电流（A）；

$R$——阻抗（Ω）。

当需要知道影音系统的电流（A），车上所测量出来的是12.8V的电压，而电阻是4Ω，计算方式如下：

$$U = 12.8\text{V} \quad I = \text{未知} \quad R = 4\Omega$$

$$I = U/R = 12.8/4\text{A} = 3.2\text{A}$$

例二：$P = U \times I$

当需要知道影音系统的功率，但只有电流（$I$）和电阻（$R$），根据欧姆定律$U = I \times R$，得知$P = I \times R \times I$。

**结论：**

1）若电阻$R$越大，若要维持一定的电流，电压$U$就越大，电功率$P$损失越大。

2）若要维持一定的电压，电流$I$势必下降，除非再提高电压。

3）若要维持稳定的电压及额定的电流输出，电阻$R$必须越小越好。

## 四、扬声器的串联与并联

有两种方法可以连接功放与多个扬声器（举例说明为两个扬声器到一个功放），那就是串联和并联。

### 1. 串联方法

$R_1$ 与 $R_2$ 扬声器串联时，它们有着同样的电流。放大器的正极输出端与 $R_1$ 扬声器的输入正极端子连接，然后将 $R_1$ 负极端子连接 $R_2$ 的正极端子，最后将 $R_2$ 扬声器的负极端子连接到功放的负极输出端。扬声器的串联连接方法如图 3-4 所示。

这种方式减小了功率放大器的工作负荷，电流会因为电阻提高而减小。串联将根据电阻这一公式计算：

$$R_t = R_1 + R_2 + R_3 + \cdots$$

假设连接两只 4Ω 扬声器（$R_1$ 和 $R_2$），利用串联方式后的扬声器总阻值将是：

$$R_t = R_1 + R_2 = (4+4)\Omega = 8\Omega$$

计算后得到 $R_t = 8\Omega$。

同样，假设 3 只 4Ω 扬声器串联（$R_1$、$R_2$ 和 $R_3$）将得到：

$$R_t = R_1 + R_2 + R_3 = (4+4+4)\Omega = 12\Omega$$

计算后得到 $R_t = 12\Omega$。

### 2. 并联方法

$R_1$ 与 $R_2$ 扬声器并联时，它们两端的电压相同。放大器的正极输出端与 $R_1$、$R_2$ 扬声器的输入正极端子连接，然后放大器的负极输出端再与 $R_1$ 与 $R_2$ 扬声器的输入负极端子连接。扬声器的并联连接方法如图 3-5 所示。

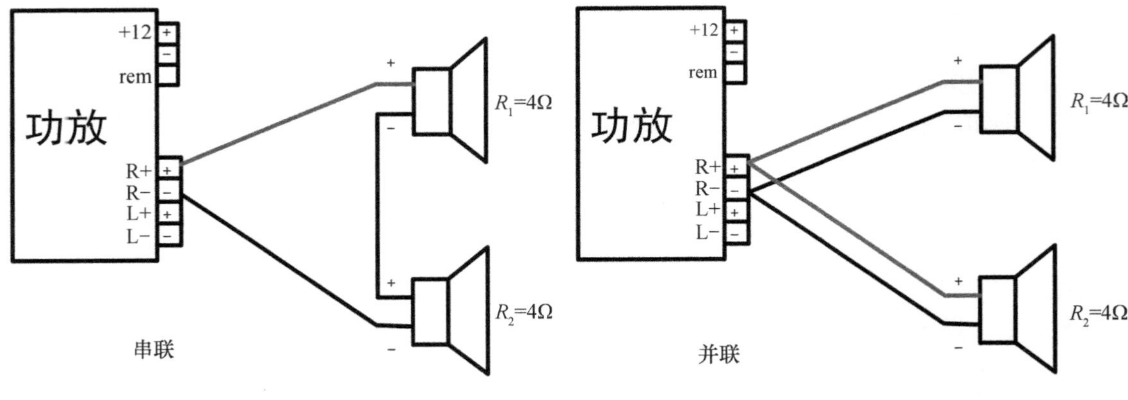


图 3-4　扬声器的串联连接　　　图 3-5　扬声器的并联连接

这种方式增加了功率放大器工作负荷，电流会因为电阻减小而增大。并联将根据这一公式计算：

$$1/R_t = 1/R_1 + 1/R_2 + 1/R_3 + \cdots$$

假设连接两只 4Ω 扬声器（$R_1$ 和 $R_2$），利用并联方式后的放大器总阻值将是：

$$1/R_t = 1/R_1 + 1/R_2$$

$$1/R_t = 1/4 + 1/4$$

$$1/R_t = 1/2$$

计算后得到 $R_t = 2\Omega$。

同样地，假设连接 3 只 4Ω 扬声器重（$R_1$、$R_2$ 和 $R_3$）将得到：

$1/R_t = 1/R_1 + 1/R_2 + 1/R_3 = 1/4 + 1/4 + 1/4 = 3/4$

计算后得到 $R_t = 1.33\Omega$。

## 五、电容器

电容是一种储能元件。当直流电源连接到电容器的时候，电容开始充电。当电源停止对电容器充电的时候，电容器应是充满的。如果把直流电源从电容器上断开，电容器将会保持原有的电压，如果接触外部设备将放出电能。电容器充电放电瞬间就能完成，所以电容器不像蓄电池。1F 电容器如图 3-6 所示。

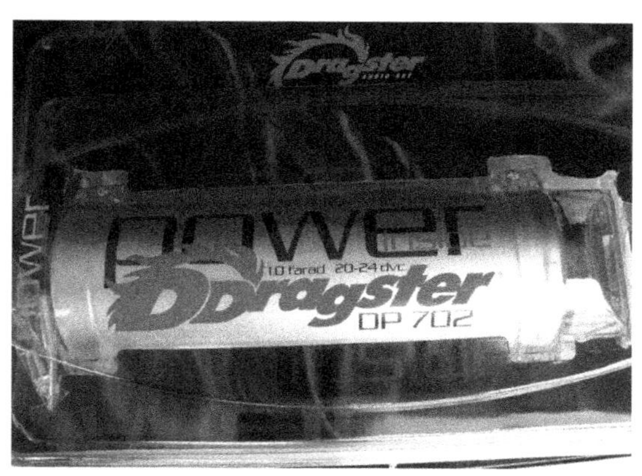


图 3-6　1F 电容器

电容器有两种类型：有极性和非极性（也叫无性）。有极性电容器用于降噪电路和其他非音频应用。非极性电容用于无源分频器电路。电容器有正负极的叫有极性电容器，如各种电路板上用的电容；非极性的不分正负极，如单相电动机上用的电容器。CBB 型塑料薄膜电容器都是非极性的。非极性电容器也可以使用在汽车影音系统中。

电容在电路中用于调谐、滤波、耦合、旁路、能量转换和延时；在汽车影音系统中能帮助满足低音功放所需电力，使超低音表现得更加完美。例如在夜间行驶中打开影音系统（音量大约在 92 ~ 104dB），播放的音乐响起了低频段，前照灯会随着节拍起伏而昏暗。这是因为发电机无法及时供应功放所需的电力而造成电压下降。电容内部的电阻较低，它可以瞬间提供大量的电力，比蓄电池供应来得更快，加装电容可以常常防止类似的这种电压下降的情况产生，如果想要音响系统持续播放动态的音乐，可以加装几个电容成为几组“后援部队”也无妨。

**注意：**

电容器能快速储存大量的能源，在安装电容之前必须先充电，并采用正确方法安装电容，以延长电容的使用寿命。电容器正确充电设置方法如图 3-7 所示。电容充电的方式就是利用水泥电阻代替熔丝，放在主电源线熔丝座上（它安装在蓄电池附近）。利用万用表去监测电容器的电压，一旦达到 12V 就可以拿掉万用表、电阻与电源熔丝。操作时请不要直接手持电阻。电流流经电阻会使电阻变热，可能会将手烫伤。建议使用 500 ~ 1000Ω 范围的 1W 以上水泥电阻和万用表，较低功率的水泥电阻将升温过快。电容放电的简易方式不是使用电阻，而是利用灯泡来消耗电容内部所储存的电压，并且不需要电压表监测电压。灯泡熄灭，即表示电容器已经完全放电，由约 12V 缓慢下降到 0V。

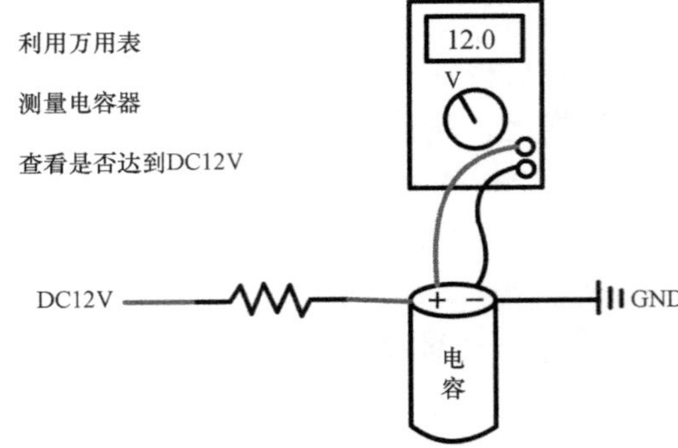

图 3-7　电容器充电设置方法

电容的参数：

1）电容的容量单位是 F（法拉），此值越大表示电容器能够储存和释放的电能越大，常见的有 1F、1.5F、2F、3F；特殊的有 5F、10F、15F、20F。

2）ESR（阻值）。导体都是有电阻的，电容器中含有多种的导体如锡箔和电解液等。此数值越小越好，通常是几毫欧。

3）电容的功能。存储电量以满足在大的峰值信噪时功率放大的需要，并能防止削波，尤其是低频范围的削波。

4）ESL。相当于电容器的电感。这个电感，连同来自导线的小量电感一起，组成电容器的 ESL。ESL 本质上相当于一个理想的电容器加一个电感器。当使用电容器过滤的时候，低 ESL 的电容最好。

5）电容的结构以及与功放的连接都非常简单，它是汽车影音发烧友们非常喜爱的元件。一般来讲，功放添加电容器比例选择为 1F：1000W（系统功放功率总和）；或者以低音功放功率核算，300W（功率）：1F 的电容。功放与电容的连接方法如图3-8所示。两个电容连接方式如图 3-9 所示。

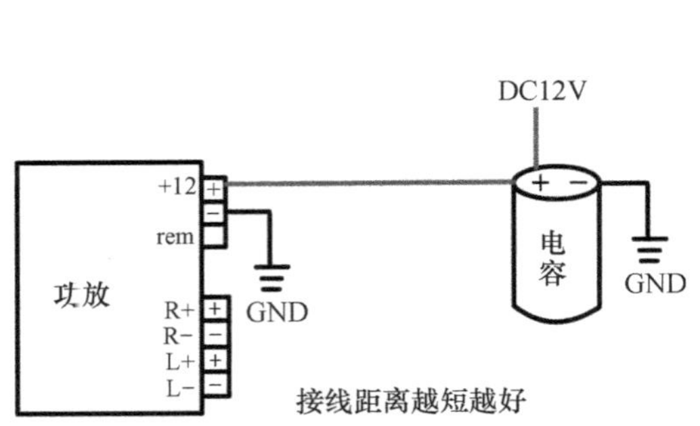

图 3-8　功放与电容的连接方法

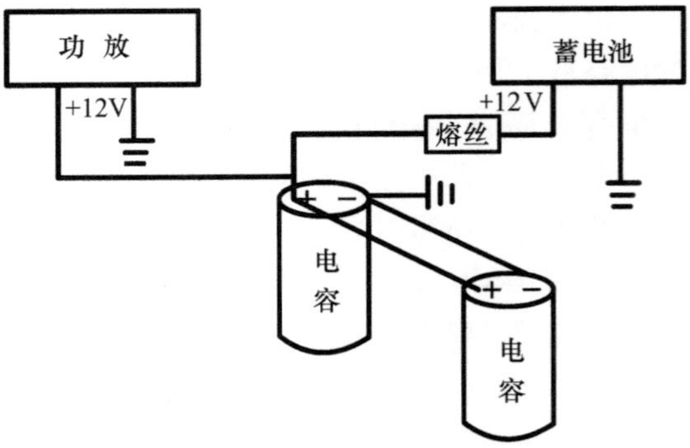

图 3-9　两个电容连接方式

**注意：**

电容器串联的目的，在于使各电容器都承担一部分电压，以增强耐压能力。电容器并联时，总电容量为各电容量之和，并联的目的在于增加电容量或储存电荷。超过 5F 以上的电容，请使用专用工具连接起动。电容充电保护器如图 3-10 所示。

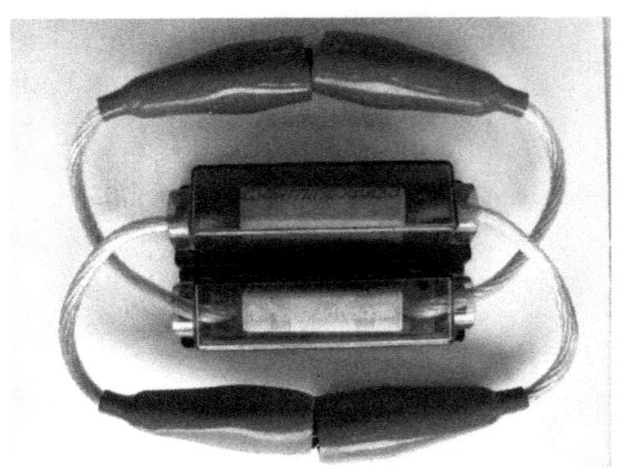
图 3-10　电容充电保护器

# 六、汽车影音电子附件

### 1. 熔丝、熔丝座

熔丝（FUSE）用于过载电流保护，在影音系统中是最重要的组件部分，它的主要功能是保护电子设备。当电子设备有过大的电流通过的时候，或者发生短路，熔丝将在损坏设备之前断开电路。电子设备的生产厂商规定了断开电路的熔丝额定电流，如果采用的熔丝比规定规格大，或在安装设备时发生错误，这可能会引起设备烧毁。例如，主电源线连接到功放，当因为某种原因引起主电源线发生短路时，电流将使电源线加热，直到燃烧起来，所以改装汽车影音系统，必须依照安装功放的输出功率大小及线材属性而定。

**举例一：**

在图 3-11 可以看到在蓄电池和功率放大器之间有一个熔丝。图中的熔丝能用来保护导线 B 和功放，熔丝对功放必须是适当的。而导线 A 不受熔丝保护，所以导线 A 一定尽可能地短。

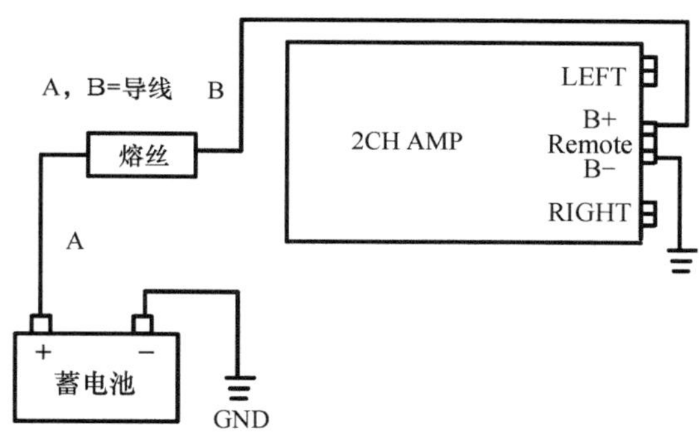


图 3-11　蓄电池、熔丝、导线、功放正确连接方法

**举例二：**

在图 3-12 中的导线 A 是将电压传送至分流熔丝盒，导线 A 必须有足够大的承载能力来给两个功放供电（普遍使用 4AWG 标准导线来当做一个主要的电源导线使用）。熔丝 A 以额定电压来保护导线 A，熔丝 B 则保护导线 B，熔丝 C 则保护导线 C。小于 150A 的任何种类熔丝是可以充分保护 4AWG 导线和车辆的。如果 4AWG 导线比 15ft 长，可以用 125A 熔丝。

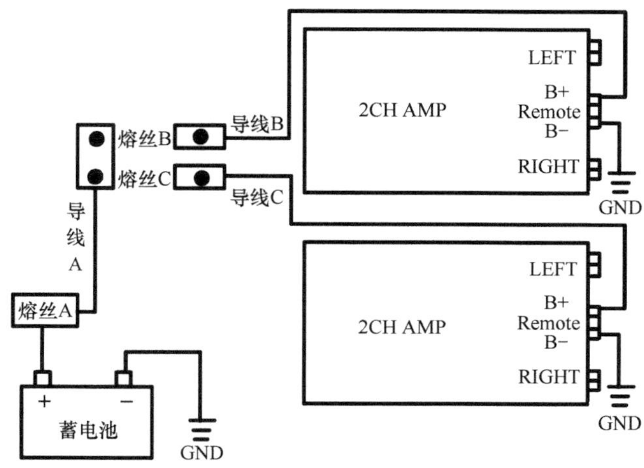


图 3-12　蓄电池、熔丝、导线与两台功放正确连接方法

在大部分的情形下，导线线径在分布之际被减小，所以一定要加装熔丝去保护较细的导线。

**举例三：**

在图 3-13 中的导线 A 是不受保护的，所以尽可能缩短蓄电池到熔丝（125A）的距离。

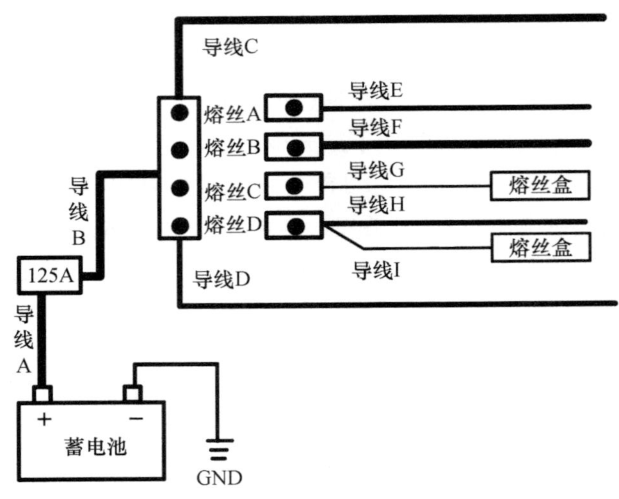


图 3-13　蓄电池、导线、熔丝与熔丝盒的正确连接方法

导线 B 是被 125A 熔丝保护的，但导线必须至少是 4AWG 的。在短路时，熔丝断开之前比较小的导线可能会引起燃烧。电压利用导线 B 传至分流熔丝盒再到所有接入导线。

导线 C 是供应其他设备的导线，既然也是一个 4AWG 导线，主要的芯片熔丝将会保护它。

导线 D 是一个较细的导线，也是供应其他设备的导线。这个导线比较细（假设它是一个 8AWG 导线），主要的熔丝不能保护它。如果 8AWG 导线短路，而主芯片熔丝又不断开，它将会燃烧（而且它可能会使车辆起火），这是一种非常不安全的做法。

熔丝 A 正在保护导线 E。如果导线是一个 8AWG 导线，而且熔丝额定电流是 50A 或更低，导线短路时会被保护。

熔丝 B 正在保护导线 F。假设导线 F 是一个 6AWG 导线，因此它能承载的电流比 8AWG 导线大。额定的熔丝以 80A 或更小将会保护该导线。AGU 熔丝不能超过 60A，因此需要使用一个超过 60A 的其他种类熔丝。

导线 G 是一个小的导线，它可能想要连接一个分频器（或其他的设备）。假设它是一个 16AWG 或 18AWG 导线，AGU 熔丝将不能很好地保护它。如果导线是一个非常小的导线，在这一种情形，必须有一个 7.5A（或比较小的）熔丝和一个熔丝盒来保护导线。

有时，会插入一个小的导线（导线 I）在另一个较大的导线（导线 H）接线处。因为被连接的端口有可能是一个放大器，所以不能选小的 AGU 熔丝。既然端口已经在里面有一个相对大的导线，这一个较小的导线必须有自己单独的熔丝盒，并尽可能靠近用电设备。如果导线 I 被短路而且没有独立的熔丝盒，导线 I 会燃烧。

**注意：**

如果想使用一束比较细的导线（比如10个14AWG导线）来替代较粗的导线（像一个4AWG导线），4AWG导线能处理大约125A电流。14AWG导线能处理大约15A电流。如果14AWG导线其中之一被短路，主要的125A熔丝是不会断开的，从而导线会燃烧。为了要适当地保护10个14AWG导线，就必须安装10个15A熔丝（每个导线必须有它独立的熔丝）。导线安装建议规格见表3-4。

**表3-4 导线安装建议规格**

| 导线规格（号数） | 熔丝最大规格 |
|---|---|
| 00AWG | 400A |
| 0AWG | 325A |
| 1AWG | 250A |
| 2AWG | 200A |
| 4AWG | 125A |
| 6AWG | 80A |
| 8AWG | 50A |
| 10AWG | 30A |
| 12AWG | 20A |
| 14AWG | 15A |
| 16AWG | 7.5A |

以上是导线安装所能使用熔丝的最大规格，建议使用比规格较小的熔丝将会非常安全。

熔丝、熔丝座目前分为玻璃管、插片式和云母熔丝，而每一种类型又分为大型及小型，适用性视安装地点而定。

1）迷你型插片熔丝（MIN塑料熔丝）。MIN熔丝占用更少的空间，它可以耐受不良环境中的高温，这种熔丝正在更广泛地使用在汽车和主机中。它从2A到35A。MIN熔丝尺寸：110mm×40mm×110mm。迷你型插片熔丝如图3-14所示。

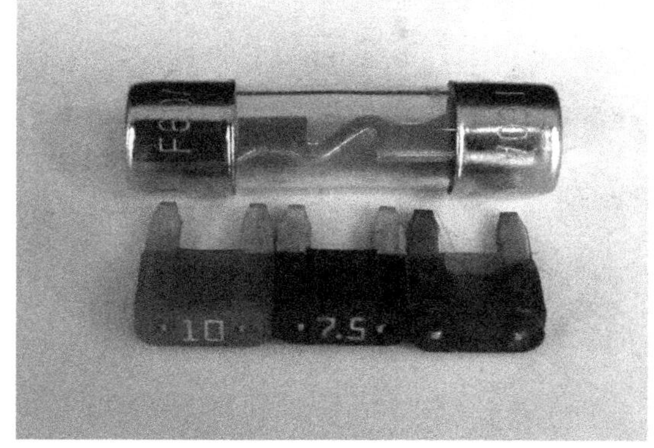

图3-14 迷你型插片熔丝

2）中号汽车插片熔丝（ATC/ATO塑料熔丝）。ATO熔丝在1976年设计并申请专利，自此设立了汽车电路保护的标准。它采用业内标准的颜色编码指定电流额定值。下面的熔丝额定电流为30A。尺寸：190mm×50mm×185mm。中号汽车插片熔丝如图3-15所示。

3）大号汽车插片熔丝（MAXI 塑料熔丝）。MAXI 熔丝额定电流在 20A 和 100A 之间。对于系统/放大器电流在 40A 和 80A 之间是最好的选择，尺寸：290mm×90mm×345mm。

4）AGC 熔丝（玻璃管熔丝）。玻璃管熔丝被普遍用于主机的电源导线。尺寸：64mm×317mm。

5）AGU 熔丝（玻璃熔丝）、AGU 熔丝座。AGU 熔丝额定电流在 10A 和 80A 之间。AGU 熔丝能用来保护主要的电源线和适合的高功率系统。它们也能用来保护能够达到大约 750W RMS 的放大器。尺寸：103mm×381mm。AGU 熔丝、AGU 熔丝座如图 3-16 所示。

图 3-15　中号汽车插片熔丝

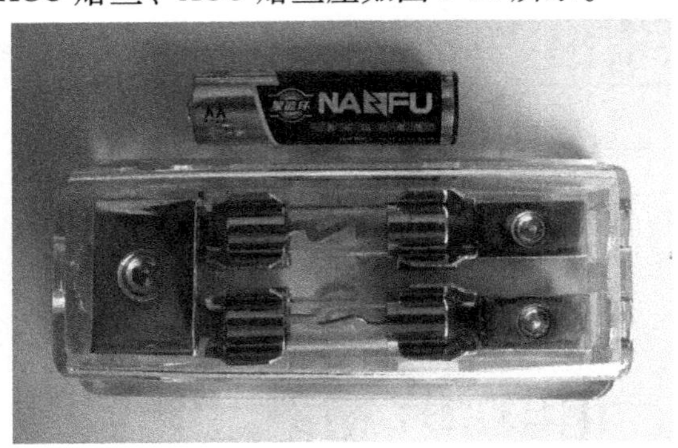

图 3-16　AGU 熔丝、AGU 熔丝座

6）ANL/ANS/AML 汽车片式熔丝、熔断器。ANL/ANS/AML 镀金电源熔丝具备高性能，适合高功率音响系统，它的导电及熔断保护速度很快，很多参赛级的系统很需要它。这些熔丝额定电流在 10A 和 500A 之间。尺寸：220mm×810mm。ANL 汽车片式熔丝如图 3-17 所示。ANL 汽车片式熔丝、熔丝座如图 3-18所示。ANL 汽车片式熔丝、管型熔丝座如图 3-19 所示。

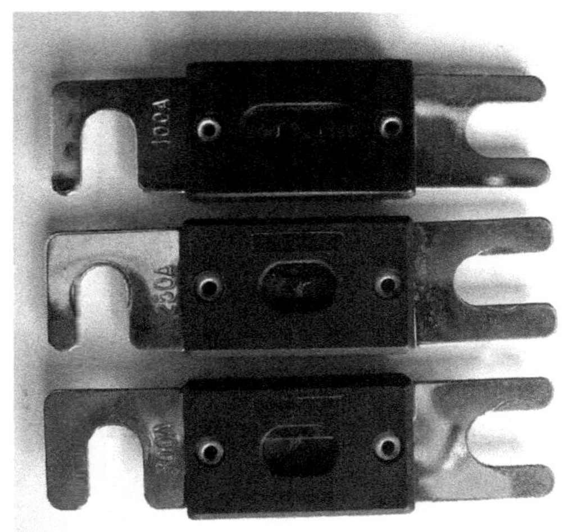

图 3-17　ANL 汽车片式熔丝

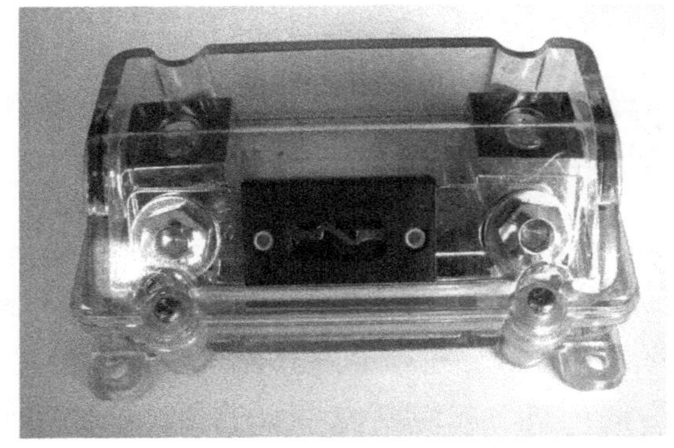

图 3-18　ANL 汽车片式熔丝、熔丝座

**2. 接地分配盒**

当器材配置较多时，为了避免分散接地点而产生电位差或产生阻抗而影响电源电流的通

畅，所以使用共同接地座。汽车影音专用接地分配盒如图 3-20 所示。

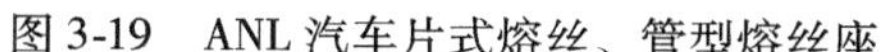

图 3-19　ANL 汽车片式熔丝、管型熔丝座

图 3-20　接地分配盒

### 3. 线材

常见的汽车影音线材大致有三种：信号线、扬声器线和电源导线。其中，信号线和扬声器线的作用是：①传输信号；②阻抗变换；③音色修饰。

信号线和扬声器线的区别是：信号线传输的是微弱的电信号，其幅度量度单位通常是电压，平均幅度几百毫伏至几伏；而扬声器线传输的是功放到扬声器的功率信号，通常用电压或电流表示其功率信号。

信号线、扬声器线的第二个功能是阻抗变换作用。每部设备不单输出/输入阻抗不一样，各自的输出/输入阻抗（感抗和容抗）也不相同。它们之间的连接线材不同，音乐信号的传输效果也不同，人们从扬声器听到的音响效果也就不同。

这两种线材的第三个功能是对音乐的修饰功能。即正确地运用不同的线材，可以对同样的音乐载体（如某 CD 碟）进行不同音色的修饰，得到诸如"明亮"、"暗淡"、"金属味"、"木质味"、"中气足"、"声场宽广"、"刮耳"、"平淡"等的修饰评语或风格评语。

### 4. 滤波器

滤波器有电源滤波器、信号滤波器、隔离网等。滤波器主要用途在消除噪声，使声音从扬声器出来时没有其他杂音。电源或信号滤波器，在非必要时能不用尽量不要用，因其在消除杂音时会产生压降及降低音源的音频信号输出的 dB 值，更可能会漏失掉少许该有的声音。如果在安装后发出杂音，请先用其他方法处理，当其他方法无法处理时，再考虑使用电源或信号滤波器。像隔离网为非导电 PE 材质，包覆于线材（电源线、信号线、扬声器线）上，不仅可保护线材，更可净化线材内部噪声、避免外界噪声干扰。影音线材隔离网如图 3-21 所示。

### 5. 端子

端子依用途分为 O 型端子、Y 型端子、RCA 端子、扬声器端子等，主要用途在使接点阻抗降低、施工方便、美观、安全。镀锡端子会增加阻抗，所以请采用接点更好的产品，例如镀金、镀银、镀铑等，镀银及镀铑的成本较高，所以目前普遍还是使用镀金端子。O 型端子如图 3-22 所示。Y 型端子如图 3-23所示。扬声器端子如图 3-24 所示。

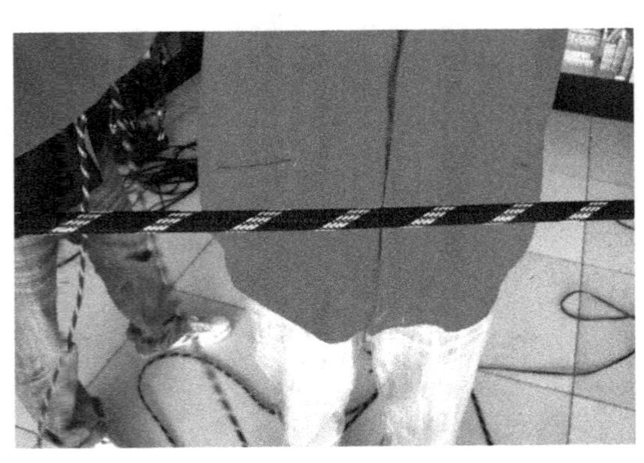

图 3-21　隔离网

图 3-22　O 型端子

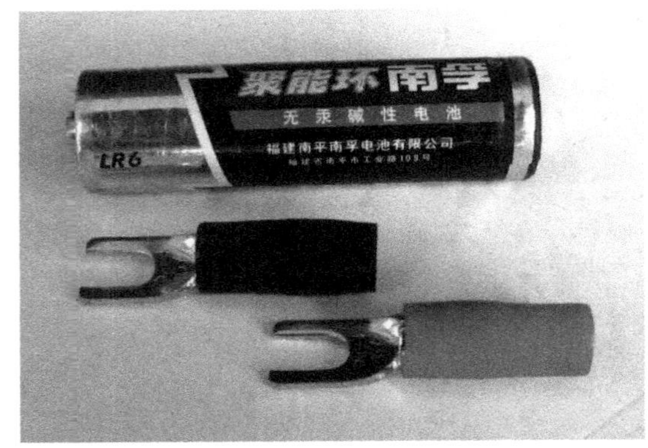


图 3-23　Y 型端子

图 3-24　扬声器端子

### 6. 护线套配件

束线带、热收缩、配线固定钮、扣式护线套等配件均是为整理线材的稳定性、牢固性、安全性、美观性而设计。电源导线专用固定钮如图 3-25 所示。

图 3-25　导线固定钮

### 7. 万能转向盘控制器

万能转向盘控制器也叫转向盘解码器，它是专门针对汽车影音改装而设计的产品，主要功能就是解决改装新的影音主机后，无法继续使用原厂所配置在转向盘上的控制音响按键的问题，很多特殊车型的改装难题也可以得到很好的解决方案。转向盘解码器如图 3-26 所示。

**8. 调频天线转换头（座）**

原车所带的调频天线并没有完全统一规格，欧洲车型需使用转换接头才能完成调频接线。调频天线转换头如图 3-27 所示。

图 3-26　转向盘解码器

图 3-27　调频天线转换头

**9. 二极管**

二极管虽然是半导体器件中结构最简单的，但它的一些原理与特性却是构成其他半导体器件的基础。二极管只允许电流通过一个方向，往往是用于汽车安全系统。在电子电路中，将二极管的正极接在高电位端，负极接在低电位端，二极管就会导通，这种连接方式，称为正向偏置。必须说明，当加在二极管两端的正向电压很小时，二极管仍然不能导通，流过二极管的正向电流仍十分微弱。

**10. 发光二极管**

发光二极管是一种在通过正向电流时能够发光的二极管，通常我们简称为 LED。当正向偏置时，发光二极管的正向电压为 1.6V，然而电流并不是很重要的因素，一般的 LED 所允许的电流范围大多设定在 10 ~ 20mA 之间。在电路中，通常 LED 必须串联一个小电阻，以限制过量的电流。LED 在加正向电压时会亮，逆向时则熄灭。

**11. 继电器**

继电器是一种电子控制设备，它具有控制系统（又称输入回路）和被控制系统（又称输出回路），通常应用于自动控制电路中。它实际上是用较小的电流去控制较大电流的一种“自动开关”，故在电路中起着自动调节、安全保护、转换电路等作用。在汽车安全系统上使用最广泛，这也是常用的一种保护方式。

## 七、汽车影音布线基础

汽车影音布线必须记住几个要领，那就是整齐、整洁、整合、牢固、安全、耐心。

由于汽车在行驶中会产生各种频率的干扰，对汽车影音系统的听音环境产生不利的影响，因此对汽车影音系统的安装布线提出了更高的要求。汽车影音布线基础方式如图 3-28 所示。

### 1. 汽车影音配线的选择

1）汽车影音线材的电阻越小，在线材上消耗的功率越小，则系统的效率越高。即使线材很粗，由于扬声器本身的原因也会损失一定的功率，而不会使整个系统的效率达到 100%。

2）线材的电阻越小，阻尼系数越大；阻尼系数越大，扬声器的赘余振动越大。

3）线材的横截面积越大（越粗），电阻越小，该线的容限电流值越大，则容许输出的功率越大。各种规格大小的导线如图 3-29 所示。

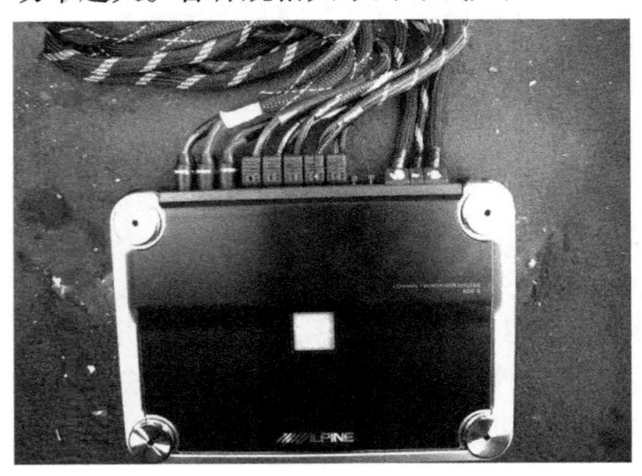


图 3-28　布线基础方式

图 3-29　各种规格导线

4）电源熔断器的选择。主电源线的熔断器盒离蓄电池越近越好（最好在 450mm 以内）。熔断器额定电流值大小可按以下公式加以确定：

熔断器额定电流值 =（系统各功放的总额定功率之和 ×2）/汽车电源电压平均值。

### 2. 电源线的布线

1）所选用电源线的电流容量值应等于或大于和功放相接的熔断器额定电流的值。如果采用低于标准的线材作电源线，会产生交流噪声并且严重破坏音质。

2）当用一根电源线分开给多个功放供电时，从分开点到各个功放布线的长度和结构应该相同。当电源线桥接时，各个功放之间将出现电位差，这个电位差将导致交流噪声，从而严重破坏音质。当主机直接从电源供电时，会减少噪声，提高音质。

3）将电源（蓄电池）接头的脏物清除，并将接头拧紧。如果电源接头很脏或没有拧紧，接头处就会容易发生接触不良，因而产生接触电阻。而接触电阻的存在会导致交流噪声，从而严重破坏音质。用砂纸和细锉清除接头处的污物，同时擦上润滑脂。

4）当在汽车发动机系统附近布线时，应避免在发电机和点火装置附近走线，发电机和点火系统的辐射能够产生噪声。当将原厂安装的火花塞和火花塞电缆更换成高性能的类型时，点火火花能量更强，这时将更易产生点火噪声。

5）电源线的电缆和信号线一定要分开，最少要间隔200mm，这是布线的基本常识。在有可能有干扰信号（发电机或电脑模块）的周围无法避免的情况下，一定要和可能有干扰信号的电缆交叉排列，使两条线形成直角，这样可以消除电线的磁场，防止噪声。防盗器和中控锁的线路也不要和音响的线路绑在一起，电缆要保证结实地固定，尽量绕大圈（多余的最好剪掉），接触点尽量要大，避免产生热量。

### 3. 扬声器线的材质与使用

扬声器线的目标是要让音乐信号在传输过程中没有改变，也就是零失真。但在实际使用中，它们内部存在着电阻、电容和电感等，会对通过的音乐信号产生影响，使得信号在传输中形成阻尼，漏失音乐信息和细节模糊等现象。设计精良的线路能传送最清晰和无损的音乐信号，并具有平衡和易控制的特性。任何扬声器线都可等效为由电阻、电容和电感组成，所以扬声器线就具有其特殊的频率特性，也就是说对不同频率的信号，会产生不同的时间延长，它会造成传输速率不一样，并呈现不同的阻抗，这就是造成信号失真的最主要原因。各种规格扬声器线如图3-30所示。

在安装时，车上使用的扬声器线所走的方式应越短越好，且不能过度扭曲，因为扬声器单体的工作，明显地受制于功放的阻尼系数，倘若因扬声器线太长导致存在较大的阻尼，它便会大幅度降低功放的阻尼系数，声音肥肿而不易受控制。所以信号线与扬声器线越短越好，因为它自身的失真会减少。此外过细的扬声器线因它的电阻大，会导致功放更多的输出功率耗损在导线上，低音的损失尤其严重。过粗的导线虽然电阻小，但相对成本高。当然此花费或许是值得的，但在选购时如仅凭外观尺寸来判断常常会产生误导，因为有些线材将绝缘层做得极厚，而里面的铜线导体却不成比例，所以应从出口处的铜截面来确认。汽车影音专用音频信号线如图3-31所示。

图3-30 各种规格扬声器线

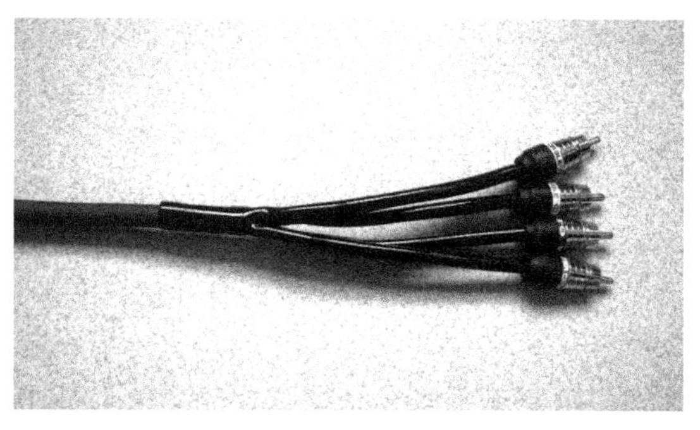

图3-31 音频信号线（RCA线）

### 4. 音频信号线的布线技巧

1）用绝缘胶带将音频信号线接头处缠紧以确保绝缘，当接头处和车体相接触时，会产生噪声。

2）保持音频信号线尽可能短。音频信号线越长，越容易受到噪声信号的干扰。注意：如果不能缩短音频信号线的长度，超长的部分要折叠起来，而不是卷起。

3）音频信号线的布线要离开汽车上各控制单元和功放的电源线至少200mm。如果布线太近，音频信号线会拾取到感应噪声。最好将音频信号线和电源线分开布在驾驶座和副驾驶座两侧。注意，当接近电源线、控制单元布线时，音频信号线必须离开它们200mm以上，如果音频信号线和电源线需要互相交叉时，建议最好以90°相交。

4）在车体内布电源线和布音频线所遵循的原则一致。

### 5. 接地的方法

1）用砂纸将车体接地点处的油漆去除干净，将接地线固定紧。如果车体和接地端之间残留车漆，就会使接地点产生接触电阻。接触电阻会导致噪声的产生，从而严重破坏音质。

2）将音响系统中各个模块的接地集中于一处。如果不将它们集中一处接地，音响各组件之间存在的电位差会导致噪声的产生。注意：主机和功放应该分别接地。

3）当系统消耗电流很大时，蓄电池接地端一定要牢固。提高电源接地性能的方法是，在电源和接地间用粗直径的线材布线，如绞股线。这样做能够加强连接，有效地抑制噪声并提高音质。

4）不要靠近汽车上各控制单元布线。请记住，主机接地点接近汽车上各控制单元的接地点或固定点时，会产生噪声。

### 6. 线材拉伸张力及注意事项

1）在安装后，器材如果处于可移动时，在布线时请不要超过电缆的拉伸张力，需留给线材在器材移动时的尺寸距离。因为张力过大会使线材接头容易松动，甚至会因此而断路，严重时会影响线材抑制噪声的能力，这也会改变线材的阻抗，损害整体性能。此外，这可能会导致线材散开，会损坏导线。

2）高品质的影音配件及线材，可以最大限度地发挥音响潜能，选用优质的线材是降低音频传输损耗最好的办法；安全准确地安装，可以最大限度地发挥影音系统潜能。音源的合理连接是一个重要环节，线径也一定要合适，不要让控制面板忽明忽暗，稳定的电流是音色的第一保证。国际知名品牌音频信号线如图3-32所示。

3）功放的电源导线要有足够电流通过，如果线径太细，没有足够的电流，功放的性能也得不到充分发挥。我们往往会忽视了地线，其实地线也是重要的安装环节之一，如果回路狭窄，再好的器材也不会有好的发挥。线缆的保护很重要，尤其是过铁皮的地方，一定要用波浪管或者其他保护配件加以保护。汽车影音专用接地导线如图3-33所示。

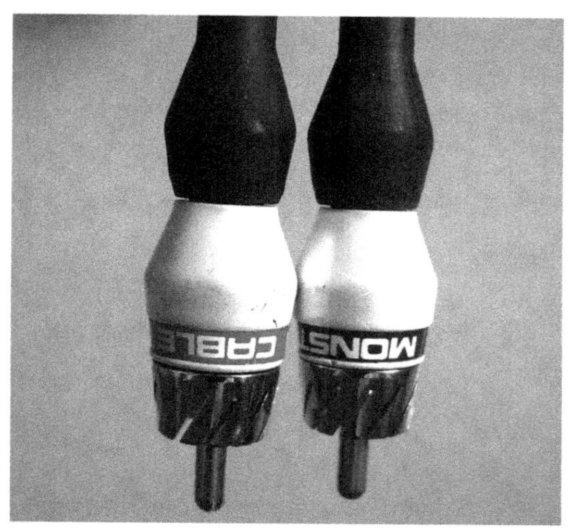


图 3-32　国际知名品牌音频信号线

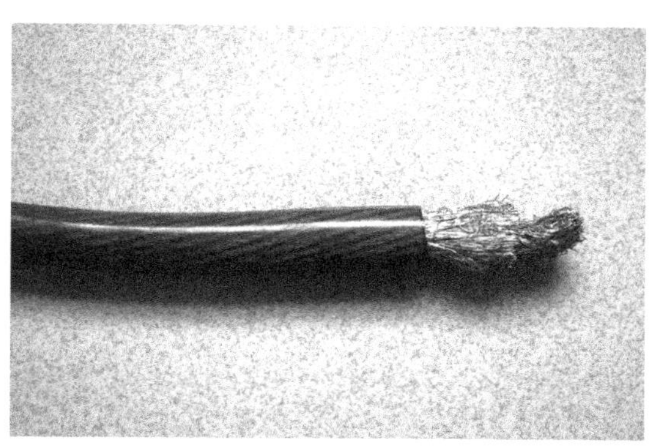

图 3-33　高档接地线

### 7. 强化负极接地重要性

汽车影音改装中接地是一个极为重要的问题，理论知识非常重要，否则遇到故障会不知如何排除。从电路的基本原理上讲，任何电气回路都是需要电流流入和流出的，经由导线构成回路才能实现能量传输。单相电源不管是直流或交流都需要两根导线构成。原则上全车电气产品（包括车灯、控制单元等）全部负极接地，形成回路。若是不健全的负极回路可能会影响整体电路的运作，因此改装汽车影音系统时，必须考虑到接地点的连接稳定性。

负极接点往往会因时间及环境因素（例如湿度）引起氧化（即生锈），增加了阻抗，如果产生太大变化，就会产生电位差。强化负极接地的目的是为了改善电力传输，使汽车影音系统最佳化，对于电器设备众多或者改装大功率的汽车影音系统的车辆，强化负极接地的效果更是明显。假设功放正极电源线材采用 4AWG，则负极接地线必须大于或者等于 4AWG。这种做法能够减少施工不良而产生噪声的可能性，并且能杜绝杂音、噪声与影像花纹，让影音系统发挥应有的功率、音质与影像质量。先锋 DVD 影音系统实例参考如图 3-34 所示。

图 3-34　先锋 DVD 影音系统

切记，在发动机附近施工布线时，必须躲避会动、会发热的机件，在安装完毕后要确保连接稳固，以免线材任意移动的情况而影响行车安全。蓄电池负极接地点是否有再强化的必要，可以利用万用表测量二者之间的阻抗是否等于零或接近于零即可。负极接点尽量选择螺钉端子并避免烤漆位置，否则效果欠佳，除非刮除表面烤漆。接地作业依照车的种类、使用状况、车型年份等条件，会有不同的反应，但如施工适宜，对发电机与蓄电池寿命绝对有帮助。强化接地线方法虽不尽相同，但原则是用于减少电路阻抗、增加电流的稳定，并针对特定组件分配电流，以求最佳的工作效果，而电流走向最佳方式可依距离、电流分配、组件工作需求来确定。别克发动机室视图如图 3-35所示。

按接地的作用，可分为工作接地、保护接地、过压保护接地、防静电接地、屏蔽接地、信号接地等多种。

1）保护接地。保护接地是为防止电源极性接反造成设备损坏而设置的保护装置，简单的方法是在电源的输入端对地加反向二极管，汽车影音电路中尤为常见。

2）过压保护接地。这是为高压电而设置的接地保护装置。防电火花装置最广泛使用的是压敏二极管和氖泡，通过接地吸收和限幅。如高频头损坏有许多是高电压窜入而击坏接收机所致。

器材电源输入端都有稳压电路，同时也设有过压保护电路和过流保护电路以及温度保护电路。

3）屏蔽接地。为防止电磁感应而对视、音频线的屏蔽金属外皮、电子设备的金属外壳、屏蔽罩、建筑物的金属屏蔽网（如测灵敏度、选择性等指标的屏蔽室）进行接地的一种防护措施。在所有接地中，屏蔽接地最复杂，因为屏蔽本身既可防外界干扰，又可能通过它对外界构成干扰，而在设备内各元器件之间也需防电磁干扰，如中周外壳、电子管屏蔽罩，所以信号线屏蔽接地十分重要。音频信号屏蔽地线如图 3-36 所示。

图 3-35　别克发动机室视图

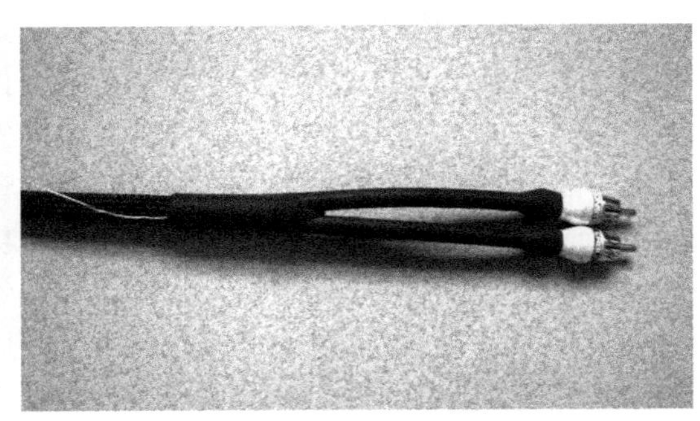

图 3-36　音频信号屏蔽地线

屏蔽不良、接地不当会引起的干扰主要如下：

① 交流干扰。交流干扰主要由交流电源引起。对交流干扰的防护方法，通常是对电源进行滤波或给信号线加屏蔽层并且接地。在大的杂散电磁场内，为防电磁干扰进行屏蔽接地十分必要。例如，发电机就会产生电磁干扰，也会通过电线内部传送到设备，通过滤波和屏蔽接地，解决了这一问题。

② 高频干扰。这类干扰来自各类无线发射台的变频或超变频信号，它们蹿入电子设备后在机内得到非正常解调而形成声频干扰。如火花塞点火、继电器触点火花。频率越高，就越容易产生趋肤效应，设备的金属网孔眼就应越小，信号线屏蔽层的编织就应越密，否则将失去屏蔽作用。对频繁拔插的信号线，应防止屏蔽层在插头处松动或脱落。音频信号线如图3-37所示。

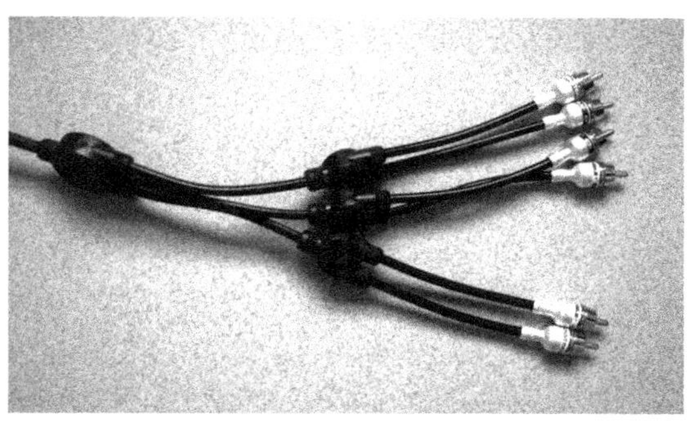

图 3-37　音频信号线

因有时仪器设备的屏蔽是通过信号线的屏蔽接地的（它们通过插头插座连接起来），若屏蔽脱落，则很容易造成干扰。如信号线摆放位置与干扰有关，有时用手接触到信号线屏蔽层，干扰就没有了，说明是高频信号干扰形成分布电容耦合所致。

4）信号接地。各种电子电路，都有一个基准电位点，这个基准电位点就是信号接地。它的作用是保证电路有一个统一的基准电位，不至于浮动而引起信号误差。

信号接地的连接原则是不能将同一设备的信号接地的输入端与信号接地的输出端连在一起，而应分开；前级（设备）的输出地只能与后级（设备）的输入地相连。否则，信号可能通过地线形成反馈，引起信号的浮动。在设备的测试中，信号接地的连接尤其要引起注意。例如，信号线外皮在破损后搭铁导致引起噪声，就属于信号通过接地回馈使结果不一致。也有的功放外壳不能直接接地，把所有这样的接地点设为不接地，这种噪声现象就能解决。

5）汽车影音特殊接地。许多安装功放的车辆，在播放大音量低音时（没有超过正常用电量），仪表灯会随音乐动态闪动，这是因为只将功放的正极线加大而忽略了负极线。电路的形成从正到负是要有回路的，正极线再大，而负极较细是无法增大电流的，如同水管粗细不均，水的流量只能按照细的流量。所以要加大负极的电流量，具体做法：①发动机到蓄电池负极增加一条（发动机与车身是绝缘的）。②发动机到车身增加一条（加大发电量）。线材粗细最少要与正极线一样。

# 本章小结

1. 在直流输电系统中，只有输电环节是直流电，发电系统和用电系统仍然是交流电。

2. 汽车电气系统包含充电电路、起动电路、点火电路、照明电路、辅助电路。

3. 车辆电源组成系统包括许多部分，而与汽车影音系统息息相关的是发电机、蓄电池、导线。

4. 在直流电中，物体对电流的阻碍作用叫做电阻，电阻的单位是欧姆。通常电源都是在一定的负载上提供一定的电压。回路内的用电器阻值过低，其电流将会非常大。功率和用电量有着密切的关系，功放的功率取决于扬声器的负载以及放大器加载到扬声器上的推力。

1）若电阻 $R$ 越大，电压降就越大，电功率 $P$ 损失越大。

2）承上，若要维持一定的电压，电流 $I$ 势必下降，除非再提高电压。

3）若要维持稳定的电压及额定的电流输出，电阻 $R$ 必须越小越好。

5. 电容在电路中用于调谐、滤波、耦合、旁路、能量转换和延时；在汽车影音系统中能帮助提供低音功放所需电力，使超低音表现得更加完美。

6. 万能转向盘控制器的主要功能和作用，是解决改装新的影音主机后，无法继续使用原厂所配置在转向盘上的控制音响按键。

7. 仪表灯会随音乐动态闪动，这是因为只将功放的正极线加大而忽略了负极线。

# 第四章

# 汽车影音改装基础知识

改装汽车影音对于不了解专业知识的车主来说，是一件颇有些难度的事。但在改装影音设备之前阅读本章，并了解主机、功放、扬声器等设备的功能，会帮助您做出较好的搭配选择。

## 一、如何选择影音系统

汽车影音改装大致可分为三种，一种就是简约风格，在不占原有使用空间的情况下，达到影音改装的最佳效果，如图 4-1 所示；其次是玩家级别的汽车影音改装，如图 4-2 所示；最后一种则是夸张、显眼，并且会有令人夺目的感觉，品牌展示用的影音改装如图 4-3 所示。在了解相关的基本设备与汽车影音改装所需要的基础知识之后，还得考虑改装的预算及未来升级的可能性，这也将会影响对器材的选择。

图 4-1　简约汽车影音改装

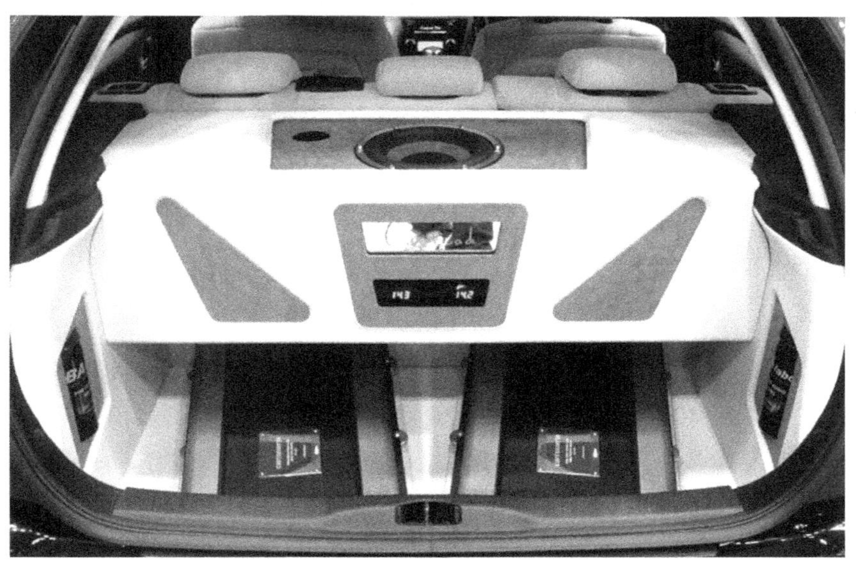

图 4-2　玩家级别汽车影音改装

**1. 正确的认知**

同样一首歌在电台播放出来的声音，为什么会跟 CD 有区别？一般来说 FM 的电台都是立体声播出，目前大多的电台不直接播放 CD，而是透过播放系统来播出歌曲的音源档案，有 MP3 格式的和 WAV 格式的，而经由电台再发射。播出时的声音可以被调整，用同一台音响听不同的频道，可以发现出有些频道的声音很立体、很亮，而有些频道的声音却闷闷的。同样播音乐的电台会有这样的差异，主要在于发射的音频调节器。一般来说，就算电台直接播 CD，经过了传送、压缩后，音质也不会比在车里直接听 CD 来得好，但是原车的 CD 读取设备太差，所以也就产生了对比。这也就说明为什么一般消费者会认为电台所播放的声音会比车上 CD 所播放的好。

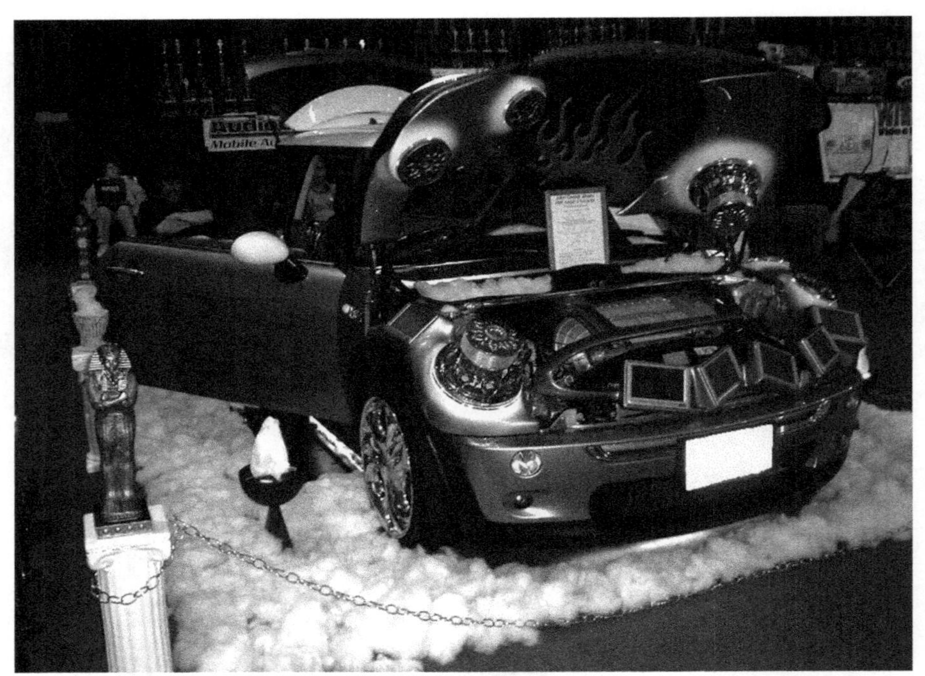

图 4-3　美国 MECA 影音改装展示车

**2. 主机的选择**

假设原车音响还没有单片 CD 主机，可以先选择单片的 CD 主机，它是影音系统中最迫切也是最超值的。在选择主机时千万别只注重外表，最先考虑的是音响本身内在的质量和性能。选择主机必须考虑 RCA 音频信号输出的配备，否则以后想要加装后级功放，那时就会产生升级困扰，因为主机只有功率放大后的扬声器输出功能时，追加后级功放时就得使用一种衰减信号的转接器，这通常会造成严重的音质劣化。所以最少要有 1 组前级音频输出接口，如果有两组前级音频输出接口，可以供前后声场分离之用更好（有些机种会有一组超低音输出，没有前后分离输出）。

原车 CD 主机的实际功率约每声道只有 5W，因为功率模块是采用 IC 放大，实际的 RMS 功率都很小。既然要升级，就务必选择功率较大的内置功放电路，品牌主机的输出功率都超过 30W，不过那是最大输出的峰值，实际的 RMS 输出则每声道约 14W。

切记，许多主机被损坏的原因，是由于主机与扬声器输出导线采取了不正确的连接方式所造成的，扬声器被桥接的时候需要更大功率（理论上 4 倍于非桥接功率）。当电平控制在最小电平（没有声音）时，每一个主机上的电压在扬声器输出电线接线器（对于一个扬声器输出正极和负极）会有 6V 直流（当扬声器输出导线因短路而接地时是非常危险的）。主机内置功放会有大量 6V 直流电通过扬声器，如果扬声器导线接地阻抗将会变成 0Ω（与车辆的底盘接触的扬声器导线），输出导线、晶体管将会导通大量的电流引起主机烧毁。

### 3. 扬声器的选择

绝大部分消费者在首次升级影音系统的时候，升级扬声器部分是最多的。如果并没有考虑将来升级的可能性时，这种简单改装是可以接受的，但必须注意的是主机功率与扬声器的适用性。一般国产车前声场的扬声器若是同轴的话，制作成本很低。所以建议先换装前声场的扬声器，因为前声场的扬声器重要性占七成以上。

大致上，不同品牌扬声器之间的声音特性会不同，甚至同品牌的不同系列产品特性也会不同，有一些便宜的扬声器声音真的不是很好（注意：如果想要的目标是最大声的，扬声器可以不必选用最好的）。一些是相当好的扬声器，比较适合听人声或者品味型的音乐类型，像来自德国彩虹、歌德或法国 Focal 等品牌，再加一个喜欢的品牌 CD 主机。

在选择扬声器时需多听多比较，并且将所有的音调控制设定为零点，关闭信号处理器（环境、戏院、门厅效果等），也关掉任何其他的均衡等（BBE、参数等），这样才能听到扬声器本质上的声音。使用主机的内置功放或者经过功放并且用相同功率输出（额定功率）去聆听所有的扬声器，看看是否有任何峰巅的频率互调失真（失真将会导致特定的频率部分令人感到不舒服）。如果有频率互调失真，请更换一对扬声器。容易失真的声音将会是非常难于去除的，甚至用均衡器也无法调节修饰，所以找一组没有任何失真的好的扬声器才是首选。

如果从未听到过好的频率响应，可以找一个有试音间的专业音响店。他们将会采用家用式的扬声器来播放所选择的 CD 光碟主机。高品质扬声器将会有一个好的平坦的频率回应（但不能有超低音扬声器系统），如果低音用扬声器没有大于 8in 的，双 6in 扬声器做低音用扬声器通常也是好的选择。切记，所有的均衡、音调、处理器都必须断开或者设定为零点（使用低音和高音都没有经过任何处理的功放，将会听到本质的音频信号）。选择常听或喜爱的歌，能加速感受差异性，但得注意比较电平。

请注意，扬声器的功能是将电的能量转换成机械的能量，从而发出声音。在最小音量时扬声器有可能不移动。如果扬声器的电压升高，扬声器就会开始内外振动。较大功率的功放能以较高的电压来推动扬声器，并且产生较大的 SPL（声压）。扬声器单体并没有功率输出，所以一个额定功率 1000W 扬声器不必和额定功率 50W 的扬声器比功率，并没有任何的实质意义。

汽车扬声器碍于安装的问题，高、中、低音很难和民用音响一样安装在同一个平面上，惯常是用混合型的方法，将高、中、低音固定在一个盆架上，多数采用同轴式或桥接式结构。根据汽车内部结构，要使声场定位更好，则采用组合式扬声器，将高音和中低音分离，用无源分频器相连接。为了获得大功率和全音式良好动态特性，并不一定非要用大尺寸扬声器。由于车内面积小，又要获得较宽的频率，将扬声器设计成椭圆型，如 6in ×9in、5in ×7in、4in ×6in 等。

选择扬声器时，首先要考虑所选择的音响系统是属于“音质”类型还是“炸机”类型；其次要考虑扬声器的匹配（功率、频响、阻抗等），要有整体的协调，使器材发挥最大的优势。扬声器的灵敏度是非常重要的，同样功率的扬声器如果灵敏度不同，它的表现力是不一样的：灵敏度高的容易推动；灵敏度低的不容易推动，低频表现也会比较低沉。

扬声器的阻抗也是比较重要的，它在搭配音响系统中使用最多，它的应用好坏也会影响器材的正常发挥。阻抗如果小一半，功放的输出功率可以提高一倍（功放要有足够的功率），可以利用串联和并联的方法解决问题，有的超低音扬声器设计成双音圈，目的就是与功放输出阻抗相匹配，发出最大的功率。音质类型扬声器参考如图 4-4 所示。炸机类型扬声器参考如图 4-5 所示。

图 4-4　音质类型扬声器

图 4-5　炸机类型扬声器

如果打算提升汽车影音级别，选择多声道系统是必不可少的，这种系统使用多个功放及分频网络，对高、中、低频分别放大。扬声器之间也不会互相干扰，分别表现各自的频率范围，综合的音响效果圆润而优美，使音乐完美地再现。

**利用耳朵辨别扬声器相位的方法：**

有时店家或消费者并没有相位测试仪（或者已损坏），无法了解改装的扬声器相位是否正确。或对于店家或技师安装水平有疑问，更没有办法得知影音器材是否发挥基础的效果。建议用最原始的方法，那就是利用耳朵听相位。这种方式比较辛苦，可能会花不少时间测试，但在熟练之后反而会比相位仪更精准，因为相位仪有可能会因为电力不足而产生错误。

先把主机的声音全部调到前声场，使用常听的 CD 音乐光碟或者高音、中音、低音对比度强的 CD 音乐光碟，分别独立听取高音、中音、低音，并且调节左、右声道声音来参考对比。假设正在听取高音单体时，而高频表现应是顺耳但不刺耳，中音人声应口齿清晰但不模糊，中低音表现应是圆润而不窄小，如果低频无法正常听见，那么表示有一边接线错误。

把主机的声音全部调到后声场，以相同的方式调整后声场。再来把前后声场的声音都恢复正常，看看低音是否都听见，如果不是，那就把后声场的扬声器正负极调换，和前声场相位一致。

超低音的方法稍有不同，那就是将超低音的正负相位反复颠倒对换，倘若其中一个感觉超低频由后方发出，而另一种是感觉超低频与前声场结合，那后者便是正确的超低音相位接法。

切记：必须独立听取高音、中音、低音，并且利用左右声道调整来做声音对比。其次，当听取左声道时，需坐在驾驶座上；反之，当听取右声道时，需坐在前排乘客座上。

#### 4. 功放的选择

当音源（主机）与扬声器都已经有一定水准，那么下一步改装的就是功放。主机的内置功放模块往往因为成本与机体空间的关系，在电源的稳定度上无法与外加的功放相比。虽然某些高档主机也可以达到较好的声场广度、深度与透明感，但在低频较多的乐段与动态范围大时，也会露出窘状（即使主机采用和一般功放相同的 MOSFET，因为线路设计受到机器体积、电源供应与散热的局限，也不能做到较大输出功率）。

一般功放的品质参差不齐，再加上安装者的调音水平不同，所以音效会有很大不同。在预算有限的情况下，建议可以先购置一部两声道的功放来推前声场，因为廉价的四声道功放在电源供应上，无法做到每两声道独立，在未来往后升级时反而会没办法符合要求而成为累赘。

扩大机测试规则与系统：

1）电表校正 Amp 输出电压为 AC 0.6V。

2）左右声道平衡校正，误差 0.2V。

3）直流输出校正，相位偏移检测。

4）音量设定为主机最大输出的一半。

5）测试仪器搭配使用主机、扬声器线与信号线等，并透过频谱分析仪观察各产品的音域表现。

6）每部机器测试前，皆会经过接线、电源输出、左右声道电压校正与相位偏移检测等确认动作。

#### 5. 加装超低音系统

不论 6in × 9in 扬声器有多高档，它在 80Hz 以下的低频延伸度也是无法令人满意的，因此想要良好的音响系统，是不能缺乏超低音的。况且车辆行进中的噪声一般在 45 ~ 100Hz 之间，所以低频的量要够多才能抵消。尽量不要采取以无限障板的安装方式来处理超低音，因为有太多失败的案例。以汽车行李箱为音箱的话，在障板上制作超低音会有以下情况：

1）声音品质不容易满足要求，也很难改善。

2）对于单体要求较高，单体的 Qts 值必须要高。

3）一般容积都会显得过大，30Hz 以下的频率极少在音乐中出现，所以实用性不高！且音箱过大会让效率降低，需要相对较大的功率来推动。

4）无限障板式的声音品质无法和音箱式相比，而障板的处理、单体、放大器功率等等，都会使费用提高。除非真的只能用行李箱，否则不建议采用无限障板式的超低音系统。

**注意：**

注意：火箭筒式的超低音并不推荐，因为火箭筒无法满足将低频推送至前声场、进而融入前声场的要求，造成以后升级的麻烦。另外，在选择超低音系统时，需与前声场的中低音单元做频率衔接的考虑，在选购之前要取得重低音响应频率的数据，做全盘的规划。

### 6. 分频系统

电子分音器种类与规格有很多种，在书中无法一一细说。电子分音器与分离扬声器的被动式分音器，都是分别把频率送到指定的单体，只是电子分音器在放大器之前而被动式分音器在放大器之后。这两种分音器各有优缺点，市售的分离式单元内附的无源分音器，在用料上大多无法符合玩家级别的要求，因为无源分音器无法使优秀的单体发挥的例子也不少见。

### 7. 电源方面的升级

电源方面往往被忽略，但却极为重要！在蓄电池报废时换一个改装用的蓄电池，声音会变得很结实，超低音的持续力与紧密度也很明显，所以绝对是一项物有所值的投资。至于电容器方面，如果尚未加装系统时可以先省下来，因为暂且没有庞大电流的消耗，但若是配备超低音系统的话，0.5F 以上的电容器就不要省略。

### 8. 音响所使用的信号线

音响所要体现的是音质，需要的是真实性、人性化的一面，如原音重现。而信号线的传输包含前级音频信号线（无功率的信号线）和后级扬声器线（有功率的信号线）两种。信号线所应用的材质非常广泛，包括一般铜线、高密度的铜线（无氧铜）、银、金、光纤等多种种类。

音源中的声波是根据频率的快与慢，表现出从低频到高频的不同声波。选择线材则可将声波的特性结合导线的传输速度，如传输中高频率的导线，应用传输速度快的材质导线；而传输中、低频率则应用传输速度较慢的导线。

而一般选择方式是以阻抗最小速度最快的导线为主，可是人的耳朵是很挑剔的，太过干净的音质表现会令人觉得毫无感情，亦即一般所言声音太冷。则惟有实际试听比较，才能选出最合乎器材的线材。

### 9. 遥控

遥控有一些重要的优点，因为驾驶员的视线不能离开道路，所以拥有它们是比较安全的。使用它们能减少在主机上的磨损。大多数的主机上有小开关作为电平按钮等，如果重复地推动这些按钮或用力较大时将会损坏，这些小的开关在更换时可能比较贵。使用遥控将会让这些开关更加长久地使用，以及在按钮的周围面板保持如新。如果遥控开关磨损，修理费用小于修理主机的面板费用。

经典改装欣赏 4-1

**10. OEM 系统**

大多数的车辆装有立体声系统。最经济、最便宜的将只会配置一台主机和 2 个扬声器，或者只会有一个磁带和 4 个扬声器。大多数的主机有内置的功放，并且利用内置功放来直接推动扬声器，而这些功放不可能提供足够的功率推动扬声器。OEM 是 Original Equipment Manufacturer 的缩写，表示最初的设备生产厂商，就是为车辆提供主机的生产厂商。

**11. OEM 的功放**

较少部分的厂商会为高级影音系统配置外部功放。有时会增设一台功放来推动 OEM 的超重低音扬声器，一般这种功放被装在后面的装饰板下或门或行李箱中。如果影音系统使用外部功放推动所有的扬声器，功放可能被安装在座椅下。使用原车 OEM 的功放，输出功率可能会和新的高阻抗扬声器不匹配。若想要升级影音系统，但要保留原车主机的时候，通常会需要一个特别的转接器，将主机的音频输出信号转成可供前置放大器使用的电平。

## 二、基本影音系统

**1. 主机**

汽车影音系统首要的设备是主机，它有扬声器、前级信号输出功能或者影像。扬声器输出功能会有充足的电流和电压来推动扬声器；前级信号输出部分并没有能力推动扬声器，它们只能够被用来连接功放或均衡器。如果影音系统前级信号输出只有一组，而它将连接多台功放时，就需在主机和功放之间加装电子分频器。系统中有频率不均匀的部分，也需要加装均衡器。汽车 DVD 影音系统参考如图 4-6 所示。

**2. 电子分频**

主机的全频信号被两路电子分频分为高频（HI PASS）和低频（LOW PASS）。分频后的高频在连接功放后去驱动中频和高频扬声器，低频则输出到低频功放后驱动低音扬声器。二分频是为了阻止低频信号损坏较小的高频扬声器，并且能过滤掉低频信号。四入六出电子分频器实例如图 4-7 所示。

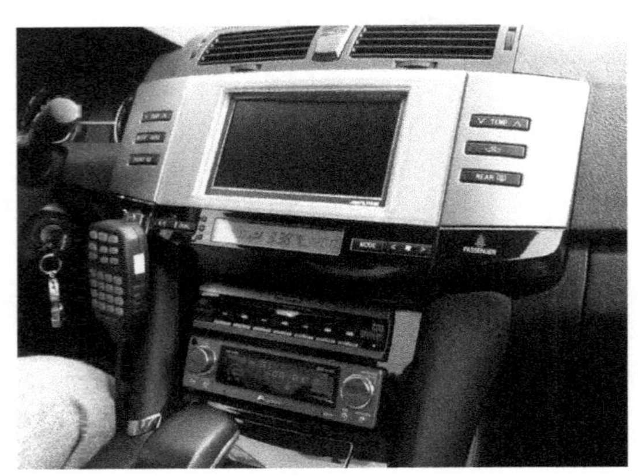

图 4-6　汽车 DVD 影音系统

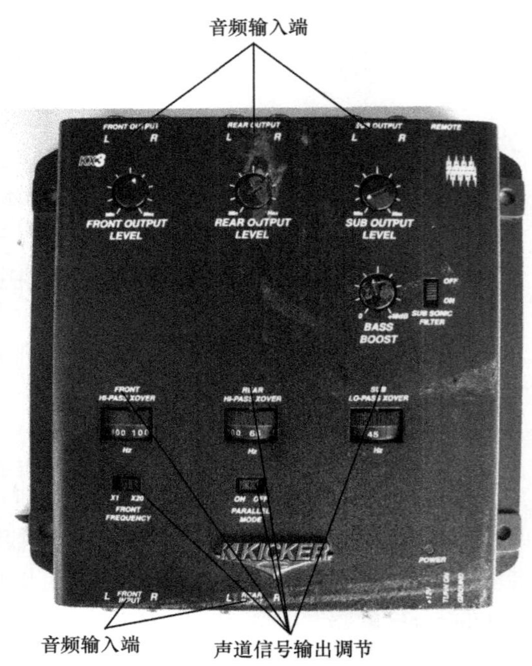


图 4-7　四入六出电子分频器

声音的信号是一个复杂的 AC 波形。图 4-8 表示两个正弦波，这是一个有较少复合频率的乐器声，如果利用试音盘播放纯音信号，并用示波仪检测输出，将会看到与图中类似的正弦波。汽车影音主机有两个不同类型的输出。

1）前置放大器输出连接功放、分频器或均衡器的前置放大器电平输入。

2）扬声器电平输出可以连接扬声器电平输入。

扬声器输出信号与前置放大器输出信号的主要不同点，是前置放大器电平信号是一个低噪声、低电流输出；而扬声器输出信号比前置

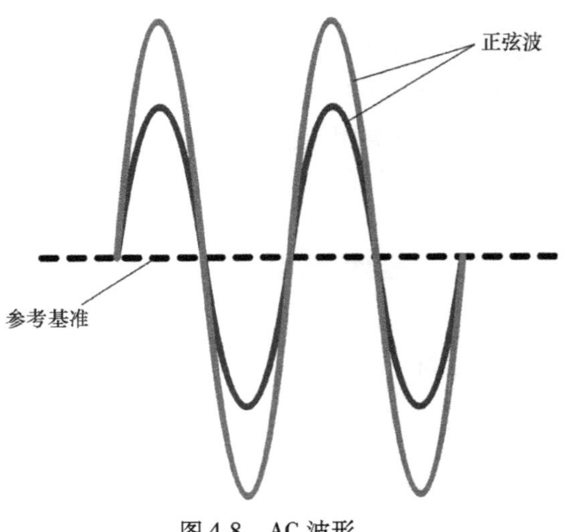


图 4-8　AC 波形

放大器输出的信号的电流要大很多，输出电压通常也是比较高的。当电平是低电平的时候，电压输出也低。为了增加电平，需要增加输出电压。当控制电平的时候，也正在控制输出电压。

### 3. 主机的接线方式

主机通常被用来代替音源或磁带机或光盘驱动器或其他的专业用语，它的接线方式有如下几种。

1）电源导线连接方式。大多数的主机有 2 个电源输入线，它们连接到 DC12V 电源上。蓄电池导线必须连接到持续电压来源（即使未开启点火开关）。当点火开关是在开启的状态下则另一条 ACC 导线也将接通电源。

2）扬声器输出。大多数的主机有推动 2 到 4 个扬声器输出的设计。它提供的输出功率来推动扬声器。高功率主机的功率输出每声道约可推动大约 20W4Ω（受蓄电池电压限制）的扬声器单体。

**注意：**

如果扬声器输出导线连接（除了扬声器以外的电线接合器）在“直流电源”上或者接地，内置音频放大电路将会立即损坏，即使电平旋钮没有开启。所以当要做任何连接的时候一定要确定拆下电源的负极电缆。

3）前置放大器输出。前置放大器电平输出是用来连接一个功放（均衡器或分频器）。前置放大器电平输出没有足够的输出电流来直接推动扬声器。它们通常运用在较高级的影音系统上及 RCA 的形态。主机前置音频信号放大器有一组或多组输出，音频信号输出又分前声场、后声场和超低音音频信号输出。

4）控制线。在主机上可能有一个或更多的 DC12V 电源输出，它们通常被称为控制输出，主要功能是用来控制功放或电动天线。如果主机只有一个控制输出，主机在开启（调频、CD 光碟、磁带等）状态时，DC12V 电压将会由这条输出导线被送出。当主机是关闭时，它将没有电压。

如果主机有两个控制线，通常蓝色带着白色斑纹的导线连接电动天线，当开启调频时会使电动天线升起来。当主机被切换到 CD 光碟或磁带的时候，它将会没有电压，电动天线会因为断电自动降下来。第二控制线通常为深蓝色导线，当启动主机后将会输出 DC12V 电压到任何连接它的设备。图 4-9 是一般主机背面所配的线组，图中只有一个控制的导线。图 4-10 有两个控制的导线。注意原车主机的导线可能是不同颜色（或许不是蓝色）的导线。

大多数的控制输出都是经过一个非常小的晶体管开关，它们很容易被过度的电流损害，所以应该在主机的附近装一个 0.5A 的熔丝保护晶体管开关，不要使用控制输出直接驱动风扇，必须利用继电器才可以。

5）OEM 主机。如果不想更换原车的 OEM 主机，这时会需要使用线路输出变换器（LOC 高转低）。它将扬声器电平信号转换成一个前置放大器电平信号，大多变换器被用在连接功放后来推动超低音。如果想要使用多功放推动前声场、后声场和低音扬声器，将会用到 2 个变换器，而它们将会被安装在主机的后面。

黄—永久电源　红—受点火开关控制的电源　黑—地线
蓝白—功放激活　白—连接前左扬声器
灰—连接前右扬声器　绿—连接后左扬声器
紫—连接后右扬声器

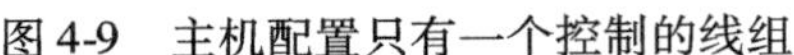

图 4-9　主机配置只有一个控制的线组

黄—永久电源　红—受点火开关控制的电源　黑—地线
蓝—天线激活正极　蓝白—功放激活正极　白—连接前左扬声器　灰—连接前右扬声器　绿—连接后左扬声器
紫—连接后右扬声器

图 4-10　主机配置有两个控制的线组

① 扬声器输出削波。必须设定功放上的增益，以便控制主机在达到 1/2 个电平之前，功放就能达到全部的功率输出。大多数主机的扬声器功率输出会在大约 1/2 电平处出现削波。

② 当安装主机时，如果烧掉一个熔丝，必须替换一个合适的熔丝，以免造成短路时损坏主机。

③ RCA 连线。不要允许任何电压与 RCA 连线的接地线（在线套之外部分）接近。因为屏蔽网是用来接地的，也是前置放大器音频信号的参考基准。如果它受到电源导线的影响，主机的接地连接将会受影响，可能会引起许多问题，如烧掉高音扬声器、产生噪声、缺乏低音或其他问题。

**4. 功放**

功放是由主机或前置放大器等音频信号输入，有低电流和低电压特性，而且产生较高的电流和电压的输出。主机音频输出功率因集成电路和蓄电池的电压限制，因此对扬声器的功率输出受限制。功放可以得到较高电压，使音频的输出电压变高，产生更大的功率输出来推动扬声器工作。

主机上所带的功率放大电路往往不能很真实地放大声音电流，所以要想有好的音乐感受就必须加装功放。一般来说，放大电路的功率要大于扬声器的功率。

车辆在行驶过程中会有噪声存在，音乐所播放的低频部分会被不同程度地减弱，加装超低音系统则可补充低音的损失。加装功放不会使声音降级，相反地由于它的效率高、电力损失小、用途多，可以扩展汽车影音系统升级。

1）性能和特点

① 新型脉宽调制系统。驱动多个扬声器、低音扬声器、大功率扬声器，可以采用桥接方式让它们更能发挥威力，功放电源设计为 PWM（脉宽调制）DC－DC 转换器，因而进一

步地强化。这种脉宽调制电路即使在音频信号变化、电压变动等情况下也可控制电压，从而提供稳定电源。

装有 MOS - FET（金属氧化物半导体场效应晶体管）设备，在减少波形失真的同时仍可以提高频率响应速度，且对温度变化能有更强的适应性，对时时变化的音频信号可以保证其更稳定地工作。

汽车蓄电池的输出电压会随着发动机转速而变动，因此功放的电源在高于 DC14.4V 会稳压，而低于 14.4V 不稳压。这能使效率得到提升，能满足高品质扬声器的要求。

② 直流直通线路。直流直通是功放省略了耦合电容器，因此提升了音质。由于增加了稳压器，使电源供给能力有所提高，低于 20Hz 的信号不会被切除，因此可以使声音更加真实。

采用高效率的大型环形变压器，具有极低的磁通泄漏和杂音辐射，这样就有能力保证更强的动态、更加干净的电源，尤其是在低音频段。

③ 独立平衡分离电路。采用这种电路能使音乐信号的纯度得以保持，因为这样做能使音乐信号的正波形与负波形互不干扰并且分别加以处理，另外地线也是相互独立的，能防止噪声的混入。

④ 双环路 NFB（负回馈）电路。此项技术使低音丰富精准、中音和高音清晰可辨。双环路电路可转化在信号中发现不精准部分，并回馈到功放而抵消，从而减少失真。

⑤ 新型绝缘电路。为了不放大失真，功放必须供应 60dB 以上的绝缘部分，以避免音频信号受交流发电机及其他影响。微分扩大电路可减少失真。反之，大部分的回馈型扩大电路都有较好的绝缘效果，但却引起大量失真。

⑥ 大功率的目的。采用高品质大型变压器，效率更高，电流耗损较少。采用独立大容量电容器，输出功率的品质及根据音乐动态所供应电流峰值的能力均有显著提升。这在打击乐、钢琴和吉他等发出敲击、弹拨声的音乐中，效果尤其显著。

⑦ 内置均衡器的优点。由于其线路连接简单，故可使信号的传输损失降到最小，从而确保 DC - DC 转换器带来的优良音质。由于功放与均衡器一体化，所以不必另外选择安装位置，均衡器的调节也不需要更大的空间。

⑧ 良好的散热系统及风扇冷却。车内散热系统和风扇冷却有效地结合起来，能完成高效散热作用。当风扇冷却系统功率输出超过规定时，就会自动运转。这可使功放的温度更稳定，有利于减少功率损失，从而使功放处于更好的工作状态。

2）选择和功能

① 输出功率选择。功放技术指标中的输出功率有最高输出功率和额定输出功率两种，但这两种输出功率与负载阻抗有关，阻抗越小输出功率越大，在选用功放时，这个参数是主要指标。

② 声道种类选择。两声道输出主要用于推动左右扬声器，有些品牌设计可让功放桥接变成单声道使用，两声道功放如图 4-11 所示。四声道输出主要用于主机输出的四声道信号，通过功放来推动前后左右扬声器，便于用主机调整前后左右的音量平衡，四声道功放如图 4-12 所示。五声道输出（四声道作用同上，所剩声道用来推动超低音扬声器，这对于空间小的车辆最为适用）。单声道输出一般输出功率大，主要用于推动大功率的超低音扬声器，单

声道输出功放如图 4-13 所示。

图 4-11　两声道功放

图 4-12　四声道功放

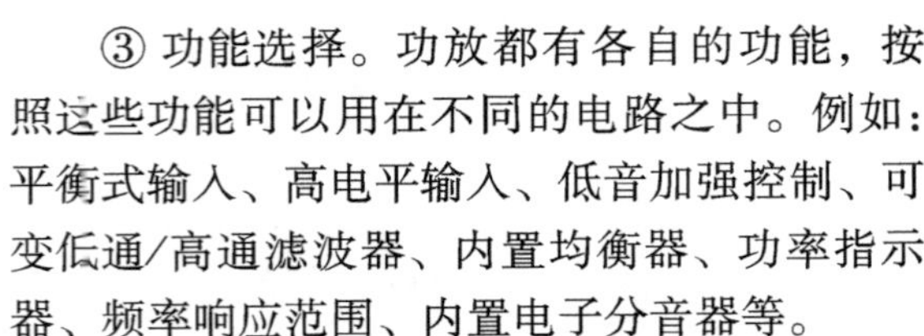

③ 功能选择。功放都有各自的功能，按照这些功能可以用在不同的电路之中。例如：平衡式输入、高电平输入、低音加强控制、可变低通/高通滤波器、内置均衡器、功率指示器、频率响应范围、内置电子分音器等。

3）为什么需要功放。要想提高音质和音量，首先要加装功放。因为主机供电电压为 DC12V，在低电压条件下工作，信号动态范围太小，所以输出功率受到限制，容易产生失真。功放的电源电路将 DC12V 电压逆变升至 ±35 ~ ±40V，这样音频信号动态范围加大，从而增大功率。

图 4-13　单声道输出功放

① 增益控制。大多数的功放有电平或增益控制，它用来控制主机的音频信号输出到功放的输入音频信号的强弱，输出电压也随之改变。如果没有增益控制，主机的输出信号将无法使功放达到最大功率电平。注意，增益控制不是电平控制，功放的增益控制可以精确地控制电平。

② 电源导线、地线和控制线连接。功放必须连接电源导线、接地线和控制线，才能正常工作。电源导线连接是通过适当的熔丝和导线后连接到蓄电池的正极。电源导线的粗细需要计算功放功率和电源导线长度来决定（从蓄电池到功放）。接地是连接到车辆的底盘（车体/底板），接地线和电源导线允许流过的电流相同（但建议接地线比电源导线号数大）。控制线是一个低电平的输入信号连接，是用来控制功放的起动线。

**5. 输入控制线电流**

为功放的控制端输入电流（Remote），功放的工作状态改变。通常是小电流（0.05A）。如果连接超过两个功放，使用继电器来控制功放是很好的方法。控制输出线路用继电器控制线路（无论使用多少功放），即使短路也可以保护主机。

**6. 功放输入线路**

输入线路（有时叫做前置）通常用比较好的防噪声的导体，信号（音频信号）通过RCA接地屏蔽的线路。

**7. 输入阻抗**

输入阻抗是在一个不平衡的输入线路上从导体到接地屏蔽的阻抗。一个典型的输入阻抗会是10 000Ω，但一些功放可能有超过50 000Ω的输入阻抗。当增益控制的位置被改变时，一些功放将会改变输入阻抗。

**8. 固定功放的注意事项**

对功放做合适的固定，有利于延长功放的使用寿命。功放必须有足够的空间，并且能够保持空气流通和防止潮湿，以延长功放的使用寿命。绝对不可以将功放的正面朝下固定，功放正面朝下固定将会危及功放通过散热器耗散热量，还会启动过热保护电路。不要将功放装在超低音音箱上，当低音扬声器工作时，箱体的振动会转移到被固定在盒子上的功放。功放的所有电源结构都有质量和惯性，来自音箱的振动能量经过功放时，会振坏或振松功放里的电子元件。

**9. 功放的正确安装方法**

功放的电源工作范围为DC10～16V之间，在接线之前，先用电压表测量供电电压，首先测量点火系统处于断开（OFF）时的蓄电池电压读数应在12～13.8V之间。

当安装功放时，需将负极电缆从蓄电池上拆下来。在拆正极导线时，避免扳手接触到车体，否则会导致损伤或严重地伤害自己。如先拆负极电缆，将不会有任何的问题。如果不把导线从蓄电池拆下，至少需拆除功放的电源导线熔丝。

在功放上连接线时，首先连接接地线，然后再连接电源导线。在连接RCA线或扬声器导线前，先做首次安全检查，确定功放电源接线无误时，才能连接RCA线或扬声器导线。如果功放先将RCA线连接，在出现问题时有可能会因此损害功放或主机或输入导线的设备。功放接地连接时，连接车辆的底盘会比拉杆或其他的金属制的结构更好。

1）安装一台功放

① 和电源的连接。功放需要大的电流，这表示需有比较适当的连接点。大部分的方法是将主要的电源导线连接到蓄电池的正极上。因为蓄电池能够供应超过1000A的电流，电源导线通过这么大的电流，一定要有熔丝来保护导线。如果电源线没有熔丝，在偶然情况下短路，导线会很容易起火。熔丝应该是安装在距离蓄电池18in之内的距离。如果太靠近铅酸蓄电池，导线、熔丝可能像正极的蓄电池接头一样腐蚀，如果太远（在蓄电池和熔丝之间），它将不会提供必要的保护。

② 连接到功放的电源导线。利用橡胶或塑料封着的防火墙插线孔，在塞上钻合适的孔（导线的外径决定大小）使导线通过防火墙，在导线的周围封闭的一些树脂密封剂。也有在

其他的连线通过防火墙的橡胶塞上钻额外的孔，使导线通过防火墙。

③ 钻孔。如果防火墙没有地方穿过导线，一般要打一个孔。如果不能清楚地看到防火墙的两边就不要急于打孔。防火墙钻孔有许多危险，可能会破坏加速踏板拉索、制动系统和其他导线。如果想知道在哪里可以通过防火墙，可以使用一个冲子先打出一个小的凹痕，然后两边看看是否位置正确。在打孔完成后，使用适当的橡胶座保护导线以免被锐利的边切割破。如果没有橡胶座，可以使用一个加热器软管或相似的材料。

④ 不要影响踏板。必须确定穿过的电源导线不会影响制动踏板、离合器踏板、加速踏板和转向机构运动的行程，电源导线不能影响这些踏板中的任何一个。也不要影响前座位和车窗玻璃摇杆的移动，当导线在地毯下面的时候，确定它将不会被压破或割破，当在后面的座位之下经过的时候，确定当人坐在座位上时，座椅不会压住导线。当电源导线进入行李箱之内，也有可能会被其他东西割破，推荐使用热缩套管包住导线。如果只安装一个功放，电源线能直接地被连接到功放。如果连接的电源导线到功放没有熔丝，要在蓄电池附近安装适当的熔丝。

⑤ 主机的导线。为了避免电源的噪声从信号线进入影音系统，应该避免 RCA 线与主要的电源线布在一起。电源线和 RCA 连线交错时，最好是十字交错。通常解决办法是将 RCA 线布在电源导线另一边。来自主机的控制线和主要的电源线一样，要远离 RCA 线。前声场与后声场的扬声器导线也应远离电源导线，有些技师会把扬声器导线布在车辆的中心，这样就能避免任何噪声进入 RCA 信号线内。当准备起动影音系统前，必须确定所有导线完好。

**注意：**

强烈推荐安装一个 0.5A 熔丝在控制输出线（并尽可能靠近主机），如果控制线被短路，这样可以防止主机损坏。

⑥ 接地。如果有音频信号处理器，像均衡器或分频器，放在不同的位置接地（相对于功放的接地点）。所有的影音系统接地线在同一个地点，功放里还是会有很大的噪声（一些听不见的）。不同的接地（一条或多条功放接地线）将会使功放非常安静。如果影音系统是优质的，不同的接地将不会有任何的噪声。其他接地的连接不需要像功放的接地要求那样的高，仅仅确定连接在金属上就可以。

功放的机壳一定要与接地分开。大部分功放的机壳内部和接地线是连接的，如果机壳和接地线之间没有连接，机壳将会完全和其他接地分开，在电路里将没有关系。如果它无法被连接接地，机壳实际上仅仅是一个功放的金属的壳。

2）安装多台功放

① 电源部分。当安装多台功放的时候，需要注意一些事项。如果已经为第一台功放安装了 8AWG 电源线，要为第二台功放安装有熔丝的导线。如果未来不计划增加任何的功放，这会是个完美的操作，将不需要再买一个熔丝分流盒。第二个解决的方法是安装一个大的导线（适用所有的功放）。4AWG 导线是最通常的电源线。对于 4AWG 导线，使用在主要电源线的熔丝要大于 150A。通常不推荐安装较大的熔丝，当主要的电源导线经过车身到达车辆的后面，它将会被连接到一个熔丝分流盒。主要的电源导线会进入较大的插孔，再由较小的

插孔分别输送到功放。

② 接地。所有的功放在相同的地方集中接地是好的方法（接地线距离不超过大约18in）。假设功放被装在后备箱的两边，将会使用2个接线接地。

③ 熔丝分流盒。电源熔丝分流盒通常有一个或两个大的导线插孔（通常是4AWG）和4个较小的连接。所有的连接都使用向下旋紧的接线，由套筒螺钉固定。如果这个熔丝分流盒没有熔丝，任何一个连接都能被当做输入或输出使用。熔丝分流盒允许电线接线器和熔丝独立地连接。

3）桥接功放。桥接功放简单解释就是由两个声道来共同驱动负载。对于两声道的功放，左边的信号和右边的信号同时来驱动扬声器，变成单声道，而且两声道的信号不必是相同的，但每个声道的功率必须是相同的。桥接是指用超过一个通道的信号来源驱动扬声器。

功率的来源来自功放的任何通道。为了桥接功放，必须采用反转一个通道的信号来连接另在一个通道上。现在可以桥接的功放都设计有一个反相通道，对于许多功放来说，左边的正极和右边的负极是信号输出最常用的，很少使用左边的负极和右边的正极，这需要一个开关选择0°或180°反转信号。

桥接功放使它产生最大动力。桥接只是选项，如果功放有稳定的2Ω立体声输出（稳定的4Ω单声道），当它接入一个4Ω扬声器的时候，它将会生产相同于2Ω立体声负载的功率。不建议将2Ω的扬声器桥接在功放上，因为很少有功放（尤其是B类功放）能安全地驱动一个2Ω单声道桥接负载。

就功放来说，当两个4Ω扬声器被正常连接到双声道功放时，功放以一半的电压驱动扬声器。如果功放有产生正负20V电压的电源，它将会用最高20V电压驱动每个单一通道上的扬声器。如果在每个通道上有一个2Ω的负载，在波形上的最高点功放将会加20V电压到扬声器负载。

如果用一个4Ω扬声器在这个功放上桥接，功放能够用两倍的电压驱动扬声器。因为当扬声器被接在功放的正极，另一个接在负极的时候，这将会允许所有电压用来驱动扬声器的线圈。

4）功放架。功放架可以有任何形状或大小的设计。图4-14所示就是简易功能的功放架。如果想要有最好的冷却，功放架的内在尺寸应该比功放稍大。这可以使空气沿着功放的边快速通过，达到最佳的冷却效果。

图4-14 两台功放架

当使用一个或多个风扇推动空气由功放架的一端进入之内空间的时候，才能够产生一定量的压强。为了不需要改变功放或功放架的形状就增加空气的流速，一定要增加静态的压强或改变从功放的一边到另一边的不同气压。横过功放的压强差别将会被增加，而且空气流速将会增大。

**10. 影音器材的正确使用方法**

影音器材如同车子，正确的使用与保养是延长其寿命的关键。下面介绍一些日常维护的基本常识：

1）开关音响电源之前，把功放的音量旋钮旋至最小，这是对功放和扬声器的一项最有效的保护方法。不但可将开机时扬声器“啸”的声音降至最小，而且此时功放的功率放大几乎为零，这时候您再关掉主机，不管产生再大的冲击电流也不会损毁功放和扬声器了。

2）机器要常用，常用反而能延长机器寿命。其原理就如同车子保养，一般车子如太久没开，需要偶尔发动一下。就音响而言，针对一些带电动机的部件（磁带机、CD Player、DVD 等），如果长期不运转，部分机件还可能会变形。

3）要定期通电。在长期不使用的情况下，尤其在潮湿、高温季节，最好每天通电半小时。这样可利用机内元器件工作时产生的热量来驱除潮气，避免内部线圈、扬声器音圈、变压器等受潮。

4）每隔一段时间要用干净潮湿的软棉布擦拭机器表面，不用时应防止灰尘入内。

5）绝对不要在器材附近放有水的容器。因为功放上盖留有散热孔，稍有不慎水有可能流入器材内部，假如器材正在使用中，那后果不堪设想；假设器材不幸被水波及，绝对不要再开机，尽快去专业店处理。

6）以电子学的原理来说，任何电子设备在带电工作状态都不应该连接或切断其他设备，带电插、拔有电源的设备是十分危险的，其后果将是迅速烧毁功放。尽管有的功放设有保护线路。但有些功放为了提高音质，减少不必要的音染，往往会省掉这部分保护措施。

7）有些比较讲究的发烧友，在功放热机前，不会将音量开大与放一些动态较大的音乐，道理是功放组件刚开机时处于冷状态，这时就让其大电流工作会缩短其寿命。因而有些发烧友在刚开机半小时内只放一些轻柔的音乐与用中等音量听音乐，待机器热机后再开大音量欣赏。

## 三、如何正确安装扬声器

**1. 安装技巧**

在汽车影音改装的时候，并不是只有安装主机、CD 而已，还牵涉到改装扬声器、功放等等各种器材。而先以汽车影音的扬声器来说，大致上分为高音、中音、中低音、低音（超低音），任何扬声器单体都有相位之分。使用万用表或 DC 小电池测量同时可听到扬声器单体发出啵啵啵的声音；利用仪器进行测量时，更有进一步的聆听扬声器相位的能力。更可针对所有车种车辆加以笔记记录，让日后在同一种车型接线时更为方便。

**2. 扬声器相位区分方法**

我们先假定改装车是要装两分频套装扬声器，先使用万用表或者 DC3、DC4、DC9 号小电池测量高音单体，当听到高音单体发出尖锐的声音时为相位错误，当听到高音单体发出比较结实而清晰的声音时为相位正确。使用万用表或者 DC3、DC4、DC9 号小电池测量中低音单体，当中低音单体发出低沉而不清晰的声音时为相位错误，当中低音单体发出结实而清晰的声音时为相位正确（或测量相位正常时，可看见中低音单体正面向上，而测量相位错误时则反之）。此方法也可以运用在超低音单体的测量上。

**注意：**

套装扬声器大部分都有被动式分音器，扬声器单体经由被动式分音器时，有可能导致电子相位差的产生，连接后至扬声器单体时扬声器单体相位呈反向作用。所以在初装完成后，在被动分音器的输入端测试，表现出来的相位声音是否正确，也可以在完成初装之时使用相位测试仪确认。

#### 3. 安装要领

由于每一种品牌的特色及特性不同，所发出来的声音特色亦是不同的。安装中低音扬声器时，大多都还是会在原车原有位置。再加上各种车型、车种、环境与空间不同，所以并不一定要将所有品牌的高音都安装在 A 柱或者统一在 A 柱上导模，可以在高音发出声音的时候，任意摆放（左右边必须同样的高度、角度）并在聆听后再得出正确及效果表现最好的高音位置。

#### 4. 注意事项

在安装扬声器的同时，有时候亦需要更换扬声器的线材，而在施工的同时，最好能够长期依照自己的习惯，区分扬声器线的正负相位（最好能够做记号），以便日后更有利于工作。两个人在同时安装时也能够有更好的配合默契，更加有效地为客户服务，亦更显得专业。

## 四、前声场的改装要点

前声场系统的改装，除了要注意低音门板的处理之外，还应在安装技巧与细节方面以及高音的角度方面都必须认真处理。

#### 1. 安装细节的处理

门板在拆除后要注意保护好，在安装时应注意不可漏掉任何一处螺钉以及一个孔眼的处理。在安装螺钉时，要注意将车门的钢板和门板紧密地固定，在安装低音扬声器时，应在扬声器后面增加密封垫，以确保扬声器有良好的密封性并安装良好。

#### 2. 高音的安装角度

在汽车影音改装过程中，由于汽车的环境使高音与聆听者的距离很近，所以高音的安装角度非常重要。高音的安装角度可以帮助声场定位。最理想的是所有频率应该在同一时间到达聆听者的耳朵。

1）高音的安装角度在器材安装完成后，再进行声场调试。这种改装是在器材发声音时，由两位技师坐在驾驶座及前排乘客座上聆听，直至左右所聆听的声场均衡一致。

2）高音轴向正相对。这种改装的优点在于会明显改善左右声道的平衡，使坐在驾驶座和前排乘客座的都能听到精准的前声场，而且也没有严重的声场压缩现象。

3）高音轴向对准 B 柱。这种改装的优点在于，高音的表现非常细腻，中音清晰真实自然，声场的宽度也可以达到最大。

4）高音轴向正面朝里。这种安装方式市面上很少见，一般都是应用在特定的车型，如毕加索、丰田大霸王等车型。

## 五、汽车安装工艺基础知识

### 1. 什么叫玻璃钢

玻璃钢是中国的名称，国外称为“玻璃纤维增强塑料”，用英文字母“FRP”表示，玻璃钢实质上是纤维增强塑料。

### 2. 玻璃钢的优点和不足

1）优点：密度小，强度高，耐腐蚀性能好，绝缘性能好，热性能好，工艺性优良。

2）不足：刚性不足，易变形，不耐温差，易老化。

### 3. 玻璃钢的材料

1）玻璃纤维及其制品。如：纱和布，常用 0.2、0.4 方格布。

2）树脂：从树上分泌物中提炼出来的脂状物。

3）固化剂、促进剂。

4）其他材料：如填料，颜料等。

### 4. 树脂

1）不饱和聚酯树脂：这是常用于玻璃制作的树脂，用量多，用途广。常用的牌号有 196#、3193#、189#、198#、199#等。实际使用如下：

① 通用型：多用 191#、196#、S－583#等聚酯树脂。

② 耐热型：多用 199#、198#、309#、7901#等。

③ 耐腐蚀型：多用 197#、323#、S－903#等。

④ 阻燃型：多用 303#、326#等。

⑤ 透光型：多用 195#、191#、322#等。该型树脂怕日光照射，可燃，易挥发造成品质不良，低温保存。

2）呋喃树脂、酚醛树脂、环氧树脂都是制作玻璃的材料，只是少用而已。

### 5. 固化剂，促进剂

1）固化剂又称为引发剂或催化剂，都是过氧化物，也都是易燃易爆品。有固态和液态两种，固态的很不安全，常用液态的。一般常见有三种固化剂：

① 固化剂 H，白色糊状。

② 固化剂 M，液体，常用于冷固化。

③ 固化剂 B，固体，搬运时要轻，撞击和高温时易爆。

2）促进剂是实现室温固化的基础，它能使固化剂在其临界温度以下形成游离基，让它与树脂充分快速反应。常见的有两类：

① 对过氧化物。如二甲基苯胺，二乙基苯胺。

② 对氢过氧化物。如过氧化环己酮。

3）常用的促进剂有：

① 促进剂 E。紫蓝色液体，化学名为环烷酸钴。

② 促进剂 D。淡黄色透明液体，化学名为二甲基苯胺。

### 6. 聚酯 FRP 的常用配方

1）冷固化

① 聚酯树脂 100 份；固化剂 M 2 份；促进剂 E 1 ~4 份。

② 聚酯树脂 100 份；固化剂 H 4 份；促进剂 E 1 ~4 份。

2）热固化：聚酯树脂 100 份；固化剂 B 2 份。

### 7. 玻璃钢的制作方法

1）手糊法。影音改装使用最多的方法。

2）喷射法。

3）模压法。需模具冲压。

### 8. 影音改装中常用手糊法的工艺

1）模具定形法。先制作模具，脱模后，一层玻璃纤维，一层混合树脂，这样一层一层手糊即可。

2）直糊法。在待制作部位，直接用混合树脂手糊上去，要注意装饰件的清洁保护。也是一层树脂一层布。

3）待固化后，用原子灰补灰，打磨成形。

4）涂装或包真皮即可。

## 六、模具制作

### 1. 模具的类型及特点

产品外观的优劣在很大程度上取决于模具，国外的所谓高级模具，其表面光洁如镜，产品外观美。对模具表面要求只有两点：①表面粗糙度；②平顺度。

模具可分凸模和凹模。要求外观美丽，用凹模；要求内面美观，用凸模。

**2. 制作模具材料**

1）金属模：因加工设计难度大，很少用于影音改装。

2）木模：这种方法常用在改装上，方法也简单，只要用数块木块，按已定的模样钉起来，再按要求打磨成形，补灰后，再打磨。常在待装表面把木模放上去，直接补灰，这样可以让模具精确。最后涂装或包真皮。

3）水泥模：较少使用。

4）黏土模：做玻璃钢时常用，用黏土做凸模，配合石膏模使用。

5）石膏模：在音响改装中，常用石膏倒在黏土模上，制作出石膏凹模，方便制作玻璃钢成品，且外观美丽实用。

6）还有石蜡、橡胶、红砂等都可以做模具。

**3. 模具制作要领**

1）木模制作：在影音改装中，木模的使用率较高，因它取材方便，加工简单，常被技师们采用。做木模时要注意木模的打磨成形精度，只能干打磨，不能用水磨，因为木模易吸水。表面补灰后，可采用涂装或包皮处理。美观实用，常用于安装扬声器或仪表板成形制作。

2）黏土模制作：在做玻璃钢倒制时，常用此方法。此法施工容易，黏土干得比较慢，可反复调整方向及形状。要求表面粗糙度要小。

3）PVC 管模。用 PVC 管做原材料，主要做 A 柱的高音模或前声场的中音模，方法简单实用，用 PVC 管，打磨好安装角度，包上皮或涂装即可。

## 七、包革步骤

1）使用粗砂纸将门板整个打磨一遍，但不能把皮革磨损伤了，在磨完后使用清水将整个门板清洗一遍，干后再使用稀料擦拭一遍（这是为了避免门板上有油污、蜡或其他不干净的东西）。

2）裁皮革时将门板和皮革都刷一遍处理水，1 小时后自然风干。

3）调胶要领。树脂胶加 30% 的稀料，再加 3% ~5% 的固化剂，把皮革和门板刷一遍胶，待自然风干，约 1.5 小时。刷两遍胶最佳（需以当时的湿度、温度等实际情况而定）。

4）检查门板和皮革上是否有残留物，并把它处理掉，不留任何脏物。

5）新手最好使用吹风机。因为吹风机的温度不是很高，在没有包好的地方可以撕下来再包，如果温度太高，没包好的地方撕下来的话，会将皮革拉坏了或是把胶拉没有了。皮革包完后使用烤灯整个烤一遍，烤的时候温度最好达到 60℃ 以上，起泡的位置必须马上按下去，这样可尽量避免遇见高温就起泡。从刷胶到完成包皮革的过程，最好在 4 小时内完成。

6）如果皮革的颜色跟室内装饰很难配上，可以利用塑料漆配色（即喷塑料），它能喷在皮革上，效果很理想，可个性化地改变颜色（不能用汽车外表漆）。

7）在包革过程中，注意拉皮革的力度，施工力度必须均衡。

## 八、A 柱导模过程

### 1. 实例过程一

1）改装前 A 柱如图 4-15 所示。

2）贴上弹力布后的 A 柱如图 4-16 所示。

原厂 A 柱未改装前视图

图 4-15　改装前 A 柱

弹力布
拆下 A 柱后并制作高音扬声器木垫圈，在固定后贴上弹力布，涂匀专用胶


图 4-16　贴上弹力布 A 柱

3）涂上腻子的 A 柱见图 4-17 和图 4-18。

涂匀腻子后等腻子自然风干

图 4-17　将 A 柱涂上腻子图一

施工过程中必须避免腻子或施工物料滴落


图 4-18　将 A 柱涂上腻子图二

4）将 A 柱上的腻子抛光、磨平如图 4-19 和图 4-20 所示。

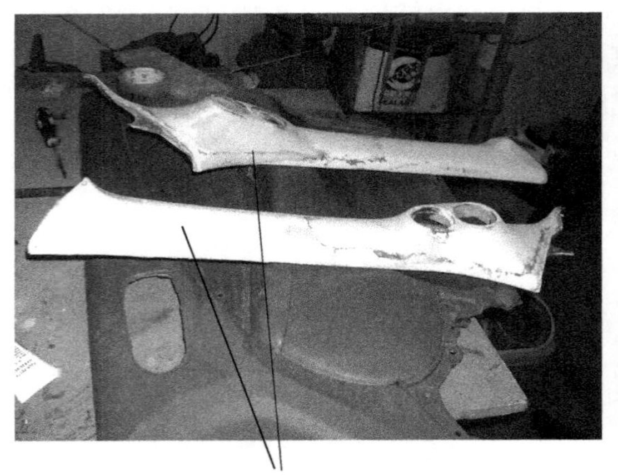

当嵌子完全风干后，利用砂纸将 A 柱表面做光滑、磨平处理


图 4-19　抛光、磨平 A 柱上的腻子图一

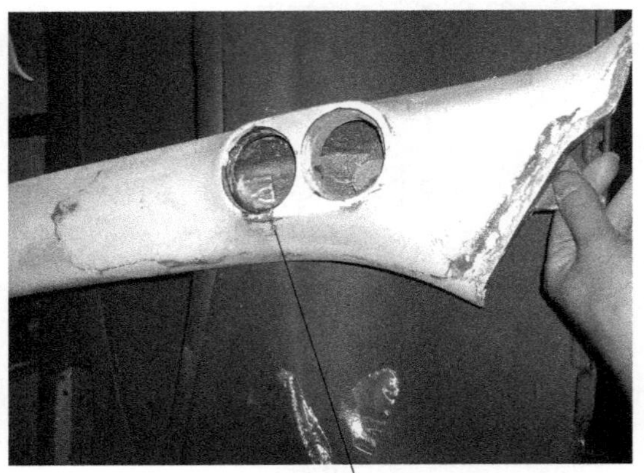


图 4-20　抛光、磨平后 A 柱上的腻子图二

5）将 A 柱上高音扬声器安装固定及包上皮革如图 4-21 和图 4-22 所示。

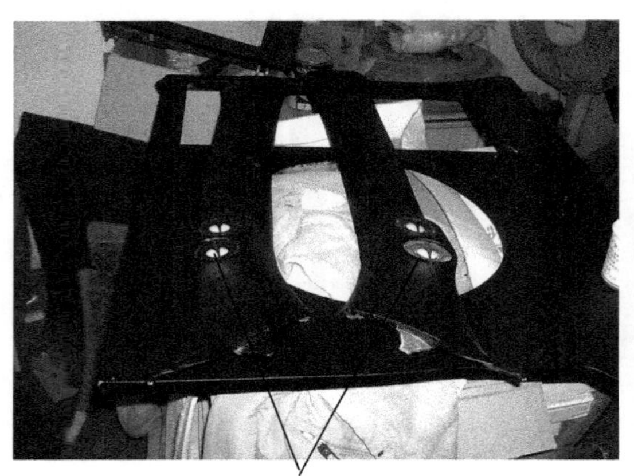

将高音扬声器装上 A 柱后包裹黑色皮革


图 4-21　安装固定 A 柱上高音及包上皮革图一

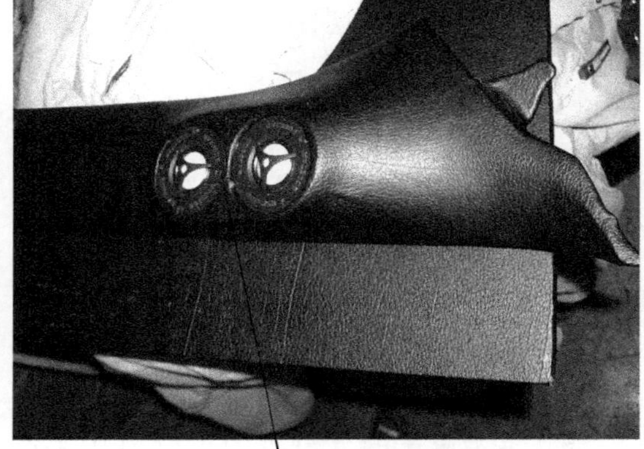


图 4-22　安装固定 A 柱上高音及包上皮革图二

6）A 柱高音导模完成如图 4-23 所示。

**2. 实例过程二**

1）利用热熔胶及 502 将高音木垫圈固定在 A 柱上如图 4-24 和图 4-25 所示。

2）利用热熔胶及 502 将高音扬声器木垫圈固定在 A 柱上如图 4-26 和图 4-27 所示。

3）A 柱导模初步完成如图 4-28 所示。

4）将 A 柱包上皮革如图 4-29 所示。

5）A 柱高音导模完成如图 4-30 所示。

A 柱高音扬声器导模后需注意整洁性


图 4-23　导模完成视图

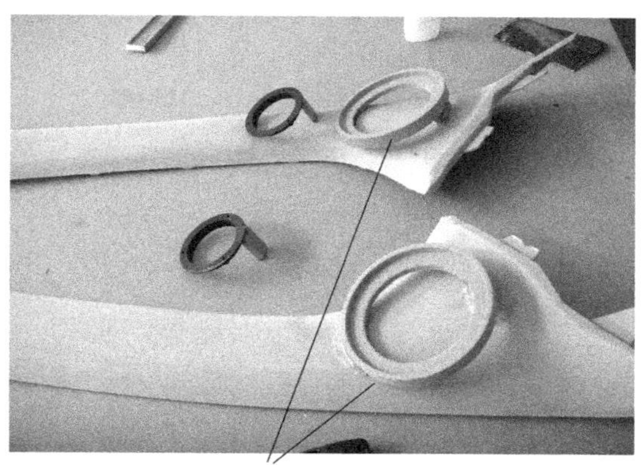


图 4-24　固定高音木垫圈在 A 柱上图一

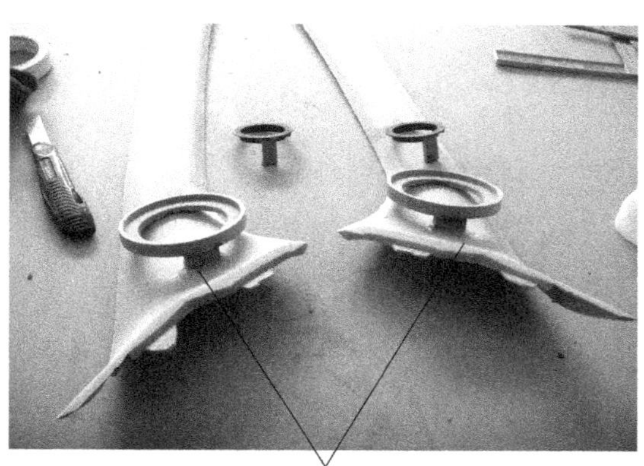


图 4-25　固定高音木垫圈在 A 柱上图二

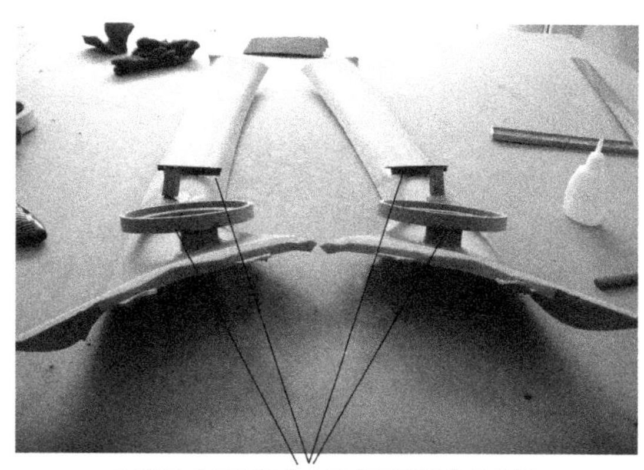

制作时必须注意左右扬声器所指向的位置


图 4-26　固定高音扬声器木垫圈在 A 柱上图一

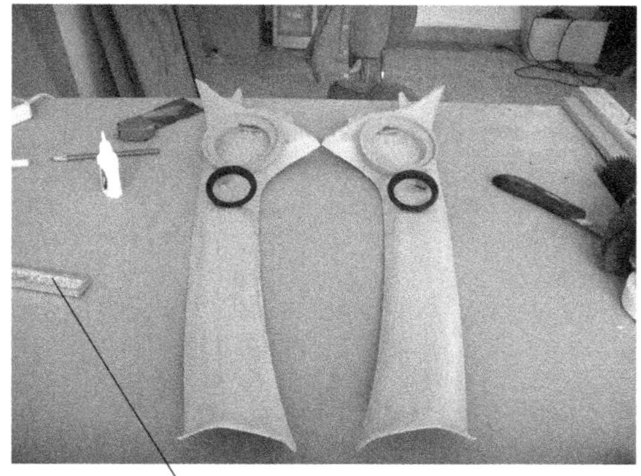

扬声器所指向的位置可以利用尺子或其他工具测量


图 4-27　固定高音扬声器木垫圈在 A 柱上图二

木垫圈与 A 柱接缝处亦可以利用密集板木屑包裹，再涂上快干胶，最后再涂脂抹粉嵌子


图 4-28　初步完成 A 柱导模

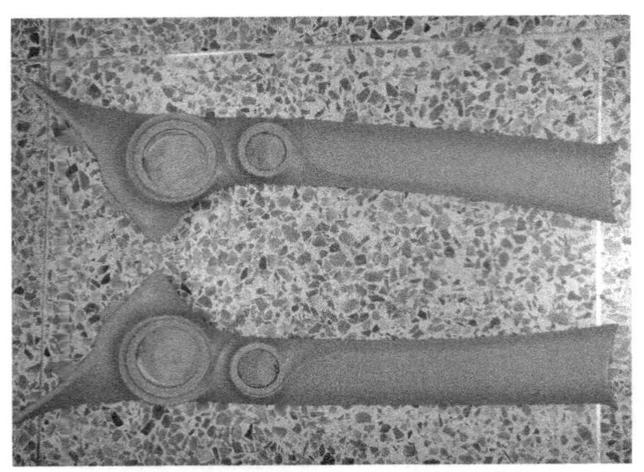

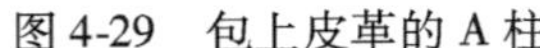

利用腻子在扬声器周围做造型，最后再包裹皮革


图 4-29　包上皮革的 A 柱

图 4-30　导模完成视图

## 九、国际标准规格颜色区分及连接端标示对照

学习汽车影音改装是一种过程，熟记以下列表可以帮助您快速成长，因为进口品牌虽然在安装新设备时会附有中英文对照说明书，但在实际过程中并不会常有中英文对照说明来辅助，绝大部分情况下只有英文标示，所以请加以熟背并予以应用。汽车影音主机国际标准规格接线颜色区分见表 4-1；常用汽车影音连接端标示对照见表 4-2。

**注意：**

请先将电源线组连接完成，再连接扬声器线组。

**表 4-1　汽车影音主机国际标准规格接线颜色区分**

| 黄色　BATTERY 12V　（蓄电池正极） | 白黑色　LF（－）前扬声器左边负极 |
|---|---|
| 红色　IGNITION 12V　（点火开关控制正极） | 灰色　RF　（＋）前扬声器右边正极 |
| 黑色　GROUND　（接地线负极） | 灰黑色　RF（－）前扬声器右边负极 |
| 橙色　ILLUMINATION 12V　（小灯正极） | 绿色　LR　（＋）后扬声器左边正极 |
| 蓝色　ANT12V　（天线激活正极） | 绿黑色　LR（－）后扬声器左边负极 |
| 蓝白色　AMP　12V　（功放激活正极） | 紫色　RR（＋）后扬声器右边正极 |
| 绿色　TEL－MUTE　（免持听筒负极） | 紫黑色　RR（－）后扬声器右边负极 |
| 白色　LF　（＋）前扬声器左边正极 | |

**表 4-2　常用汽车影音连接端标示对照**

| MEMORY：记忆电源输入端或永久电源 | DIGITAL OUT：数字信号输出端 |
|---|---|
| B＋ 或 12V：正电源 | ANT LEAD：自动天线控制线 |
| ACC：12V 电经点火开关控制 | VEDIO OUT：影像信号输出 |
| REMOTE：起动线输出、连接功放或前级起动端 | L FRONT SPK＋：左前扬声器正端输出 |

（续）

| | |
|---|---|
| GND：接地、负电 | L FRONT SPK－：左前扬声器负端输出 |
| AUX IN：辅助输入信号连接 | R FRONT SPK＋：右前扬声器正端输出 |
| FRONT OUT：前声道前级信号输出端 | R FRONT SPK－：右前扬声器负端输出 |
| REAR OUT：后声道前级信号输出端 | L READ SPK＋：左后扬声器正端输出 |
| CD IN CD：信号输入 | L READ SPK－：左后扬声器负端输出 |
| HIGH PASS OUT：高通信号输出端 | R READ SPK＋：右后扬声器正端输出 |
| LOW PASS OUT：低通信号输出端 | R READ SPK－：右后扬声器负端输出 |

# 本章小结

1. 一般消费者会认为电台所播放的声音会比车上 CD 所播放的好，是因为原车的 CD 读取设备太差，所以也就产生了对比性。

2. 选择扬声器时，首先要考虑所选择的音响系统是属于音质类型还是“炸机”类型；其次要考虑扬声器的匹配（功率、频响、阻抗等），要有整体的协调，使器材发挥最大的优势。

3. 在障板上制作超低音会有以下情况：

1）声音品质不容易满足要求，也很难改善。

2）对于单体要求较高，单体的 Qts 值必须要高。

3）一般容积都显得过大，30Hz 以下的频率极少在音乐中出现，所以实用性不高。且音箱过大会让效率降低，需要相对较大的功率来推动。

4）无限障板式的声音品质无法和音箱式相比，而障板的处理、单体、放大器功率等等，都会使费用提高。除非真的只能用行李箱，否则不建议采用无限障板式的超低音系统。

4. 在汽车影音改装过程中，高音扬声器的安装角度可以帮助声场定位，最理想的是所有频率应该在同一时间到达聆听者的耳朵。高音扬声器的安装角度如下：

1）高音扬声器的安装角度在器材安装完成后，再进行声场调试。这种改装是在器材发出声音时，由两位技师坐在驾驶座及副驾驶座上聆听，直至左右所聆听的声场均衡一致。

2）高音轴向正相对。这种改装的优点在于会明显改善左右声道的平衡，使坐在驾驶座和副驾驶座的都能听到精准的前声场，而且也没有严重的声场压缩现象。

3）高音轴向对准 B 柱。这种改装的优点在于，高音的表现非常细腻，中音频清晰真实自然，声场的宽度也可以达到最大。

4）高音轴向正面朝里。这种安装方式市面上很少见，一般都是应用在特定的车型上，如毕加索、丰田大霸王等车型。

5. 熟记国际标准规格颜色区分及连接端标示对照表的目的，可以帮助您快速成长，因为进口品牌虽然在安装新设备时会附有中英文对照说明书，但在实际过程中并不会常有中英文对照说明来辅助，绝大部分情况下只有英文标示。

# 第五章

# 汽车隔声

汽车噪声其实是一种特殊的声音。一般而言，凡是不规则及不协调的声波在同一时间存在，会使人听了有厌烦的感受，因此对于这种噪声许多车厂都千方百计要改善它。

在汽车内听音乐与在家里欣赏音乐有一个最大的不同，那就是车会在路面上快速移动，为了达到很好的效果，这就对音响器材提出了更高的要求，同时车辆高速行驶时，风噪、胎噪及机械噪声会对音响系统产生干扰，因此就需要对车辆进行改造。

汽车隔声除能有效地降低汽车行进间所产生的噪声外，更结合多重的技术，如强化车体结构、防锈、隔热、减振、隔声和提升音响效果可以一次完成。不论新车旧车，皆能于施工后，明显地感到车辆舒适性与扎实感的提升，这绝对是一项对于有车者，必先处理的工程，也是有车者提高享受的有效办法之一。

## 一、汽车隔声的目的

汽车是一种动态的工具，所以车体一直处于长期的振动状态。汽车因车身皆为钢板架构或其他材质组装成的一个密闭空间（车厢），而每一种车辆，又因原厂设计理念不同，如发动机之设计、减振系统、进排气方式、车门、车体之紧密度等等，在静止或不同路面行驶状态下会产生不同程度的噪声，再经由钢板、车体之共振、共鸣、声音放大，过大的噪声令人不舒服、耳鸣、容易疲劳，或干扰到原本悦耳的音响效果等多种因素，因此就需要对汽车进行隔声处理。

## 二、汽车隔声的原理

汽车隔声是在原车设计组装条件下，加上各种减振、隔声、吸声材料，将车厢内的环境噪声，减小到最小状态。它的实际效果，已经超越了传统防锈、提升车身刚度、强化车体结构、降低噪声、延长车体使用寿命的功能，更能提升车内音响效果，进而达到安全平稳、舒适、宁静的最佳行车境界。汽车在静止、怠速时与行进间，会产生许多噪声，其噪声种类主要可分为：

①发动机噪声；②排气管噪声；③轮胎与路面之摩擦声；④底盘因路面所产生的振动共鸣声；⑤车外透入车厢内之外在环境噪声（如摩托车、或会车时）；⑥风噪声；⑦车厢内组件，因间隙或老化、挤压摩擦声；⑧车子底盘零件因损毁、老化所产生的异响。

汽车隔声即针对这多种噪声，施加各种材料来改善，除第 8 种是因零件损坏需更换外，其余各种噪声以不破坏原厂之设计组装为前提，而达到改善车厢内环境噪声的效果。当然不管任何一种改装，需将安全的因素排在首位，如汽车隔声所使用之材料需能耐高温并且能防火，才符合工作需求。

## 三、噪声控制方法

噪声的控制分为机械原理噪声控制和声学原理噪声控制两类措施。从机械原理出发的噪声控制措施通过改进机械设备结构、应用新材料来降噪。随着材料科技的发展，各种新型材料应运而生，用一些内摩擦较大、高阻尼合金、高强度塑料生产机器零部件已变成现实。

例如，在汽车生产中就经常采用高强度塑料零件。对于风扇，不同形式的叶片，产生的噪声也不一样，选择最佳叶片形状，可降低噪声。例如，把风扇叶片由直片式改成后弯形，或者将叶片的长度减小，都可以降低噪声。一般齿轮传动装置产生的噪声较大，高达 90dB，如果改用斜齿轮或螺旋齿轮，啮合时重合系数大，可降低噪声 3 ~ 16dB。若改用带传动代替一般齿轮转动，由于传动带能起到阻尼减振作用，因此可降低噪声 15dB 左右。

经典改装欣赏 5-1

对于齿轮类的传动装置，通过减小齿轮的线速度，选择合适的传动比，也能降低噪声。试验表明，若将齿轮的线速度降低一半，噪声就会降低 6dB 左右。提高零部件加工精度和装配质量也可以降低噪声。零部件加工精度的提高，使机件间摩擦尽量减小，从而使噪声降低。提高装配质量，减小偏心振动，以及提高机壳的刚度等，都能使机器设备的噪声减小。

对于轴承，若将滚子加工精度提高一级，轴承噪声可降低 10dB。从机械原理出发的噪声控制主要取决于汽车的研发和生产组装等环节，一般是在车辆出厂之前采取的降噪措施。后期的使用和维护过程中，避免机械设备和车辆的空载和超载，选用好的润滑油脂，都可以降低噪声。

从声学原理出发的噪声控制措施是吸声。在汽车有限空间内的噪声包括直达噪声和反射噪声两部分。吸声是用特种被动式材料来改变声波的方向，以吸收其能量。合理地布置吸声材料，能有效降低声能的反射量，达到吸声降噪的目的。常用的吸声材料由于受环保、防水、防火、轻量化等条件的限制，所以汽车上主要通过以下方法隔声：

1）减振。汽车的外壳一般都是由金属薄板制成，车辆行驶过程中，振源把它的振动传给车体，在车体中以弹性波形式进行传播，这些薄板受激振动时会产生噪声，同时引起车体上其他部件的振动，这些部件又向外辐射噪声。在传播途径上安装弹性材料或元件，隔绝或衰减振动的传播，就可以实现减振降噪的目的。可用的减振措施主要有隔振减振和阻尼减振，可以有效地把车身振动的动能转化为热能，从而达到降低汽车噪声的目的。

① 衰减结构传递的振动能量。

② 减弱共振频率附近的振动。

③ 降低结构自由振动或由冲击引起的振动。

对汽车金属结构进行阻尼处理一般有两种方式。一种是自由阻尼涂层，它是将阻尼材料直接粘贴或喷涂在需要减振的构件上。这种方式，工艺过程简单，成本低廉，是目前我国汽车生产厂家普遍采用的阻尼处理技术。

另一种方式是约束阻尼，它是在金属板上先粘贴一层阻尼材料，其外层再覆盖一层金属薄板（约束板）。金属结构振动时，阻尼层也随之振动，但要受到外层金属薄板的约束，故称之为约束阻尼层。这种方式的减振效果较好，但约束阻尼工艺复杂，成本较高。经过阻尼处理的构件，其内耗增加，在共振频率下的 $Q$ 值就会下降，因此，可以延长金属构件在振动环境中的使用寿命。

2）密封。车内整体噪声的控制与车体的密封性能密切相关。好的密封可以有效降低车辆整体噪声，尤其对高速行驶过程中的风噪有很好的抑制效果。车辆行驶过程中产生的扰流是引起风噪的根源，车辆高速行驶过程中车身某一部件处会出现周期性气流分离，扰流从车身两侧拖出，顺气流方向移动，从而产生噪声。预防这种噪声产生的办法是尽量避免产生气流分离并用恰当的方法扰乱周期性的扰流。就一般车种来说，烦人的噪声起源，不外乎发动机、底盘、风噪、车身共振等。

经典改装欣赏 5-2

## 四、汽车隔声的种类与施工顺序

### 1. 汽车隔声种类

1）发动机盖防火隔声。它最主要是吸收发动机运转时的噪声，并且还有隔热功能，能有效保护发动机盖原厂烤漆，避免长时间高温使得烤漆变色甚至脱落。

2）车厢内中央底板、后部车厢底板的减振及防潮吸声。最主要的功能是处理在高速行驶时钣金件振动共鸣，及由轮胎传入的路面噪声，和排气声导入后备箱的共鸣声传到您的耳朵。

3）车门体钣金减振吸声。可降低行车时，车门钣金件因较薄生成的共振，或是因车龄偏大、长期在崎岖路面行驶下，因金属疲劳与车身扭动而生成的杂音，并有效帮助改装音质较好的音响扬声器后的音色质量。

4）车门外铁皮层隔声。能将车门里面的空间充分利用成为一个密封的箱体，使扬声器发出来的声音没有声波短路现象，在听感上会感觉中低频更加有力饱满，是提高音响质量的最佳施工部位。

5）前后轮弧及翼子板减振、隔声。这里是底盘噪声最常传入的地方，行驶时减振器所导入之异音、轮胎与路面及碎石与钣金件所生成的摩擦及撞击杂音通过前后轮弧及翼子板的振动很轻松地就传入到车厢。这些部位减振吸声施工后能明显降低因路面与减振器所引起的噪声，效果是很明显的。

6）仪表板下层加强隔声。发动机是汽车自身最主要的噪声源，也是离驾驶人最近的噪声源，加强仪表板下部的隔声，能抑制发动机转速拉高时传入车室内的高频音压，是阻隔发动机噪声效果最明显的部位（这部位做工比较复杂，通常是在不拆仪表板前提下尽量做到)。

7）后背门隔声需要的隔声棉不多，只需要按照后背门的形状裁开隔声棉。建议将隔声棉裁成小块，把能贴的地方都贴上，这样可以起到最大限度的隔声减振作用。注意：后背门的边缘可以看见一些长条形的孔，那是排水孔，不要堵上，更不要往里喷发泡胶。

8）行李箱的隔声从减振入手。首先把后排座位向前翻过去，尽可能留出操作空间。存放备胎部分是向下凹陷的，如盆地一般，中间有一个出水孔用胶垫封着，如果胶垫已经不在了，尘土和噪声就会源源不断地从这里涌进来，施工之前把它洗干净，粘上隔声棉之后就可以把备胎安上，使隔声棉与车体钢板紧密结合。

随后要对车后行李箱两侧隔板进行隔声，因为铁皮外面就是减振装置，所有后减振带来的冲击全部反映在这两处地方。许多车辆的杂音就是装饰板和这里的铁皮颠簸撞击产生的，粘贴隔声棉本身就会在两者之间形成衬垫，不仅可以有效防止此处的振动，也可以防止装饰板和车体铁皮的撞击。

9）底板的隔声拆卸工作较多，需要把所有的座位卸掉以方便操作，这能确保施工质量。将地胶和原车带的地垫掀起，把隔声材料铺在地垫下面，注意应避免妨碍踩离合器踏板和制动踏板。最好由后座开始向前施工，把座位卸掉以后，需要把车门下部的装饰条卸下。柔软的吸声棉抹上粘接剂以后可以很牢固的粘在车底板上，只要把需要的形状裁好，不必担心它是否能与铁皮紧密结合。吸声棉可以起到最大的吸声减振效果。

10）在汽车隔声工程中，翼子板的施工很关键，当车辆行驶速度超过100km/h以上的时候，翼子板内的空腔的共振会对发动机噪声和胎噪起到放大作用。翼子板隔声最大的难度在于拆卸，只要能把它从车上卸下来，就可以很好地完成隔声。

11）室内车顶隔声。除了能有效阻隔太阳酷晒，防止车厢内温度直线提升外，在强化车顶钢板后，能有效减少下雨时之雨滴撞击声。

**2. 汽车隔声施工顺序**

1）利用举升器将车身顶起，先以压缩空气做车底盘清洁，加强材料附着效果。

2）使用防火填充发泡剂，填充于两侧护板内，寻找梁柱之原厂预留排除防锈液之孔洞，注入发泡剂，至空洞处填满为止（消除车身共鸣现象)。

3）降下车身，拆除后行李箱内地毯，取出备胎喷上喷胶，贴上钢板消振垫于行李箱底板上，贴满后组装回原样（消除行李箱杂音，拆除后椅背两侧贴板，可贴上30mm厚的吸声棉来降低后轮胎噪声)。

4）顶起车身，喷上一层底盘装甲。

5）拆除车门内饰板，贴于外钢板内侧，喷上喷胶（避免减振垫脱落)，再贴上钢板减振垫（或直接加贴减振胶)，然后贴回内门板之防水布，再贴上10mm厚的吸声棉，装回门饰板。

6）再顶起车身，喷上第二层底盘装甲，待底盘装甲表面固化后，再喷上橡胶阻尼（此为车底盘消振完成，并可降低溅水声及碎石弹击声），或为隔声加强工作时，则于底盘装甲表面固化后，于4个轮弧叶子板上及前底盘下，加贴强效空气壁后，再喷上AB发泡剂，后喷上橡胶阻尼（具备吸声及防水效果）。

7）发动机盖内表面清洁后涂上强力胶，再加贴波浪形防火吸声棉，于火墙上可贴上强效空气壁与玻璃纤维棉组合。再于车厢内仪表板下，填补波浪形吸声棉（降低发动机噪声），并于排气管之前，中段上方加贴空气壁。

8）检视车门与车体。关门时，气密条分布不能破坏原厂设计隔声条气密性，找出空隙，加贴上气密条（降低车外噪声及风噪）。

9）若是强化型汽车隔声工作法（限日系车种或国产车），做法除上述方法及根据第6）条的加强法外，尚需拆除车内之座椅及地毯，加贴减振垫于车厢底板上，还尽可能加铺波浪吸声棉，再组装回原样，施工之耗时非一般，但会将隔声效果大幅提升乃至达到最大值。

隔声是一门专精技术，要做有效果的隔声必须靠经验积累，同时不断尝试各种施工方法及施用部位。除有效地降低汽车行进间所产生的噪声外，更应结合多重的技术及材料，提升车体结构的强化，防锈、隔热、减振、隔声和提升音响效果一次完成，不论新车旧车，皆能在施工完成后，明显地感到乘座舒适性与扎实度的提升。

## 五、汽车隔声实例全过程

市面上的隔声品牌众多，每一种品牌皆有其独特之处，但安装方式基本相同，本例以竞赛级的汽车隔声施工方式作为实例参考，让读者在简单的文字及详细的图片中快速地掌握汽车隔声施工要领。

### 1. 汽车隔声施工前

1）车厢内隔声施工前如图5-1所示。

2）前座隔声施工前如图5-2所示。

隔声施工必须先将地胶及配件拆除，并擦拭干净（前座位置）

图5-1　隔声施工前车厢内视图一

隔声施工必须先将地胶及配件拆除，并擦拭干净（后备箱至前座视图）

图5-2　隔声施工前车厢内视图二

3）后座隔声施工前如图 5-3 和图 5-4 所示。

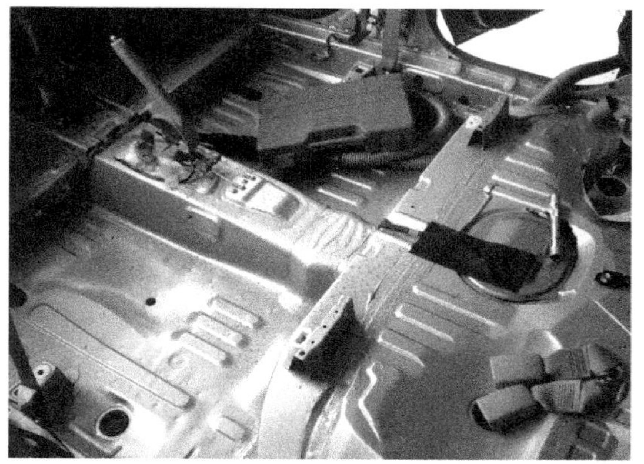

隔声施工必须先将地胶及配件拆除，并擦拭干净（后座位置）

图 5-3　隔声施工前车厢内视图三

隔声施工必须先将地胶及配件拆除，并擦拭干净（后座位置）

图 5-4　隔声施工前车厢内视图四

4）车顶隔声施工前如图 5-5 和图 5-6 所示。

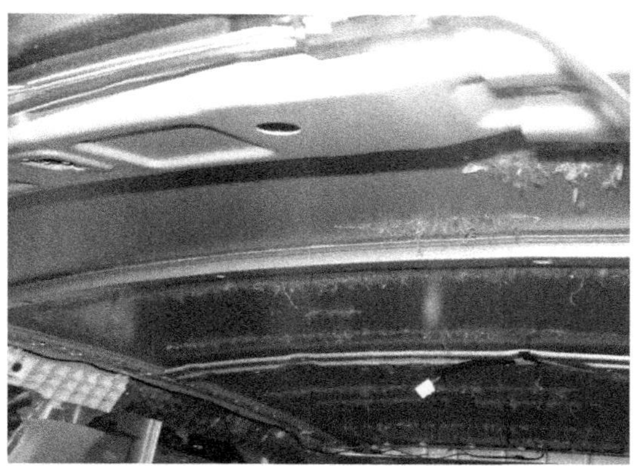

隔声施工必须先将地胶及配件拆除，并擦拭干净（顶棚位置）

图 5-5　隔声施工前车厢内视图五

隔声施工必须先将地胶及配件拆除，并擦拭干净（顶棚位置）

图 5-6　隔声施工前车厢内视图六

5）后声场隔声施工前如图 5-7 所示。

6）行李箱隔声施工前如图 5-8 ~ 图 5-11 所示。

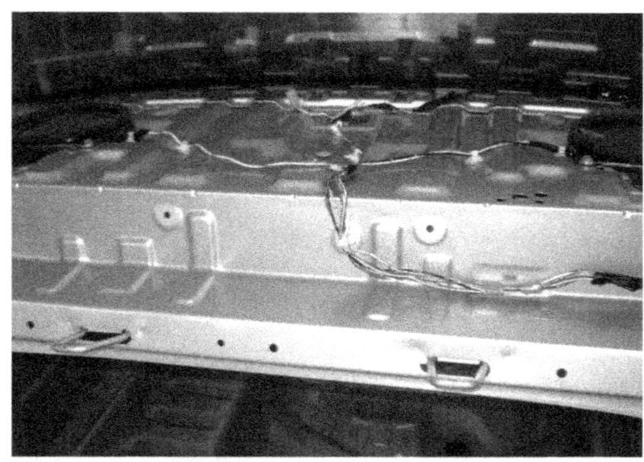

隔声施工必须先将地胶及配件拆除，并擦拭干净（后风窗位置）

图 5-7　隔声施工前车厢内视图七

隔声施工必须先将地胶及配件拆除，并擦拭干净（备胎位置）

图 5-8　隔声施工前行李箱内视图一

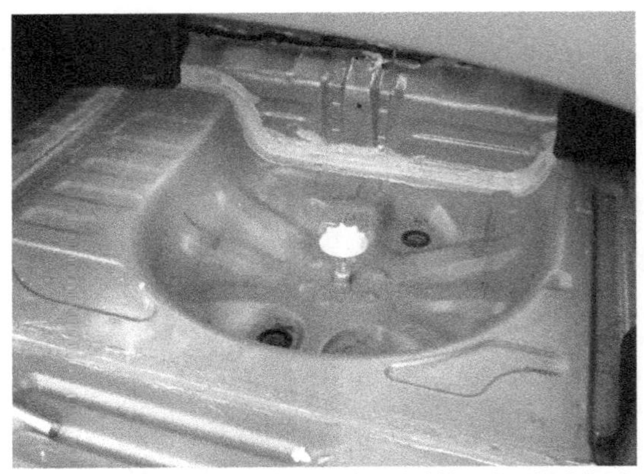
隔声施工必须先将地胶及配件拆除，并擦拭干净（备胎位置）

图 5-9　隔声施工前行李箱内视图二

隔声施工必须先将地胶及配件拆除，并擦拭干净（右后轮胎位置）

图 5-10　隔声施工前行李箱视图三

7）行李箱盖隔声施工前如图 5-12 所示。

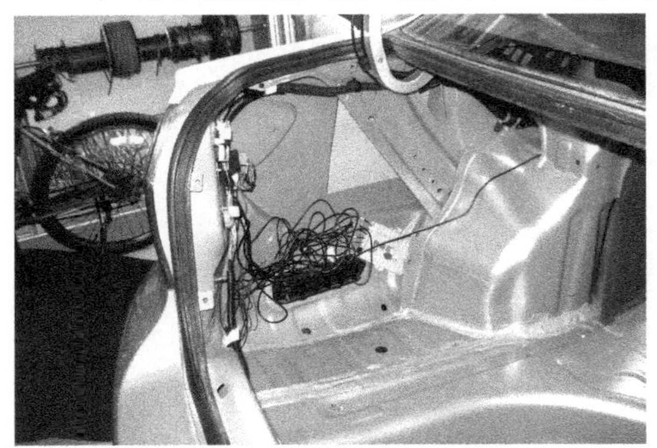
隔声施工必须先将地胶及配件拆除，并擦拭干净（左后轮胎位置）

图 5-11　隔声施工前行李箱视图四

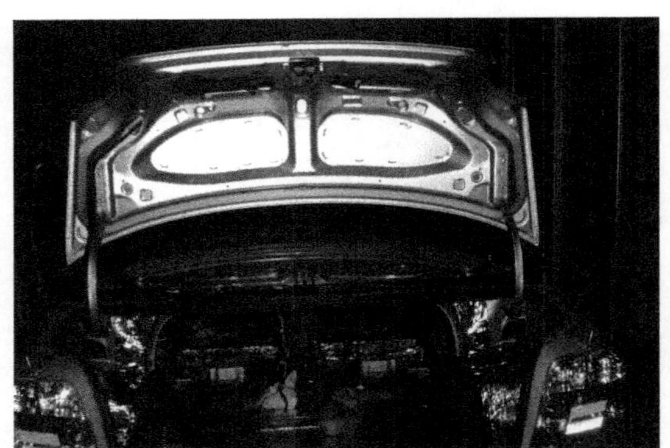
隔声施工必须先将地胶及配件拆除，并擦拭干净（行李箱盖位置）

图 5-12　隔声施工前行李箱盖外视图

## 2. 汽车隔声施工后

1）车顶隔声施工后如图 5-13 ~ 图 5-16 所示。

顶棚位置只需贴上一层减振垫

图 5-13　车顶隔声施工后视图一

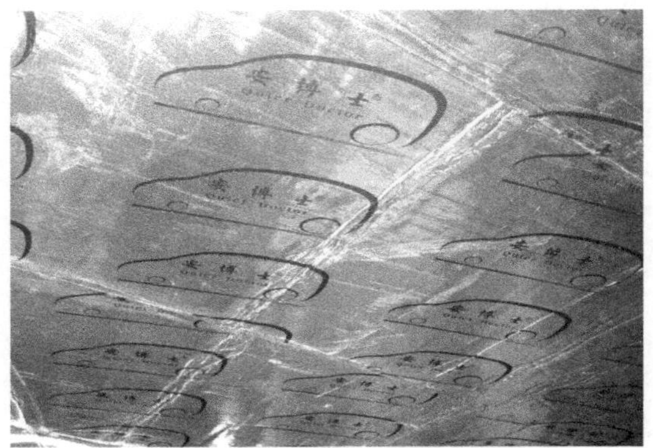
贴上减振垫后必须利用专用工具擀平，并注意减振垫之间的接缝处

图 5-14　车顶隔声施工后视图二

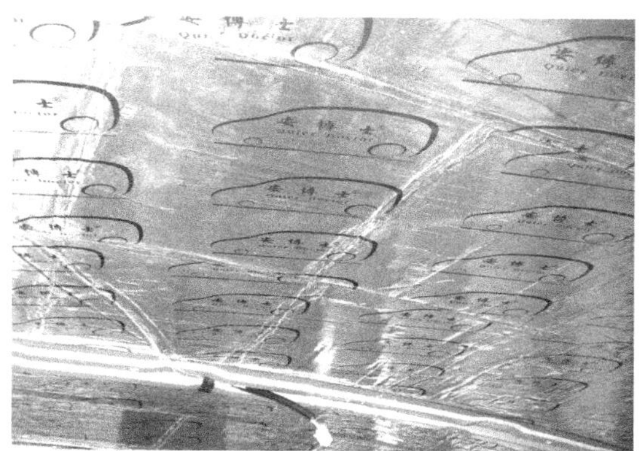
安装减振垫时，避免破坏原车线组

图 5-15　车顶隔声施工后视图三

汽车隔声施工时，需注意接缝处及吻合度

图 5-16　车顶隔声施工后视图四

2）前左驾驶座隔声施工后如图 5-17 所示。

3）前右乘客座隔声施工后如图 5-18 所示。

驾驶座第一层减振垫

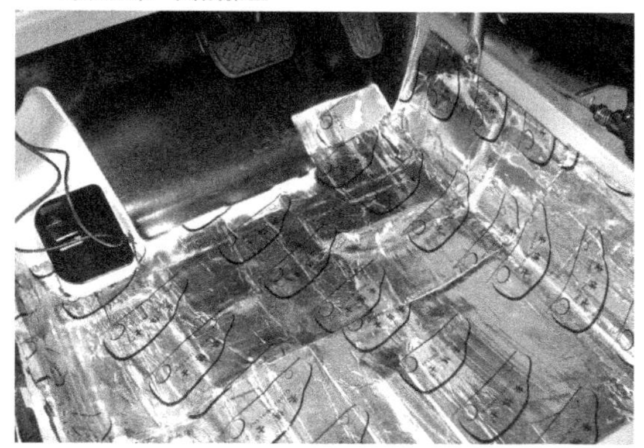

图 5-17　前左驾驶座隔声施工后视图

前右乘客座第一层减振垫

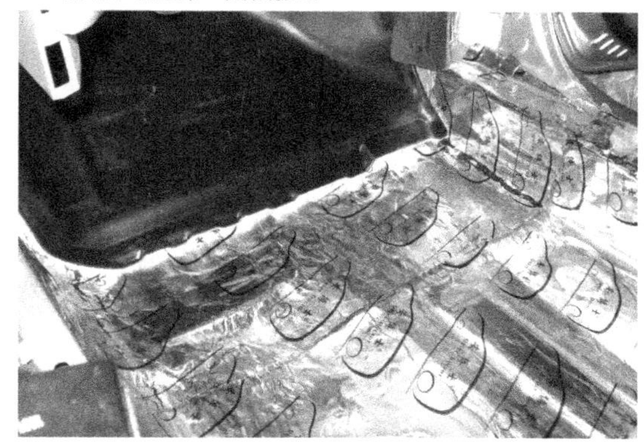

图 5-18　前右乘客座隔声施工后视图

4）后风窗玻璃隔声施工后如图 5-19 所示。

5）前座至后座隔声施工后如图 5-20 所示。

后风窗玻璃第一层减振垫

图 5-19　后风窗玻璃隔声施工后视图

车室内第一层减振垫施工，需注意原车线组及配件安装可恢复性

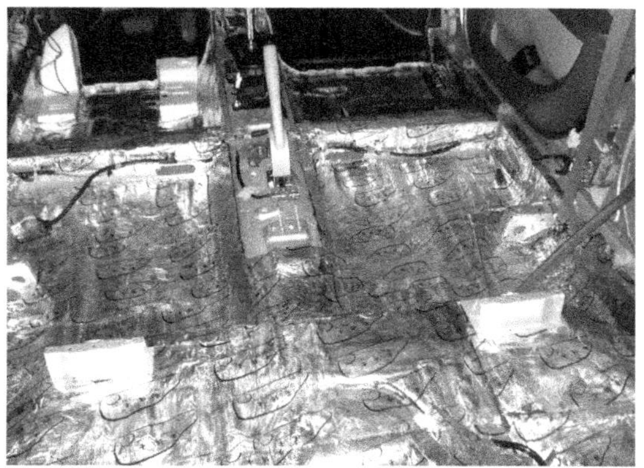

图 5-20　前座至后座隔声施工后视图

6）后座隔声施工后如图 5-21 ~ 图 5-23 所示。

7）后声场隔声施工后如图 5-24 和图 5-25 所示。

8）行李箱隔声施工后如图 5-26 ~ 图 5-33 所示。

隔声施工必须注意每个衔接处，并注意尺寸大小，还需注意清洁


图 5-21　后座隔声施工后视图一

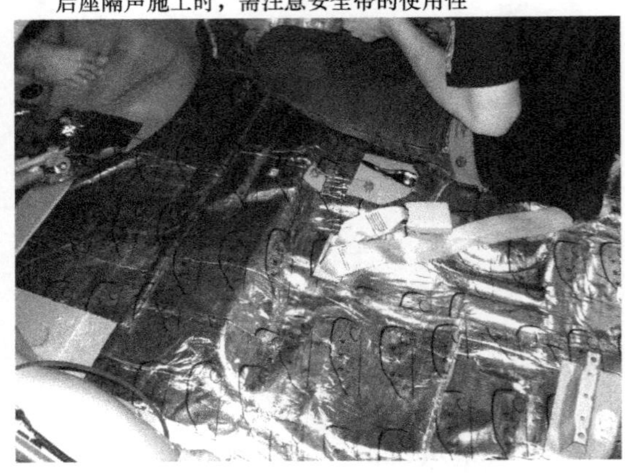

后座隔声施工时，需注意安全带的使用性


图 5-22　后座隔声施工后视图二

图 5-23　后座隔声施工后视图三

图 5-24　后声场隔声施工后视图一

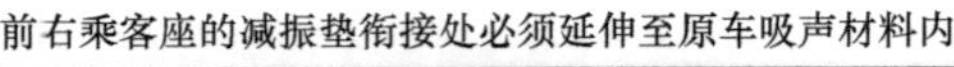

前右乘客座的减振垫衔接处必须延伸至原车吸声材料内


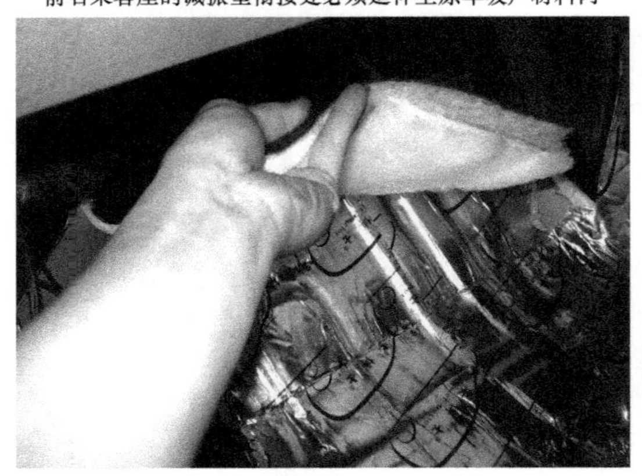

图 5-25　后声场隔声施工后视图二

图 5-26　行李箱隔声施工后视图一

隔声施工必须注意整车清洁度

图 5-27　行李箱隔声施工后视图二

减振垫施工时，可以利用软锤敲打减振垫，让减振垫的附着力增大

图 5-28　行李箱隔声施工后视图三

施工时不能影响螺钉

图 5-29　行李箱隔声施工后视图四

原车线束必须整理妥当

图 5-30　行李箱隔声施工后视图五

右后隔声施工完成

图 5-31　行李箱隔声施工后视图六

左后隔声施工完成

图 5-32　行李箱隔声施工后视图七

9）轮胎隔声施工后如图 5-34 和图 5-35 所示。

10）发动机盖隔声施工后如图 5-36 和图 5-37 所示。

11）左前门隔声施工后如图 5-38 和图 5-39 所示。

12）右前门隔声施工后如图 5-40 和图 5-41 所示。

13）后门隔声施工后如图 5-42 ~ 图 5-44 所示。

减振垫施工以贴一层为原则

图 5-33　行李箱隔声施工后视图八

缝隙过多可以使用剩余材料补上

图 5-34　轮胎隔声施工后视图一

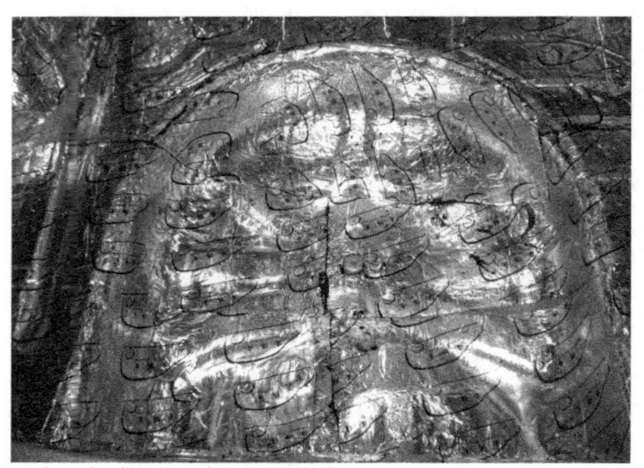


弧度过大时，可以多加利用烤枪

图 5-35　轮胎隔声施工后视图二

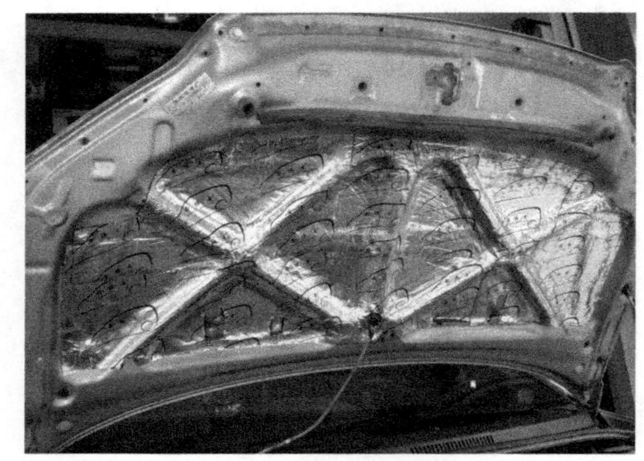

使用烤枪烘烤时，必须避免原车设备损毁


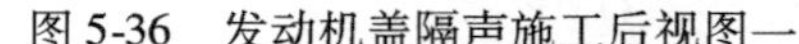

图 5-36　发动机盖隔声施工后视图一

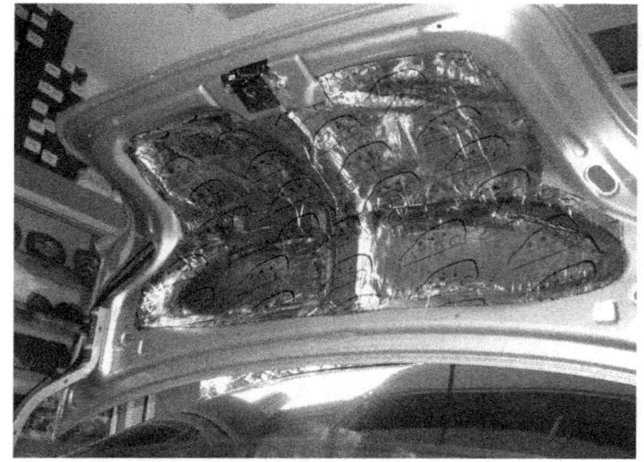


裁切减振垫时，避免伤及车身漆

图 5-37　发动机盖隔声施工后视图二

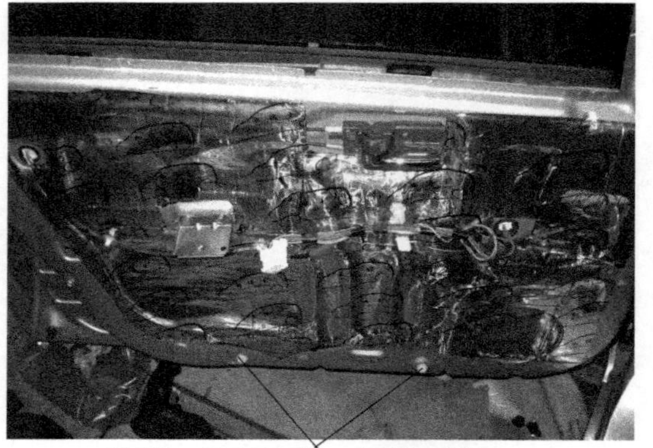

隔声施工注重于细节，不能影响到原车卡子


图 5-38　左前门隔声施工后视图一

左前门施工完成

图 5-39　左前门隔声施工后视图二

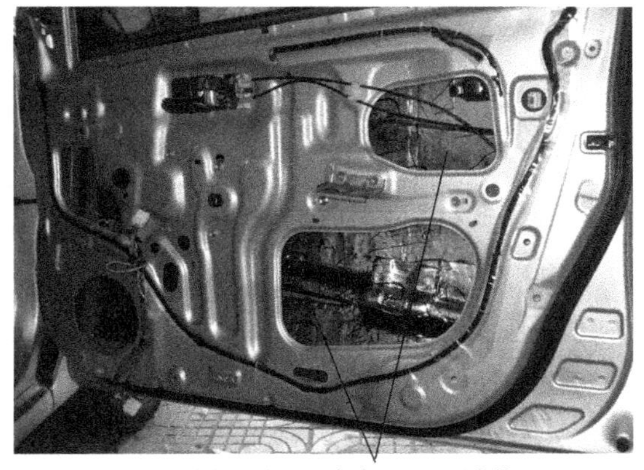

车门板内的隔声除了可以隔声外，还可以增压门板厚度

图 5-40　右前门隔声施工后视图一

除了车门板外，车门内板隔声也很重要

图 5-41　右前门隔声施工后视图二

右后车门隔声施工完成

图 5-42　右后门隔声施工后视图一

右后车门内板隔声完成

图 5-43　右后门隔声施工后视图二

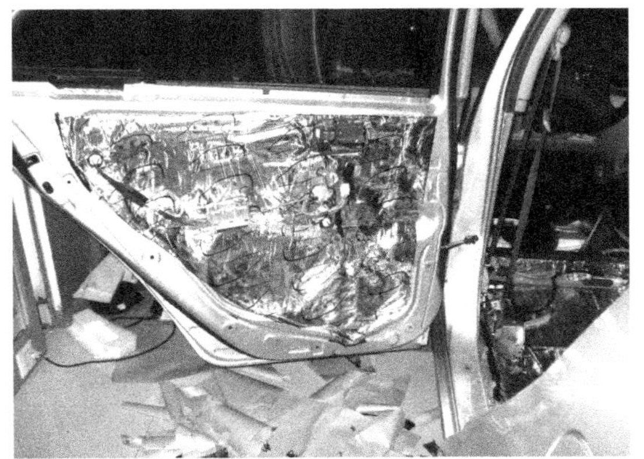

左后车门隔声施工完成

图 5-44　左后门隔声施工后视图

第六章

# 汽车影音改装实例

在熟读汽车影音改装的相关基础知识后阅读本章，将带给读者更好的启发。这是一套专业级的改装实例，改装车主历经数次升级。在本实例中共耗时两周才完成改装，本例有详细的制作过程，并以简明扼要的文字内容及丰富的图片。由于所改装的系统较为复杂，所需参与人员相对也会较多，建议在改装之前先将影音系统配置图、连接线路图、器材摆放位置设计完善，才能创造出有协调性、效率性的施工团队。

## 一、本实例器材主要配置

1）先锋 DEX－P90RS 单碟 CD 主机。
2）DEQ－P90 前置放大均衡器。
3）Kicker EQ5 电子分频器一台。
4）Kicker SX－700.4 前声场数码功放一台（四声道功放）。
5）彩虹“鉴赏级”两分频 6.5in 套装扬声器 S260.30 Reference Line（前声场）。
6）Kicker SX－400.2 后声场数码功放两台（两声道功放）。
7）Kicker SS65.2 两分频 6.5in 套装扬声器（后声场）。
8）Kicker SX 1250.1 单声道数码功放一台（超低音）。
9）Kicker L7 12in 双音圈超低音扬声器一只。

## 二、施工前准备工作

1）别克原车扬声器正面图如图 6-1 所示。
2）别克原车扬声器背面图如图 6-2 所示。

图 6-1　原车扬声器正面视图

图 6-2　原车扬声器背面视图

3）别克原车扬声器与更换的扬声器正面图如图 6-3所示。

4）别克原车扬声器与更换的扬声器侧面图如图 6-4所示。

图 6-3　别克原车扬声器与更换的扬声器正面视图对比

图 6-4　别克原车扬声器与更换的扬声器侧面视图对比

5）前声场四声道功放如图 6-5 所示。

6）后声场两声道功放如图 6-6 所示。

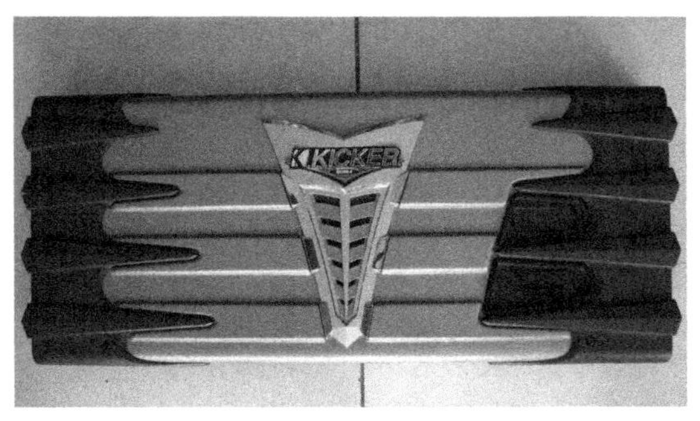


图 6-5　Kicker SX－700. 4 数码功放

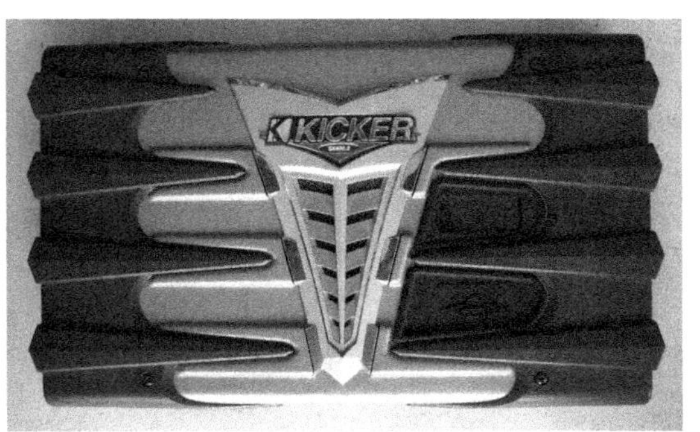


图 6-6　Kicker SX－400. 2 数码功放

7）超低音单声道功放如图 6-7 所示。

8）防水胶圈如图 6-8 所示，标准改装车门扬声器必须安装防水胶圈。

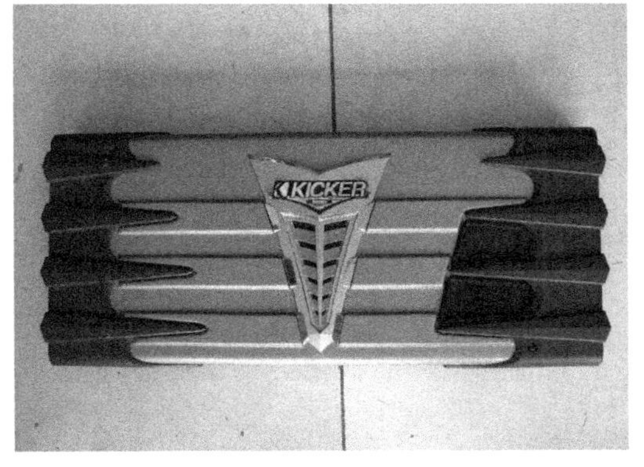


图 6-7　Kicker SX 1250. 1 数码功放

图 6-8　防水胶圈

9）蓄电池电缆如图 6-9 所示。

10）蓄电池电缆、熔丝、熔丝座如图 6-10 所示。

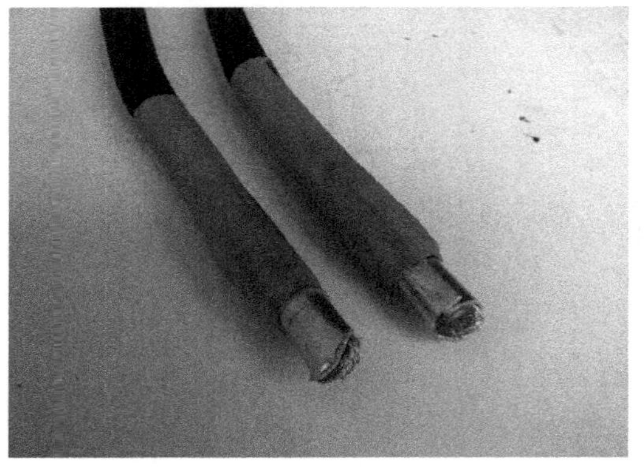

图 6-9　蓄电池电缆

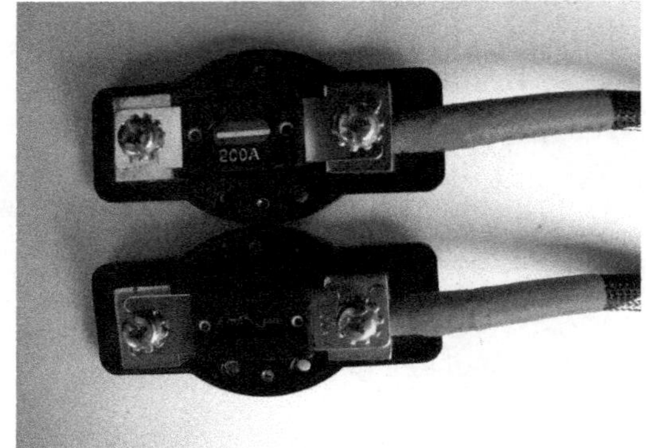

图 6-10　蓄电池电缆、熔丝、熔丝座

11）左前翼子板保护套如图 6-11 所示。

12）右前翼子板保护套如图 6-12 所示。

图 6-11　左前翼子板保护套视图

图 6-12　右前翼子板保护套视图

13）后翼子板保护套如图 6-13 所示。

14）前座防尘座套如图 6-14 所示。

图 6-13　后翼子板保护套视图

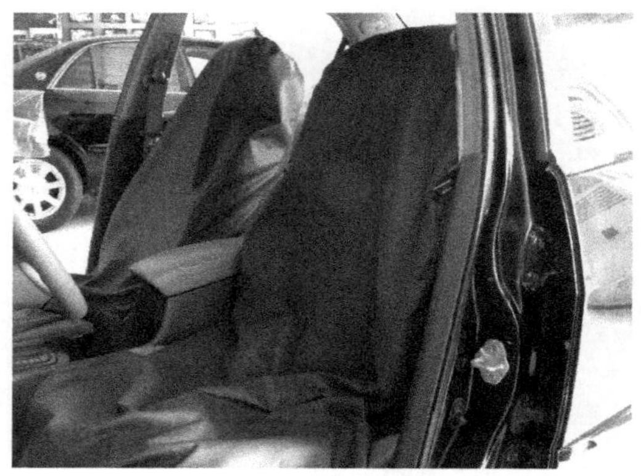

图 6-14　前座防尘座套

15）线材防护准备如图 6-15 所示。

## 三、电源导线

1）电源导线施工前如图 6-16 和图 6-17 所示。

图 6-15　线材防护措施准备

图 6-16　蓄电池施工前视图

2）电源导线施工过程如图 6-18 ~ 图 6-31 所示。

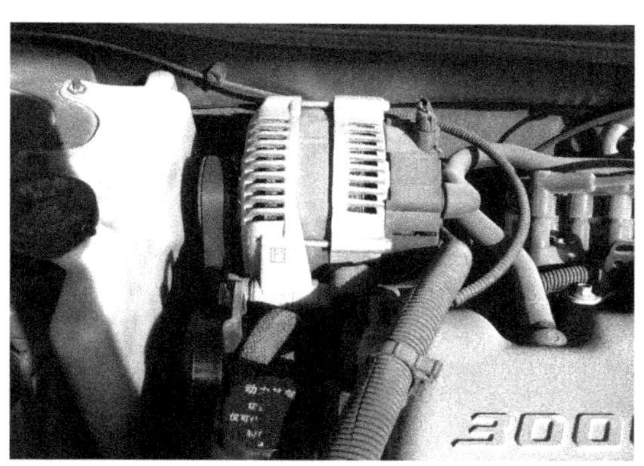

图 6-17　发动机室施工前视图

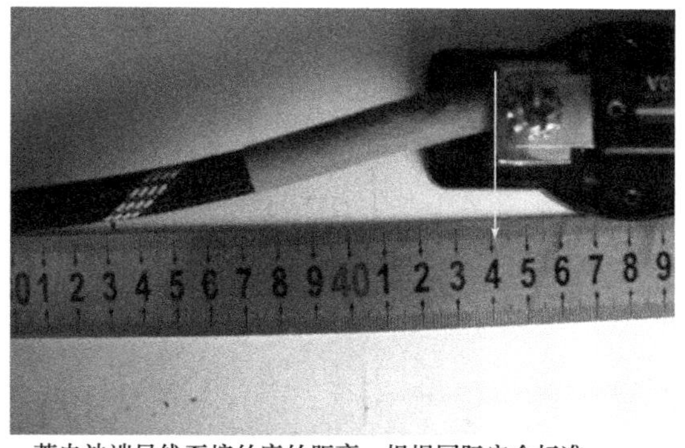

蓄电池端导线至熔丝座的距离，根据国际安全标准
必须控制在 450mm 以内

图 6-18　蓄电池端导线

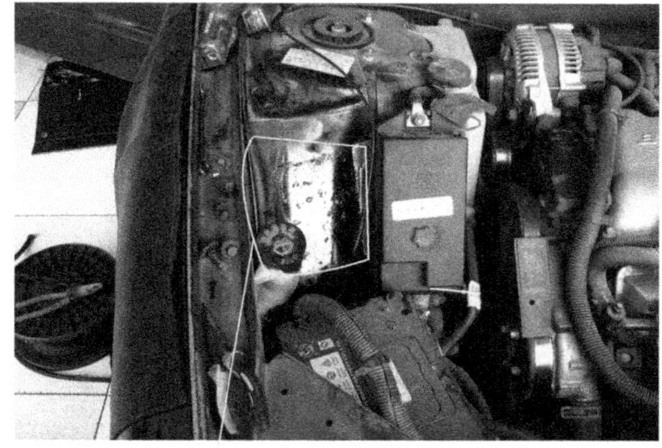


图 6-19　电源熔丝座固定座施工前

图 6-20　电源熔丝座固定座施工中

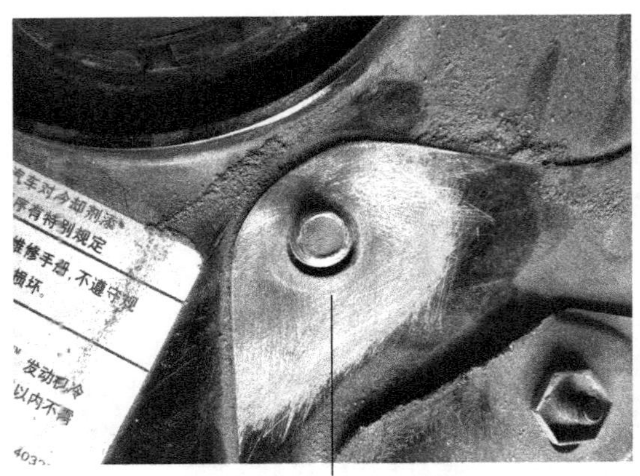

为保证接地良好必须将漆面磨光
避免接地不良引起噪声干扰等问题

图 6-21　将漆面磨光保证接地良好

接地线　束线带　熔丝座

安装电源导线、接地线、熔丝座、熔丝座、固定座等，必须利用束线带等辅料加强稳固性，以确保安全

图 6-22　电源导线、接地线、熔丝座、熔丝座、固定座

利用束线带将电源导线固定，并且注意线束工整

图 6-23　电源导线固定视图

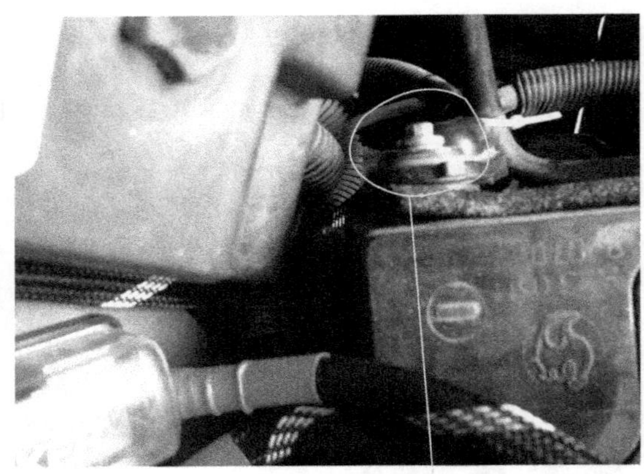

蓄电池负极连接

图 6-24　接地线连接蓄电池负极视图

蓄电池、电源导线在安装施工完成时，必须反复检查线材的牢固性

图 6-25　蓄电池、电源导线固定视图

改装所用电源导线与原车熔丝盒连接

图 6-26　电源导线连接原车熔丝盒视图

电源导线连接蓄电池正极，另一电源导线连接至原车熔丝盒

图 6-27　电源导线连接蓄电池视图

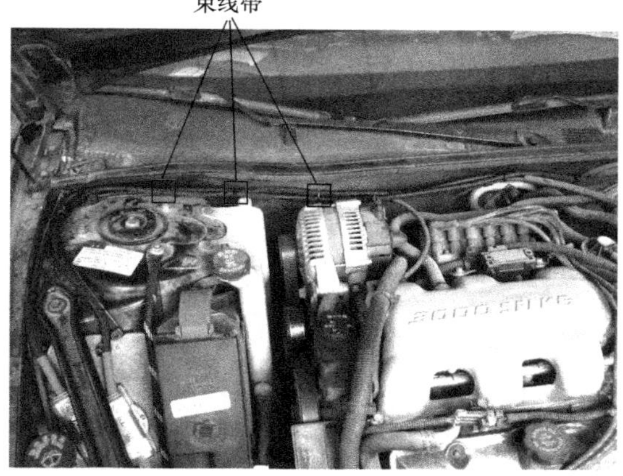

改装后的电源导线利用束线带固定（发动机室左方）

图 6-28　电源导线固定视图一

改装后的电源导线利用束线带固定（发动机室下面）

图 6-29　电源导线固定视图二

改装后的电源导线利用束线带固定并引入车厢内（发动机室右方）

图 6-30　电源导线固定视图三

3）电源导线布线过程如图 6-32 ~ 图 6-37 所示。

图 6-31　电源导线固定视图四

图 6-32　电源导线引入车厢内视图

电源导线利用减振垫固定，并且请注意线材的工整性

图 6-33　电源导线布线过程及固定视图一

双电源导线利用减振垫固定（后座位置）

图 6-34　电源导线布线过程及固定视图二

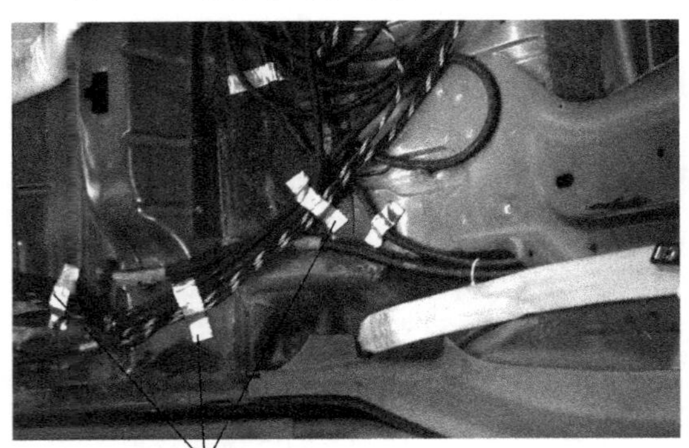


双电源导线利用减振垫固定（后座至座椅背位置）

图 6-35　电源导线布线过程及固定视图三

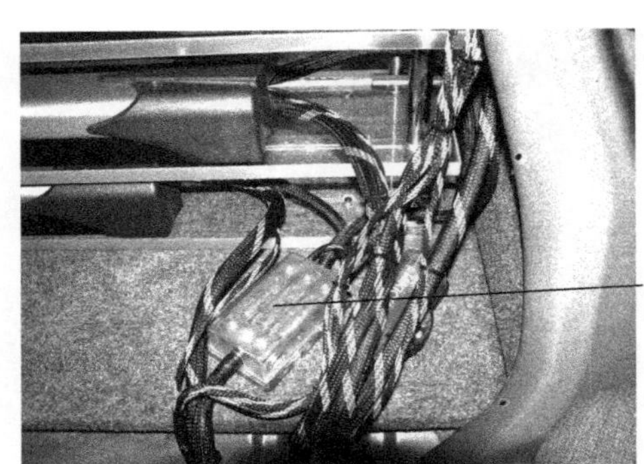


连接多台功放时，电源导线必须加装熔丝座

图 6-36　电源导线连接熔丝座视图

## 四、音频线布线过程

音频线布线过程如图 6-38 ~ 图 6-45 所示。

熔丝座所输出的电源导线再连接功放，并利用束线带固定

图 6-37　电源导线连接功放视图

输出的音频线布线时，必须离车上计算机有 300mm 以上，并用束线带固定（右前乘客座位置）

图 6-38　音频线固定视图一

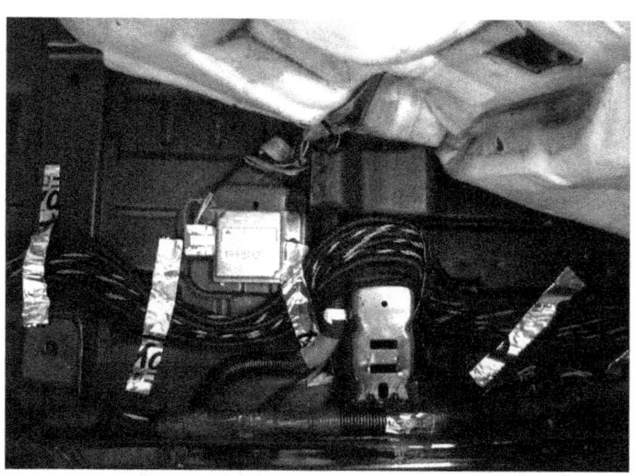

音频线及扬声器线材布线时，必须注意工整性，并用减振垫固定（右前座位处至右后座位处）

图 6-39　音频线固定视图二

音频线及扬声器接线利用减振垫固定（后座位处）

图 6-40　音频线固定视图三

音频线及扬声器接线利用减振垫固定（右后座位处）

图 6-41　音频线固定视图四

利用束线带将音频线、扬声器线固定

图 6-42　音频线固定视图五

音频线、扬声器线与功放连接

图 6-43　音频线与功放连接视图一

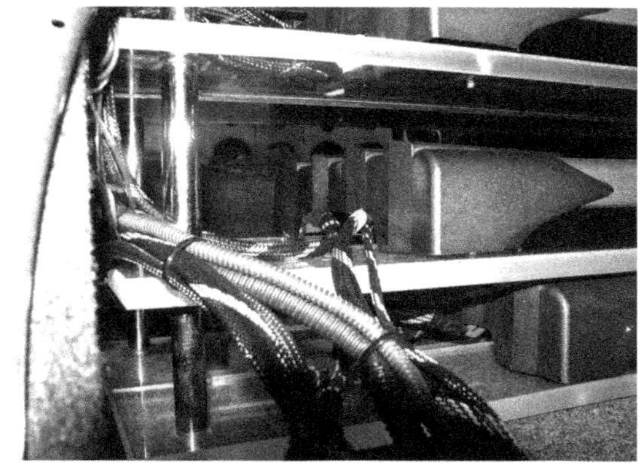

音频线、扬声器线与功放连接后，必须利用束线带固定

图 6-44　音频线与功放连接视图二

## 五、主机固定过程制作及安装

1）主机固定过程制作及安装如图 6-46 ~ 图 6-49 所示。

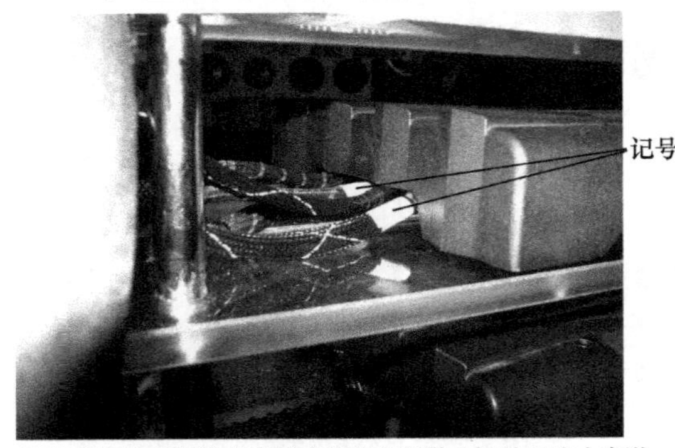


连接功放的音频线或者扬声器线必须做上记号以防止声道连接错误

图 6-45　音频线与功放连接视图三

图 6-46　主机加装有机玻璃外框

主机及前级信号放大器加装有机玻璃外框初装测试

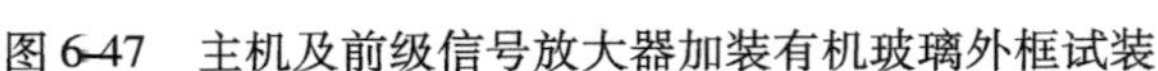

图 6-47　主机及前级信号放大器加装有机玻璃外框试装

主机及前级信号放大器加装有机玻璃外框初装测试（在有机玻璃外框钻孔）

图 6-48　有机玻璃外框钻孔

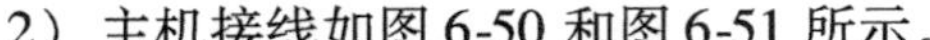

2）主机接线如图 6-50 和图 6-51 所示。

须确保绝缘性及牢固性

图 6-49　有机玻璃外框固定

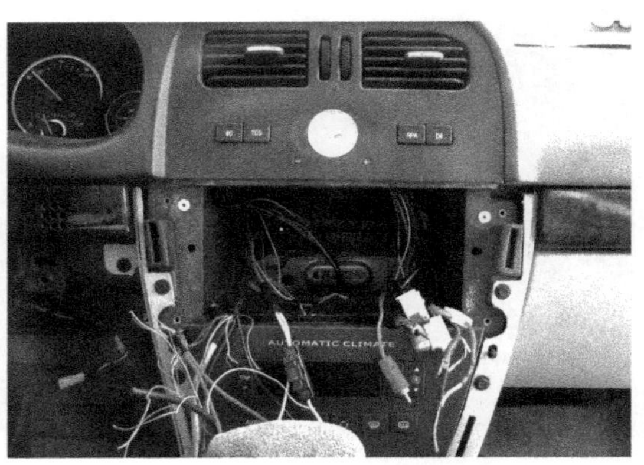

图 6-50　主机接线过程视图一

3）主机固定完成见图 6-52 所示。

主机后端接线必须确保绝缘、工整及牢固性，并且加以记号标明

图 6-51　主机接线过程视图二

图 6-52　主机接线及固定完成视图

## 六、前、后声场扬声器制作施工过程

### 1. 前声场扬声器制作施工过程

1）左前 A 柱施工过程如图 6-53 ~ 图 6-56 所示。

2）右前 A 柱施工过程如图 6-57 ~ 图 6-60 所示。

3）左前 A 柱高音接线如图 6-61 所示。

4）左前 A 柱高音接线完成如图 6-62 所示。

左前 A 柱高音导模初装时必须记得预留高音扬声器线孔

图 6-53　左前 A 柱高音导模后视图一

高音扬声器木垫圈支架

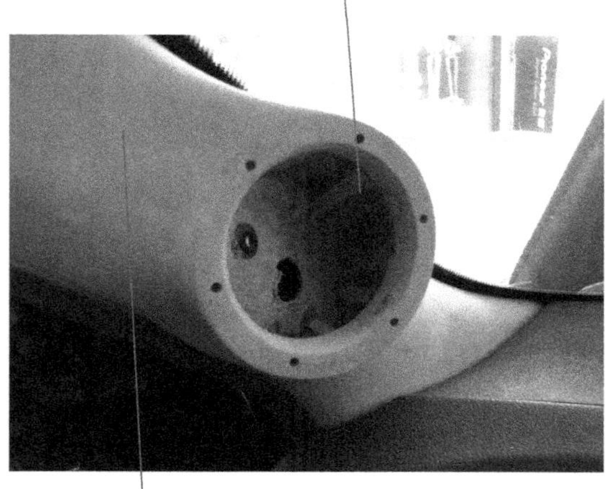

A 柱表面必须磨平、打光再贴光后再贴上皮革等物料

图 6-54　左前 A 柱高音导模后视图二

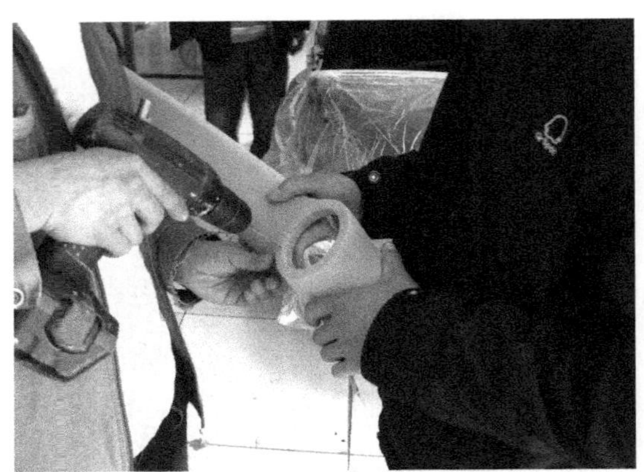

包覆 A 柱装饰物料后在高音扬声器座上钻孔


图 6-55　左前 A 柱包绒后钻孔

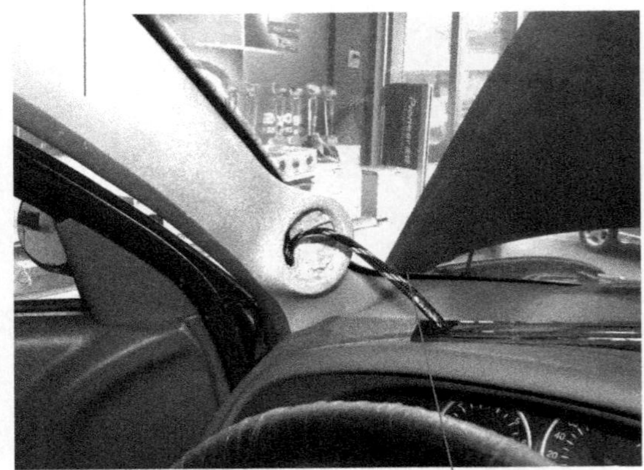


包覆与原车同色系的布料

图 6-56　左前 A 柱高音扬声器线引出

右前高音 A 柱初装测试

图 6-57　右前 A 柱高音导模后视图一

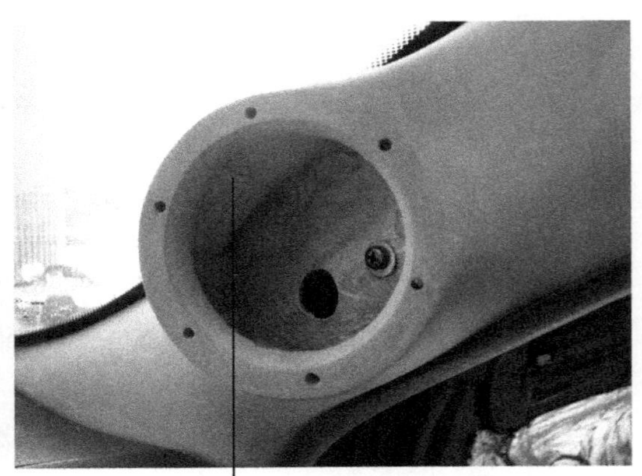


木垫圈利用厚纸板包覆

图 6-58　右前 A 柱高音导模后视图二

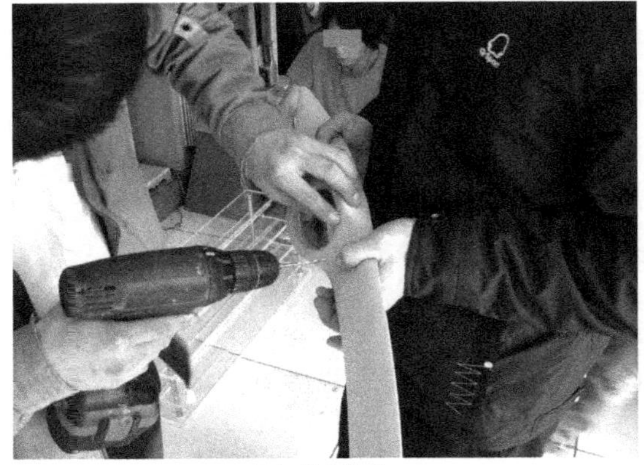


在 A 柱上钻孔

图 6-59　右前 A 柱包绒后钻孔

图 6-60　右前 A 柱高音扬声器线引出

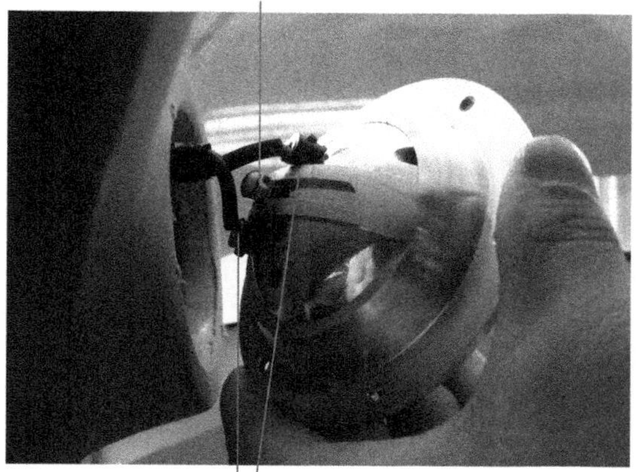


图 6-61　左前 A 柱高音接线图

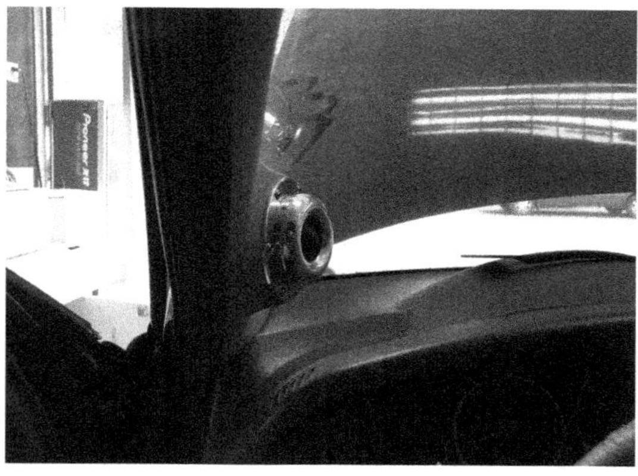

图 6-62　左前 A 柱高音接线完成图

5）右前 A 柱高音接线如图 6-63 所示。

6）右前 A 柱高音接线完成如图 6-64 所示。

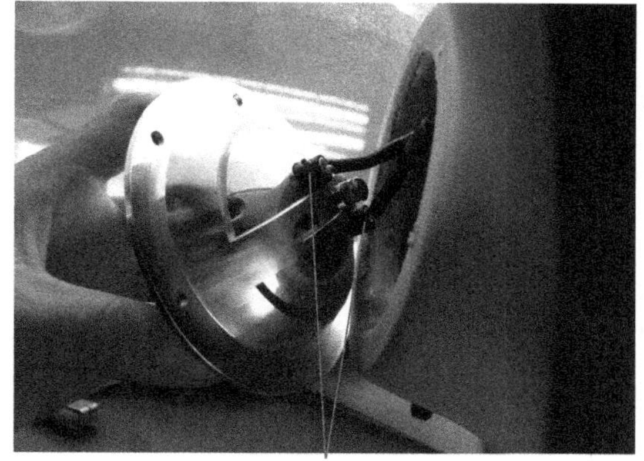


图 6-63　右前 A 柱高音接线完成图

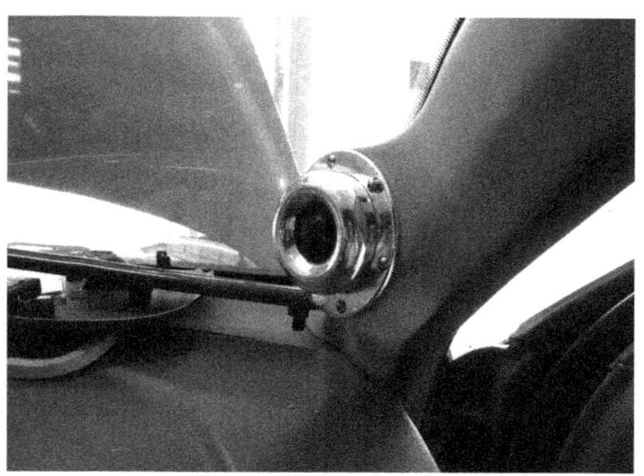

图 6-64　右前 A 柱高音接线完成图

7）左前门隔声与木垫圈、防水垫圈制作过程如图 6-65 ~ 图 6-69 所示。

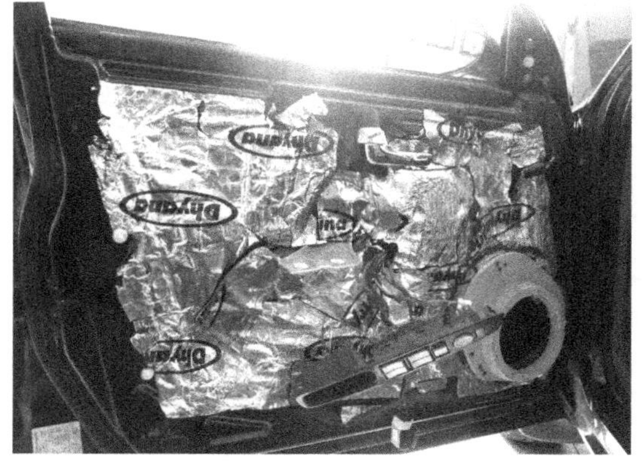

图 6-65　左前门隔声与木垫圈、防水垫圈制作过程

图 6-66　左前门扬声器木垫圈

图 6-67　左前门扬声器木垫圈、防水垫圈、扬声器线引出

左前门中低音扬声器线重新布线（车室内与车门间位置）

图 6-68　左前门引入扬声器线图

8）右前门隔声与木垫圈、防水垫圈制作过程如图 6-70 ~ 图 6-74 所示。

图 6-69　左前门扬声器制作完成图

图 6-70　右前门隔声与木垫圈、防水垫圈制作过程

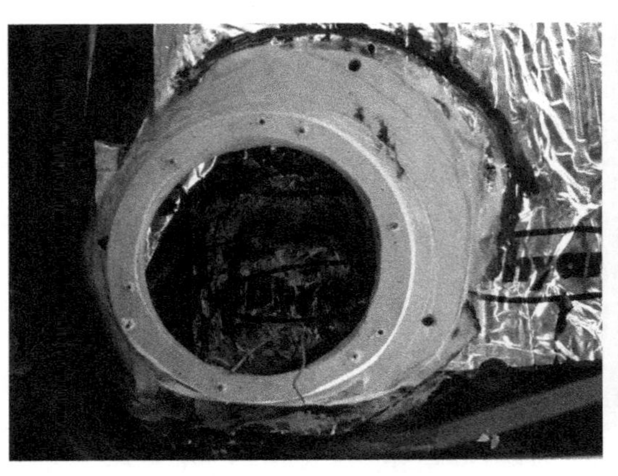

图 6-71　右前门扬声器木垫圈

木垫圈与车门间必须采用密封处理
扬声器防水托架
扬声器线必须利用束线带固定

图 6-72　右前门扬声器木垫圈、防水垫圈、扬声器线引出

图 6-73　右前门引入扬声器线图

图 6-74　右前门扬声器制作完成图

**2. 后声场扬声器制作**

后声场扬声器制作施工过程与前声场类似，其完成如图 6-75 和图 6-76 所示。

图 6-75　左后声场 Kicker SS65. 2 两分频 6. 5in 套装扬声器

图 6-76　右后声场 Kicker SS65. 2 两分频 6. 5in 套装扬声器

## 七、功放接线过程

功放接线过程如图 6-77 ~ 图 6-86 所示。

## 八、行李箱制作过程

行李箱制作过程如图 6-87 ~ 图 6-91 所示。

## 九、备胎木工及隔声制作过程

1）备胎木工制作过程如图 6-92 ~ 图 6-98 所示。

增加电源导线防护套管可以增加安全性

图 6-77　功放电源导线连接过程图一

图 6-78　功放电源导线连接过程图二

图 6-79　功放电源导线连接过程图三

装饰功放可以只采用木制

图 6-80　功放电源导线连接过程图四

必须落实线束的牢固性

图 6-81　功放音频线及扬声器线连接图一

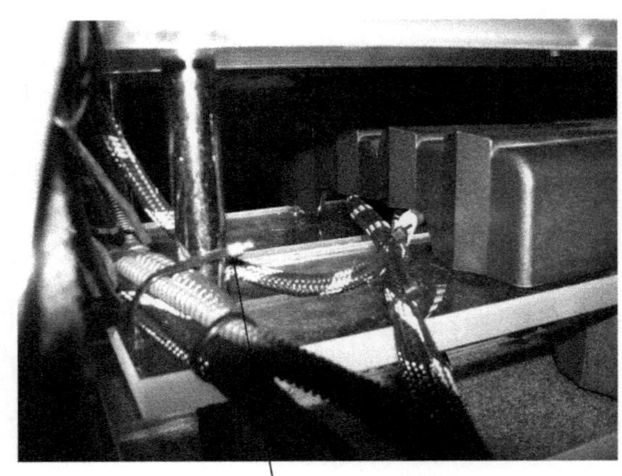

利用束线带将线材与装饰铁柱束在一起，以防止连接线松动


图 6-82　功放音频线及扬声器线连接图二

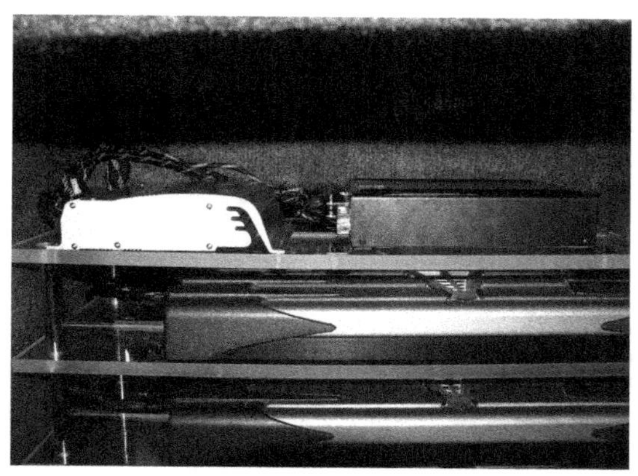

布线施工方式必须一致，如电源导线与音频部分连接线分两个方向布线

图 6-83　功放音频线及扬声器线连接图三

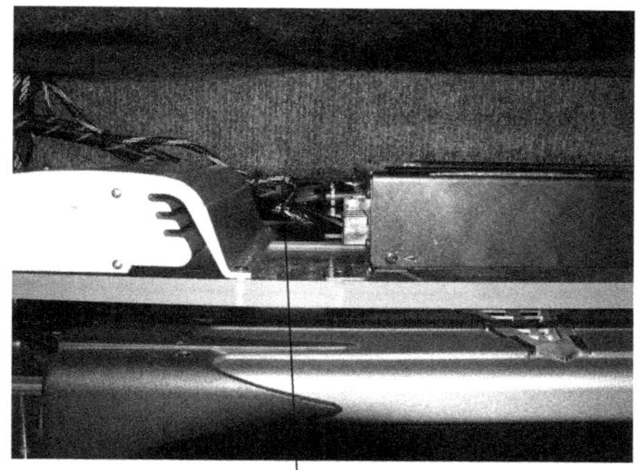

布线施工必须考虑合理地布线，避免使连接线强制扭曲、变形

图 6-84　功放音频线及扬声器线连接图四

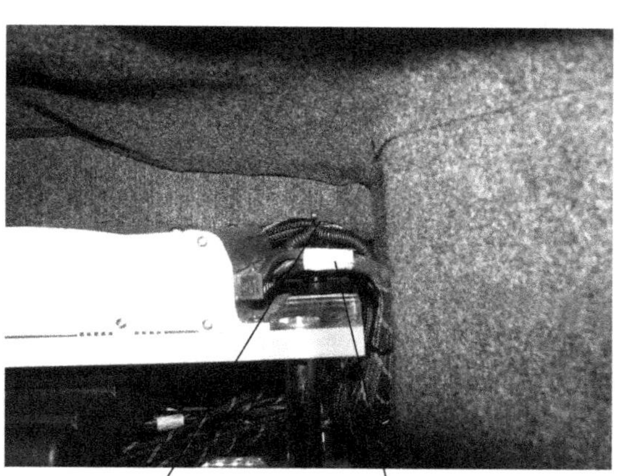

束线带固定　　音频声道记号

图 6-85　功放音频线及扬声器线连接图五

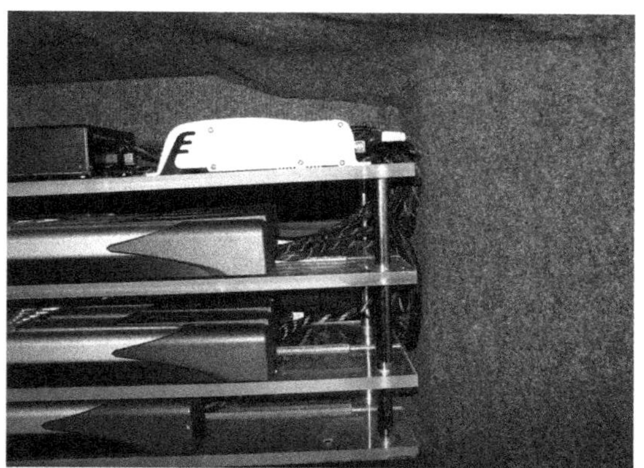

功放音频线及扬声器线连接时必须使用束线带固定并注意线束整体工整性

图 6-86　功放音频线及扬声器线连接图六

制作行李箱工艺前需先确认影音器材摆设位置再依据空间条件发挥创意设计改装方案

图 6-87　行李箱制作过程图一

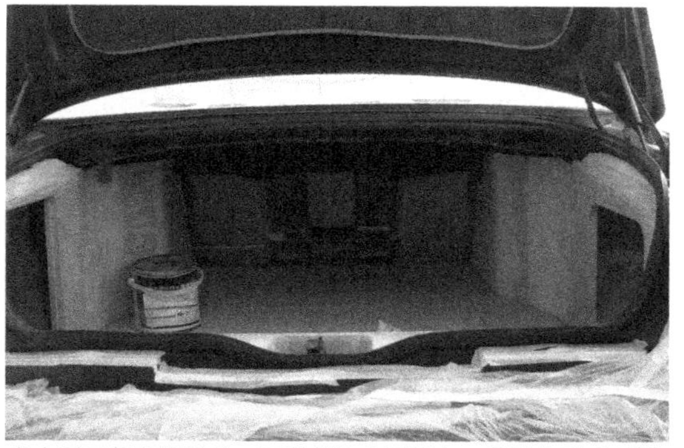

在木制工艺品衔接处、圆弧处涂上原子灰，原子灰干后利用砂纸磨平表面，以利于与绒布结合

图 6-88　行李箱制作过程图二

工艺品与工艺品之间需预留绒布厚度，以避免结合后的空隙不足，产生返工情况

图 6-89　行李箱制作过程图三

绒布修口后需试装并查看各部位的吻合情况

图 6-90　行李箱制作过程图四

改装隔板，必须依照实际制作

图 6-91　行李箱制作过程图五

刷胶必须均匀并让胶水自然风干，即可铺上装饰物料（绒布或者皮革等物料）

图 6-92　备胎木工制作过程图一

制作上下板时，需增加固定防滑木条

图 6-93　备胎木工制作过程图二

备胎木工制作接缝处细节

图 6-94　备胎木工制作过程图三

在圆弧处涂上原子灰前避免涂抹过量而影响到其他部件


图 6-95　备胎木工制作过程图四

当涂抹过量原子灰时，可利用砂纸磨平修整

图 6-96　备胎木工制作过程图五

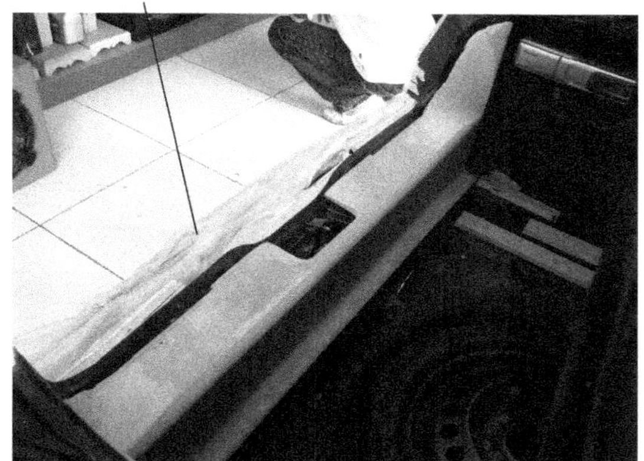


涂抹原子灰需加贴保护措施

图 6-97　备胎木工制作过程图六

图 6-98　备胎木工制作完成图

2）备胎隔声制作过程如图 6-99 ~ 图 6-101 所示。

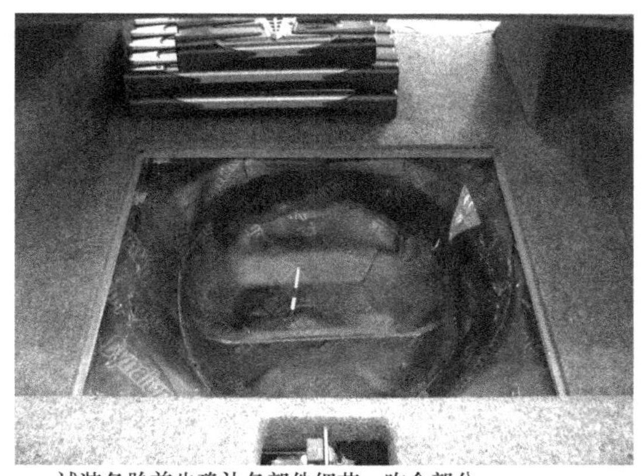

试装备胎前先确认各部件细节、吻合部分


图 6-99　备胎隔声制作过程图一

隔声安装后需试备胎

图 6-100　备胎隔声制作过程图二

## 十、CD 碟箱木工制作过程

CD 碟箱木工制作过程如图 6-102 ~ 图 6-109 所示。

图 6-101　备胎隔声制作完成图

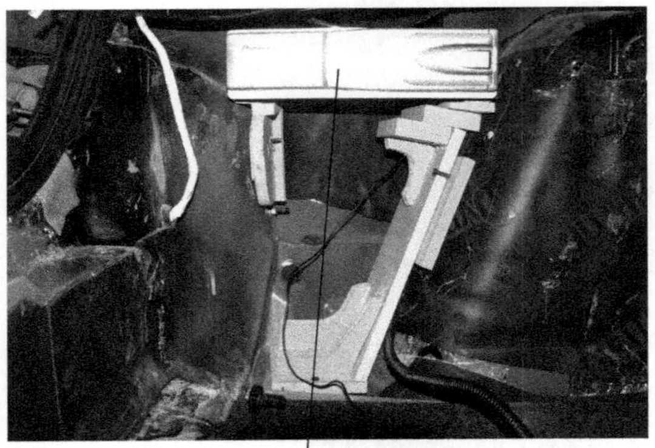
善用空间发挥创意利用木工工艺将碟盒安装于左后方位置

图 6-102　碟箱木工制作过程图一

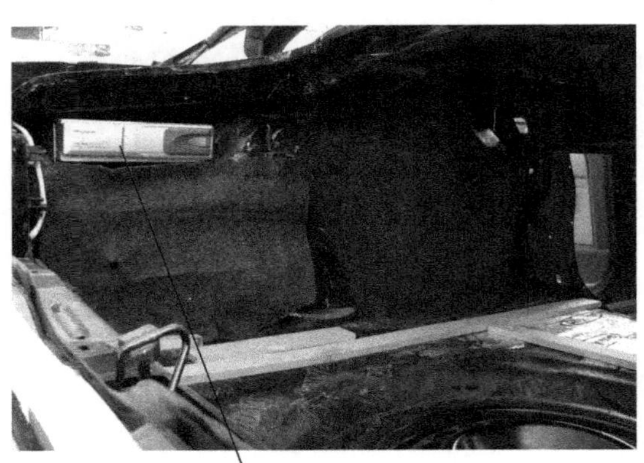
安装碟盒需考虑水平、牢固性

图 6-103　碟箱木工制作过程图二

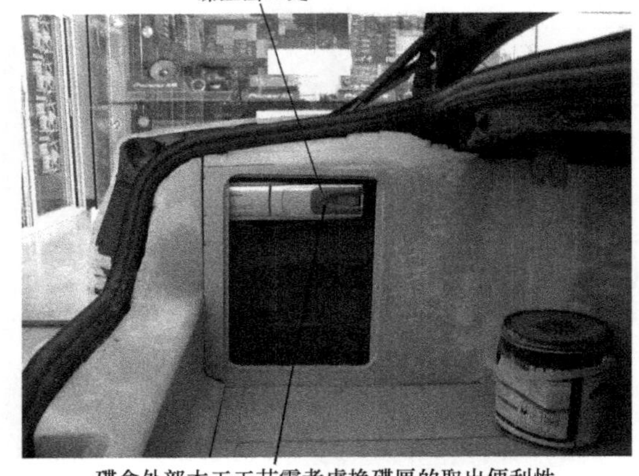
碟匣出口处
碟盒外部木工工艺需考虑换碟匣的取出便利性

图 6-104　碟箱外框木工制作过程图一

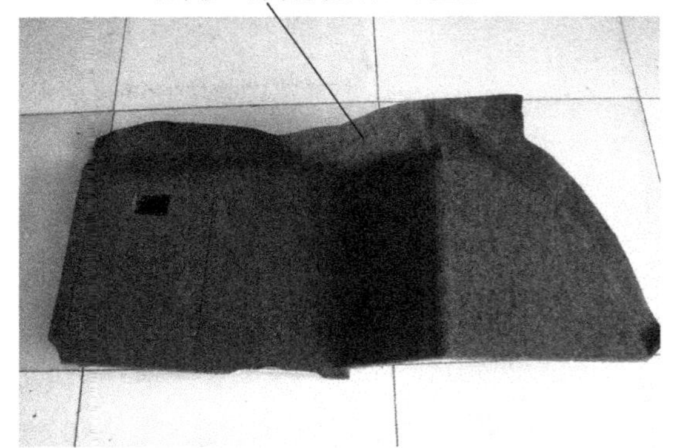
绒布修口需考虑便利性、完整性

图 6-105　碟箱外框木工制作过程图二

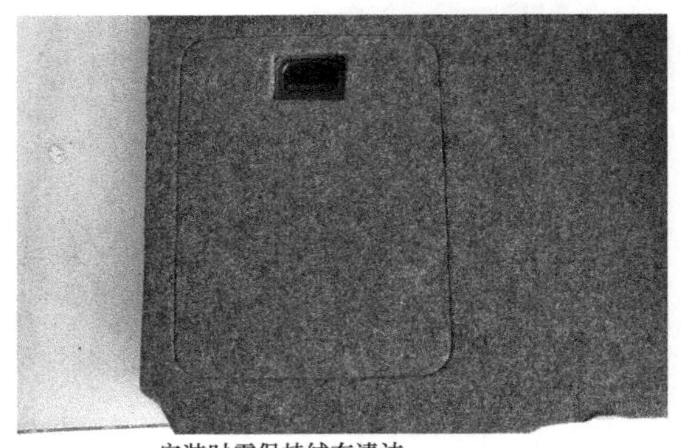
安装时需保持绒布清洁

图 6-106　碟箱外框木工制作过程图三

尽量采用原车部件

图 6-107　碟箱外框木工制作过程图四

试装原车部件与木条的吻合度

图 6-108　碟箱外框木工制作过程图五

## 十一、超低音音箱制作及改装完成图

1）超低音音箱制作如图 6-110 ~ 图 6-116 所示。

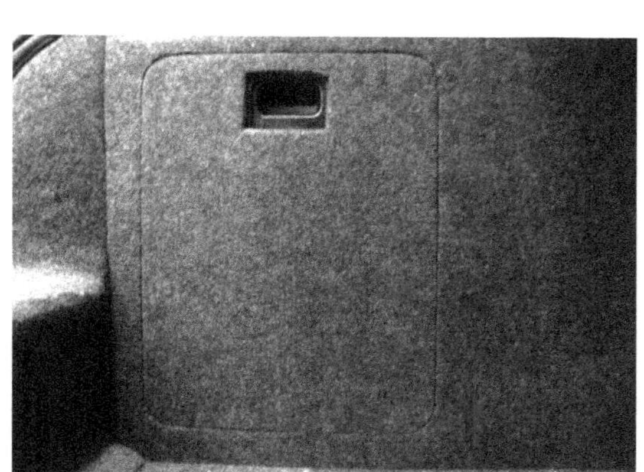

图 6-109　碟箱外框木工制作完成图

超低音音箱与木工工艺结合需考虑和车体结构的吻合度

图 6-110　超低音音箱制作过程图一

木工工艺品部件需预留绒布厚度

图 6-111　超低音音箱制作过程图二

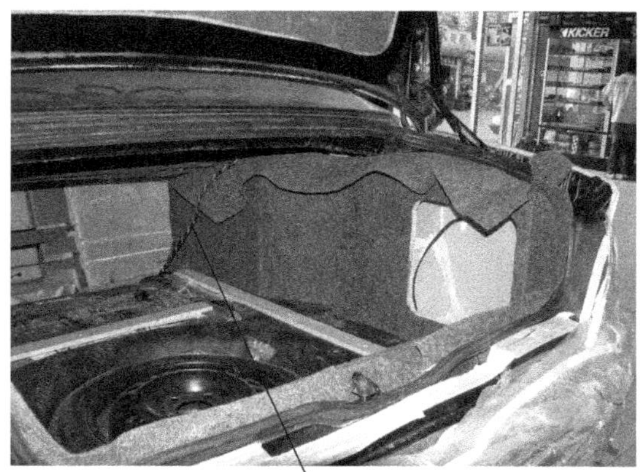
KICKER
制作超低音时需考虑线材，并防止压毁线材

图 6-112　超低音音箱制作过程图三

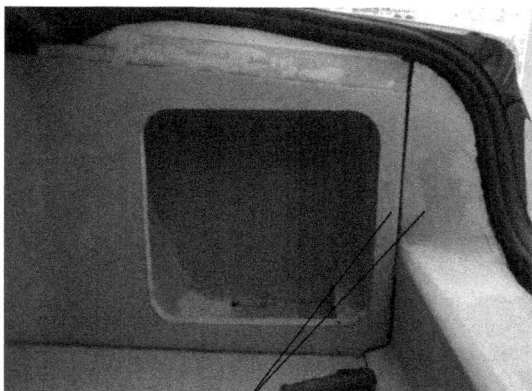

预留绒布厚度后，在试装时可以清楚看见部件吻合度

图 6-113　超低音音箱制作过程图四

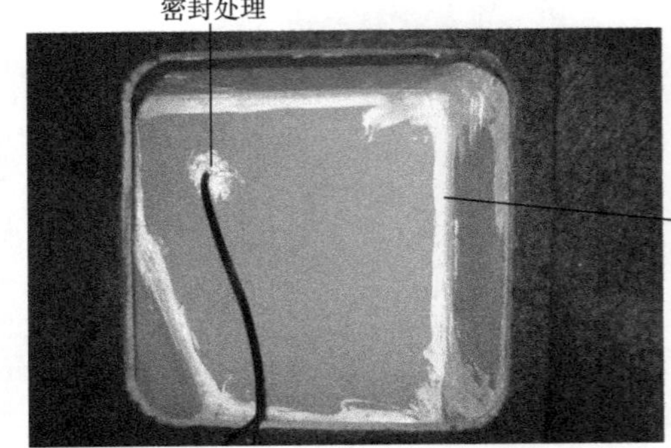


图 6-114　超低音音箱防漏气处理

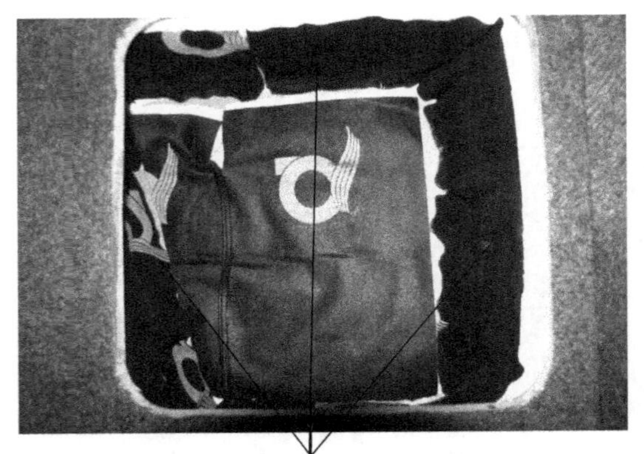

超低音音箱内加贴隔声材料可消除共鸣声


图 6-115　超低音音箱内贴隔声材料

图 6-116　超低音音箱制作完成图

2）改装完成效果如图 6-117 所示。

3）影音系统改装的其他注意事项

① 备胎的考虑。无论低音音箱跟功放是怎样摆放和安装，后备轮胎都应该而且一定要预留位置，因为后备轮胎是行车中的一种保障，其重要性不言而喻。

图 6-117　后行李箱改装完成图

② 工具箱的设置。驾车者通常会备有一些常用的维修工具，通常也是放在行李箱里。行李箱里安装低音音箱和功放后，要特别小心不要被行车途中移动的工具戳破或撞击，所有的工具都要妥善固定。有些会根据工具的形状，在行李箱里用密度板做一个简单的固定模槽，既美观又实用。总之，经过精心设计施工的影音系统就像一件工艺品，可以带来长久的享受，成为您最好的旅伴。

第七章

# 汽车影音调音步骤与实例

调音时，首先必须熟读器材的操作说明；其次是要了解系统的搭配；最后就是遵循调音的步骤。在不了解系统配置的情况下，建议不要擅自调校及变动，因为不熟练或者不清楚系统所搭配的器材参数，容易将影音器材损毁。本章将不叙述操作说明，因为各品牌的使用方法会因不同的器材搭配而产生不同的变化。本章目的是让读者能够从步骤及实例中得到些启发，让汽车影音系统发挥得更加完美。注意：调音最佳的工具还是需要靠您的金耳朵或仪器来调校。

## 一、调音的步骤

### 1. 检测系统

安装完毕后，先检测整套影音系统。

1）连接线路检查。最重要的是先检查功放的电源导线正负极是否接反，然后再详细检查所有接线是否有裸线的情况，确定安全后再将熔丝安装上试机。

2）测试扬声器、功放等器材的牢固程度。

### 2. 电容充电

在安装电容的情况下，必须先给电容充电。

### 3. 分频点设置

不同扬声器具有不同的重放频率范围，根据特性来设置功放的分频点，功放分频点设置如图 7-1 所示。

**例如：**

1）超低音分频点设置。如果主机拥有超低音音频信号输出，在低音功放上只要选择全频信号即可；但是如果没有超低音音频信号输出时，请在低音功放上选择低通信号（LOW PASS 或 LP）。

2）声场分频点设置。使用两声道功放时，请先设置为高通模式；使用四声道功放时，请先将前声场设置为全通模式，后声场功放设置部分则依实际情况设置分频点（因为有些系统配置中会将后声场的两个声道，设为推动超低音或是使用主动式分频，所以必须依照实际情况设置分频点）。

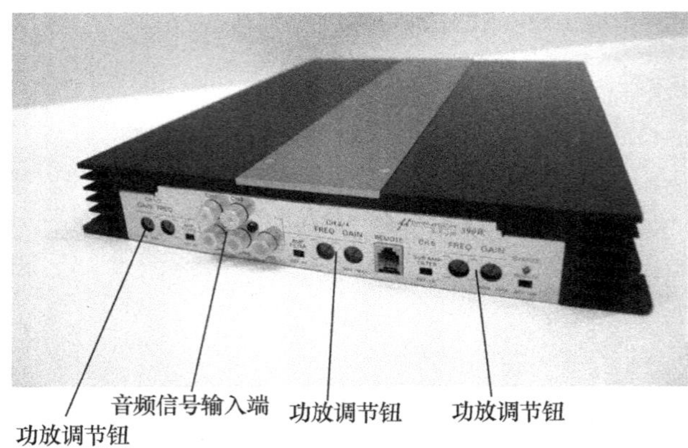


图 7-1　功放分频点设置

① 高通（HIGH PASS 或 HP）。表示滤波器只让比分频点高的信号通过，比分频点低的信号就依一定的斜率衰减，这种方法一般使用在中、高音扬声器。截止频率一般为 40 ~ 800Hz 可选。

② 低通（LOW PASS 或 LP）。滤波器只会让比分频点低的信号通过，比分频点高的信号就依一定的斜率衰减，使用在低音 WOOFER 或超低音 SUBWOOFER。截止频率一般为 40 ~ 800Hz 可选。

③ 全通（BY - PASS）。这种方式适用于连接前、后声场扬声器的功放，全部信号为 20Hz ~ 20kHz。

④ 带通（BAND - PASS）。有高、低两个分频点，只让两个分频点之间的频率通过，其余的频率都滤掉，使用在 MID RAGNE 或 WOOFER。起始和截止频率为 40 ~ 800Hz 可选。

⑤ 分音斜率。12dB/octave 或 24dB/octave 是常见的分音衰减斜率，所谓 dB/octave 是指被衰减的信号的衰减速度，12dB/octave 是指从分频点算起每 8 度音就会衰减 12dB。

**建议：**

前声场的扬声器 5. 5in 时分频点调在 110 ~ 150Hz；前声场的扬声器 6. 5in 时分频点调在 80 ~ 120Hz。高通模式如图 7-2 所示。设置低通模式如图 7-3 所示。

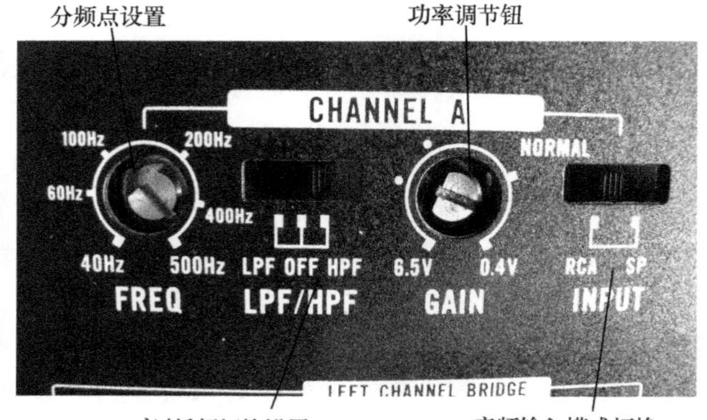


图 7-2　功放的声道 A 分频点设置

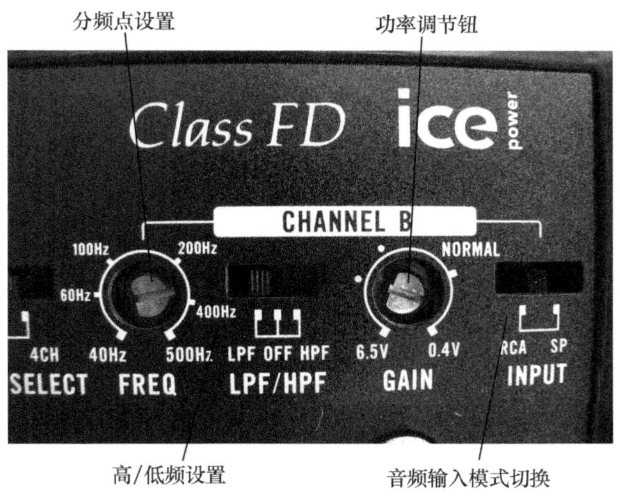


图 7-3　功放的声道 B 分频点设置

**注意：**

每个组件都有特性、音染，被动式分音器的修改就是利用音染的功能来修饰音色，虽然被动式分音器可以发挥的调校功能很强，但想更改却不容易，所以被动式分音器的分频点大多是固定的，不能被调整。

主动式的分频点，不会像旋钮上标示的那么准确，因此需要依据扬声器的频段资料定出，衔接点时是靠耳朵或仪器来调校的。如果主动分音器是高通、低通分频点分开调的，那还可以决定衔接重叠的部分是多是少，如果在衔接处频率响应曲线有下降，可以尝试着让重叠的部分多一些。

**例如：**

高音扬声器与中音扬声器的分频点如果设定在 3kHz，可以把高通往下调到 2.5kHz，而低通调高到 2.7kHz，这样 2.5～2.7kHz 的频率部分就重叠了。如果器材的精准度较高，高音与中音扬声器的分频点都设置到 2.7kHz，分音斜率部分初始则设定为 18dB/octave 即可。高音与中低音扬声器的距离尽量拉近，如果距离超过 300mm 以上，定位与音像就会比较不理想，这会需要更多的辅助器材调校。

### 4. 增益的调节

1）将主机和功放的增益调节到最小的位置，并确定扬声器阻抗正确（有加装均衡器者，则将均衡器的主音量调至约 75% 的音量位置），功放的分频点及其他功能：

① 前声场功放分频点开关设定在高通模式，分频点开关调在 80～120Hz 之间，通常会先以 90Hz 作为基准。

② 后声场功放也设定在高通模式，若无后声场的配置则省略。

③ 超低音功放分频器开关设定在低通模式，分频点开关调在 80～120Hz 之间。超低音功放同前声场功放分频点要结合一致，如果前声场功放为 90Hz 以上，超低音功放就必须是

90Hz 以下。如果没有 90Hz 以下或者只有 120Hz 以上之类的调试，会造成遗漏某些频段的声音，更会造成不良的音频衔接。

④ 将所有功放的低音频率增强器（EQ BASS）归零或关闭（OFF）。

2）设定好主机的所有功能（包括 BAL、FAD、LOUD 等），一般情况下都调零。

3）调节声场

① 调节前声场。选择一张熟悉的 CD，选择高、中、低音都相对平等的乐曲，开始放音。调试主机音量旋钮，同时监听扬声器失真度，如果扬声器出现失真，请记住此时音量的刻度，如果扬声器一直都没有出现失真，请将音量锁定在满刻度的 70%。然后调节信号处理器的输入电平，逐渐调大信号处理器增益。

经典改装欣赏 7-1

**例如：**

阿尔派（ALPINE）主机总音量为 35 格，则 90% 即为 31 格，其他品牌也是如此推算，超过 90% 以上音量时，主机便有可能输出失真的信号给功放，造成输入信号过大而损坏扬声器或超低音单体。

此时，不要管前、后声场或超低音有没有发出声音。某些在器材不同的搭配上，会产生较大或较小的增益效果，所以可能在任何一台安装的功放上，即使音量归零，但在主机音量开至 80% ~90% 时，会产生大小不等的音量。

然后把前声场功放的音量开关逐渐加大，直到前声场扬声器声音有失真声音为止，再将功放的音量旋钮退回约半个时钟刻度（如时钟的时针刻度），以上调试动作就是要让前声场扬声器成为主声场，在主机的最大音量输出信号，也让功放在不失真的情况下产生最大的输出功率，也让前扬声器在不失真的状态下产生最大的音量而不至于破声、打底，甚至烧毁音圈而产生故障。

② 音量调试设定妥当后，将主机调回正常的聆听音量，然后进行前声场与超低音的衔接调整。将超低音功放的音量开关逐渐加大，直到能与前声场声音适当结合，让超低音打在仪表板前沿或仪表板上方。

若是始终无法让超低音打在前仪表板上时，需检查前声场及超低音扬声器的相位是否正常，或者可以先将超低音扬声器线反相即正负线颠倒，也许便能改善当前情况，如果改善了，表示前声场中低音扬声器或超低音扬声器相位有接错的情况。当超低音音量过小就达不到仪表板处，过大时则无法前移而在行李箱响着。

③ 调节后声场。方法和前声场一样，但后声场不能影响到前声场的声场。前、后声场的量感对比为7∶3，以后座乘客能清楚听到前声场声音，而前座乘客听不见后声场声音为主。后声场频率不要调得太低，因为太低会把超低音拉在后面，建议在450Hz。正规比赛时，裁判坐在前座听到后声场的声音，将会在声场深度项目上扣分；如果前声场的扬声器能够表现较高水平，则有无后声场并不太重要。

4）逐渐调高主机的音量直到失真，再往回调低音量直至听不到失真，主机的音量就固定在此位置；监听扬声器的失真状态，如果失真，请将增益旋钮回调一点，最好到70%，然后逐渐调大功放的增益，监听扬声器的失真状态，如果失真请再回调一点。但增益不宜太大，如果超过一半，很大程度上表示功放的功率与扬声器并不匹配。

5）逐渐增加功放的增益直到所期望的音量，注意不要产生失真。

**技巧说明：**

利用各声道的Gain（增益）调整来找出各扬声器之间音量的平衡点，直到觉得声音的衔接最平顺、最悦耳为准。开始时先用较小的音量慢慢调大声，建议不要把增益调得太大（最好不超过GAIN钮的1/2），用单一频点信号的测试用CD，利用这些信号来检查一下频率响应的衔接，如果分频点的高通、低通分别调校，可以试着加大重叠的部分，或减少重叠部分来做比较。

### 5. 检测相位

检测扬声器相位，包括试听低音的正反相效果，如果音量在增大的过程中低音变弱，就可肯定低频反相了。有一些主动式分音器还可以对超低音的相位做调整，比较简单的是180°反转，其实只要将扬声器线反接就是转向180°。

### 6. 影音系统功能基本调节

进行汽车影音的功能基本调节，应坐在驾驶座位上，并将车门关紧。

1）选择适当的试音碟。欧洲品牌的产品在音质上以清晰、层次感分明为优势，尤其适合重现大动态交响乐、流行歌曲（人声）、古典音乐等。在一套汽车影音中我们很容易感受到中高频清晰的细节。如果在安装的系统中有超重低音扬声器，可以体会到淳厚的低频，厚实但绝不拖泥带水。注意：无论采用哪种试音碟，请不要将音量调得过大。

2）声场的定位。调节 BAL、FAD 选项，使聆听者在车中能够体会到声场在车内前、后、左、右的定位，这也是在测试音频信号线的前、后、左、右声道是否接错，接错后会造成声场错乱情况。

3）声音的处理。在声场定位后，可以进行各种声音处理操作，如 BBE、SOUNDNESS、DSP 声场模拟、环绕音效、L. P. S 等，如果是喜欢原音原味的爱好者，建议将这些功能关闭。

4）调节高音的方向。利用高音的指向性特点来调节声音效果。这与声场的高度、宽度、深度及人声定位有很大的关系；有时还需配合聆听者的身高及所坐的高度来调整。

### 7. 调整主动式超低音

先播放比较熟悉且充满低音震撼力的 CD，音量稍微开大一点再来调整。各品牌的主动式超低音调整会有些不同，大致上不会超出下列范围：

1）Gain 或 Volume 控制。主要控制输入信号的灵敏度。超低音的音量必须配合前声道主扬声器的音量输出，音量过小听不出超低音的效果，过大反而会抢了主声场的声音，而使整体的声音效果变得混浊。

2）平衡性。如果是两厢车，超低音单体朝向车内发声，这就是正相位（零度）。若是单体正面朝向车尾，则应为反相位成功的概率较高。三厢车因为会有后座椅背阻隔，超低音单体如果朝向椅背发声，反相位成功的概率较高。

3）Frequency 或 Pass Freq。这表示分频点，也就是超低音的工作频率。分频器将无谓的频率先过滤，让超低音与其他扬声器彼此分工、互相合作。

**分频点调整的秘诀：**

在于前声道扬声器的低频表现能有多低沉，超低音扬声器的工作范围便从这个截止点以下开始工作。安装在车门内的中低音扬声器，低频上面表现大多只能下沉到 80Hz 左右，对应的低音扬声器建议在 70～90Hz 之间微调，使其与前扬声器频率结合，最好的调整结果是无法分辨出超低音是来自后方。

4）Bass 或 Bass EQ 调整。针对特定频段低音的再强化，将某段频率凸显出来。40～50Hz 以下的声音过多或者不足，可利用 Bass EQ 功能求取整体低频的均衡性。

超低音调整的技巧，目的是为发挥低音系统的最佳性能，无论何种低音系统，基本上不会脱离上述所提及的几项诀窍。只要超低音能与中高音扬声器在聆听上互相融合，自然就能获得整体音乐的平衡性了。隔声不佳或者改装发动机排气管的汽车，噪声较大的情况下，可以适度增加超低音来对付噪声。

## 二、人声效果处理

对人声效果的处理，大多数人都是使用反复试探性调节的方法，以寻找音感效果最好的处理效果。因为一个理想的调音效果需经多次测试，所以需要较长的时间。较好的调音效果常常是偶然遇到的，这对于调音规律的归纳总结没什么帮助，并且以后也不易再现。不同设备的各项固定参数和可调参数都不尽相同，因而使用某一设备的经验，通常都无法用于另一设备。改变音源音色的技术手段并不太多，较常用的基本方法有：

### 1. 频率均衡

频率均衡的分段越多，效果处理的精细程度也就越高。除了图示均衡，一般调音的均衡单元通常只有三四个频段，这显然满足不了精确处理音源的要求。增益、频点和宽度都可调整的频率均衡，不可能通过胡猜乱试找出一个理想的音色。

为了在不破坏人声自然感的基础上，对其进行特定效果的处理时可以使用均衡器，具体有以下三种情形：

1）音感狭窄，缺乏厚度，可在800Hz处做衰减处理，衰减的最大值可以在 -3dB。

2）卷舌齿音的音感尖啸，“嘘”音缺乏清澈感，可在2.5kHz处衰减处理，衰减的最大值可以在 -6dB。

3）在200~300Hz处做一个频率衔接缺口，这可以让人感觉到低频表现更为干净。

### 2. 延时反馈

延时反馈是效果处理当中应用最为广泛、但也最为复杂的方式。其中，混响、合唱、镶边、回声等效果的基本处理方式都是延时反馈。延时就是将音源延迟一段时间后再播放的效果处理。依其延迟时间的不同，可分别产生合唱、镶边、回音等效果。

## 三、先锋P90系列调试技巧

本节将不叙述P90的操作及使用说明的部分，而是关于DEX-P90RS + DEQ-P90的安装及调试技巧。

**注意：**

如果没有熟读操作说明书的话，不建议擅自随意变动及更改，因为有可能在不熟练的情况下，就会将车上的影音器材损毁（这也是再三强调的原因），甚至导致安全性的隐忧。本节的目的只是想帮助一些有需要的技师们，能够从中得到些启发及成长，令影音系统发挥得更加完美。再次强调一件事，如果不熟悉车上音响系统的所有器材参数，不建议任意更动，以免影音器材出现问题。调试先锋DEX-P90RS + DEQ-P90主机先从了解功能及特色介绍开始，其主要的功能包括主动式分频网络、时间修正器（距离修正器）、EQ均衡器、单声道0°及180°相位调整等功能。

### 1. 主动式分频网络

主动式分频网络也就是在功放之前切割音频信号。一般的被动分音器都有功率承受的限制，实际也有因为功率太大而造成失真的实例，在功率运用的效率上主动式分频网络也较高，因为在功放之前就切割信号，功放就不会浪费功率在不需要的频段上。而被动式则没有办法做到这一点，它只能衰减滤掉放大后的功率信号，因此被动式会有功率承受的问题，而且被动式分频网络在每声道100W的系统中可以损耗掉数十瓦功率，所以这也就是很多参赛车都很喜欢将系统改成主动式分频网络的原因。

在了解了主动式与被动式的区别之后，如果搭配是使用两分频套装扬声器作为主动式前声场，另外就还需要配置超低音系统。在DEQ-P90连接方面，建议只连接高音、中低音及超低音的输出端。因为这样的接法会使您的前声场更加宽广，不会因为受主机的中频频宽的限制（中音频率频宽最宽设置为200Hz~20kHz），而导致声音表现得不够宽广。而中音频宽的限制，适用于前声场三分频：高音频率频宽为1.6~20kHz；中低音频率频宽为250Hz~3kHz；超低音频率频宽为20~250Hz。进行前声场两分频的设置之前，您得先了解车上所安装的扬声器参数，譬如您所使用的高音频率最低可以到达多少？最高是多少？中低音单体的频宽最高可以到达多少赫兹最低可以到达多少？这是一个很重要的环节，也是一个很关键的参数。

由于音响系统可能会因为线材或者其他器材等影响，所以分频点不会像显示上标示的那么准确，再加上车型的不同、扬声器安装位置的不同、后级品牌配置的不同，所以您在依据单体的频段资料定出衔接点同时，最好还是靠您的金耳朵或仪器来调校。而在分频点斜率衔接设置部分，建议在高音与中低音分频点做12~18dB/octave的分音衰减斜率，中低音与超低音的衔接做18~24dB/octave的分音衰减斜率。常说“关键的2500~3150”就是找出高音单体与中低音单体之间音量的平衡点，可以使用声道的Gain来调整；至于单体的分频点与分频点之间需不需要重叠，建议微调直到您觉得声音的衔接最平顺最悦耳为准。除了衔接点以外，在这里还有一个重点就是在高音的20kHz与超低音最低的20Hz部分千万不要做分音衰减斜率，因为那样会让一些好的单体没有办法发挥它应有的水平。

**2. 时间修正器（距离修正器）**

时间修正器（距离修正器）可以单独地将每一个声道做延迟处理。而在使用这项功能之前，必须得先了解一件事情，过量的修正是不会对音响系统产生正面的效益，反倒会导致声场扭曲变形，并且声音表现得会非常不自然。而在使用这项功能时笔者都会准备一个卷尺，然后坐在驾驶座的位置去测量每一个声道扬声器与鼻前上端的距离，然后再将实际距离所得的参数输入在主机上面。当然在做这项功能时，必须让车主将座位调整至平时开车的位置，做这样的修正才不会徒劳无功。

如果车主要求的是前方两座位都必须有最佳的聆听效果的话，可以有两种的设置方法处理。一种是利用主机的主要聆听者的设置调整（可以选择以驾驶座为准或者是前方两座位为准）。另一种就是依照上述的测量方法，但测量的标准就不是以驾驶座位上，而是需要在两座的中间为准，其高度及测量方式同上。在安装方面特别提醒，高音单体安装的位置很重要，如果安装方法错误的话，千万别利用此项功能去修正，因为绝对不会有好的声场和效果。

假如高音单体安装在A柱，在固定高音之前，得先接上所有的音响器材，在确保音响系统安全下让它发出声音；同时找一位与您身材相似的技师来一起聆听前声场的效果，播放一张比赛标准测试碟，相互讨论声场的高度、宽度、深度、人声位置。在初步固定后，两人再互换位置聆听，这样可以得到更佳的声场效果，最后再完全固定高音单体在A柱上。请注意扬声器单体是有相位差的，在测试所有的扬声器相位之后再进行此项工作。

### 3. 30段EQ均衡器

先锋P90的均衡器可以手动设置，具备左右声道独立调整或者是立体声道调节的30段EQ均衡功能，让人可以很轻松地去更换所想要的系统设置，另外拥有6组EQ环境的记忆选项，可以在不同的环境下，轻易更换所想要的均衡状态。而在均衡调节的部分，它的精准程度控制在每个频段调节为0.5dB。一般调校这30段均衡器的原则就是以耳朵调校与用频谱调校，而频谱调校部分，建议所呈现的结果仅供参考之用。

选一张涵盖全频宽的音乐光碟或是标准测试碟，利用您的金耳朵来校正会比较好，然后每个频段一点一滴地微调，但千万不要把dB微调的Level调到最大（增益的部分最好不要超过3dB，衰减的部分虽然比较没有限制，但建议不要低于-8dB或-10dB，因为单频点设置落差太大将会影响其他频点）。频率与频率之间的dB大小不要差距太大，因为均衡器在使用上会对音质产生很大的影响，而且如果您在均衡器上调整3dB，那么功放的功率就会倍增，通常在您还没有意识到的情况下，扬声器单体在失真后很有可能就会烧毁，所以不建议增益超过3dB。

经典改装欣赏7-2

汽车的自然环境中 MIDBASS 都会显得比较多，因此在 200～300Hz 左右可能要稍微调小，50～60Hz 左右您可以稍微调多一点，令低音显得更强。而人声的部分，可以在主机上依音源的特性与个人喜好去调节，高音的部分千万不要调整到令人刺耳，低音的部分也不要显得虚而无力。如果觉得某频段的调校结果并不是很满意，您可以先记录后再重新调校，直到当您已经觉得不错了再换另一张音乐光碟试试。不同的频率反复地做同样的动作，这样可以提高您听音的能力，也会提高您调适均衡器的功力。切记：均衡器可以美化（包括丑化）和修饰声音，使声音（或音乐）风格更加鲜明突出、丰富多彩，达到所需要的艺术效果。但过多的增益并不会对系统有太大好处，反而会大大降低原音重现的效果。

经典改装欣赏 7-3

**4. 可独立相位调整**

最后讲的是最简单的也是最值得注意的相位调整，笔者虽然大多只是利用它检测安装后的扬声器相位是否正确，或者在前声场与超低音衔接的时候才会进行，基本上并不会特意地去强调。但建议您，每个声道、每个单体都得去听一下相位是否有误，以免导致音响系统出现败笔。最后要注意的问题是，拥有一部高档的汽车影音主机，并不代表就是好的声音的代表，它需要您的细心调节，才会有好的声音效果。

**5. 结束语**

由于这款机器有太多的组合变化，应用变通的手法十分灵活，在此没有办法做到全面介绍，只能将技巧及重点尽力体现，下面章节将会以其他实例来简析。

**注意：**

除了学习这些基础运用以外，还得拥有几张熟练的光碟，一些基础知识的学习和声音的认知也是非常重要的。良好的调音技巧，也需要长时间地训练，而这款机器确实可以加强训练您自己的金耳朵。当使用均衡器时，尽量减少频率增益，而不是再增加，否则在平衡的系统中可能会造成部件的损坏，尤其是扬声器。

## 四、调音实例简析

调音前笔者都会先与车主沟通，因为这样才能了解车主所想要的声音效果，然后针对车主的需求来加以调校，请记住：器材只是手段，音乐才是目的。在经过沟通并了解整套系统的配置及各种参数后，才能将影音系统发挥到极致。在了解调音实例简析之前，请先记住如下七个要点：

1）前声场是指整个声场准确定义应在前面，没有变形和偏离，特别是不会从聆听者的背后传来，声场位置准确。

2）声场的实际宽度，决定于车体的实际空间和尺寸，它应达到车体的极限，从一侧的A柱到另一侧的A柱或超出，而不是局限在A柱或风窗玻璃处。

3）声场的实际深度，决定于车体的实际空间和尺寸，它应达到车体的极限，超出车的前风窗玻璃，或明显地不仅仅在车体里，而不是局限于聆听者的正前面。

4）声场的实际高度，取决于车体的实际空间。声场的高度应整体水平，而且应位于仪表板和后视镜之间，不能太高也不能太低。以聆听者的水平线视野位置为最佳，这能非常稳定定位。

5）声场中心的位置判断基于车的实体（A柱、风窗玻璃等）所构筑的同一水平面内，和原始录音相比较，它不能太左，也不能太右，应真实还原录音里的实际位置。声像移动应十分准确。

6）左方声场的位置判断基于车的实体（A柱、风窗玻璃等）所构筑的同一水平面，和原始录音相比较，它不能太左，也不能太右，应真实还原录音里的实际位置。声像移动应十分准确。

7）右方声场的位置判断基于车的实体（A柱、风窗玻璃等）所构筑的同一水平面，和原始录音相比较，它不能太左，也不能太右，应真实还原录音里的实际位置。声像移动应十分准确。

**聆听小技巧：**①紧闭车门、车窗，并起动发动机；②使用一张标准光碟在影音系统上播放；③选择一首在声场中央位置的人声歌曲；④闭上双眼并伸出右手掌，将掌心朝前，上、下、左、右移动（左驾车辆伸出右手掌，右驾车辆伸出左手掌）；⑤在移动时，当发现掌心所经过的位置会感觉到人声音量缩减（变小），即能知道人声所在的位置及方向、高度；⑥张开双眼，即可看到人声所在位置。

8）实例简析（一）：Honda CRV如图7-4所示。

图 7-4　Honda CRV 视图

**系统配置：**

先锋 DEX-P90RS 单碟 CD 主机

DEQ-P90 前置放大均衡器

Luxmain CM-4000 四声道功放（前声场使用）

彩虹 Platinumi 超白金 6. 5in 两分频套装 CS275. 28Platinum（一套）

Kicker Zx 1500. 1 单声道功放（超低音使用）

Kicker L7 12in 双音圈超低音（一只）

**建议零售价：**14 万元

本实例初始在上车后所听到的声场如图 7-5 所示（虚线为前声场表现），整个声场偏左，而且宽度不够，甚至没有深度，人声及背景乐器高度偏高，总让人感觉听音乐会不由自主地仰着头聆听！

在了解整套系统的配置及各种参数、功能后，依照调音的步骤，重新设定 P90 的各种参数，然后先调校声场的宽度、深度、高度及人声定位的部分，初步调校后的效果如图 7-6 所示，声场表现还是有缺点。

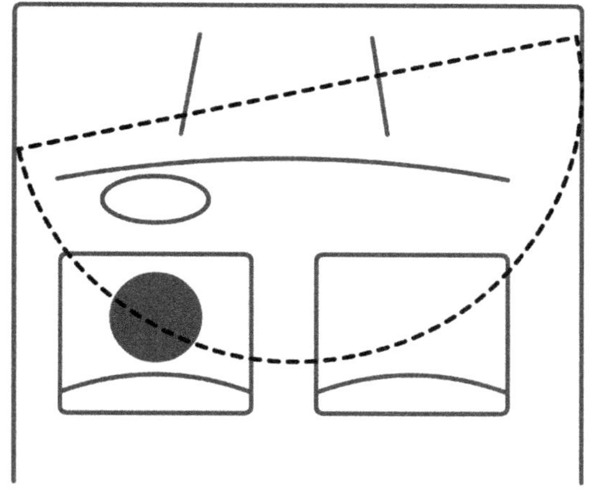

图 7-5 前声场环境示意图

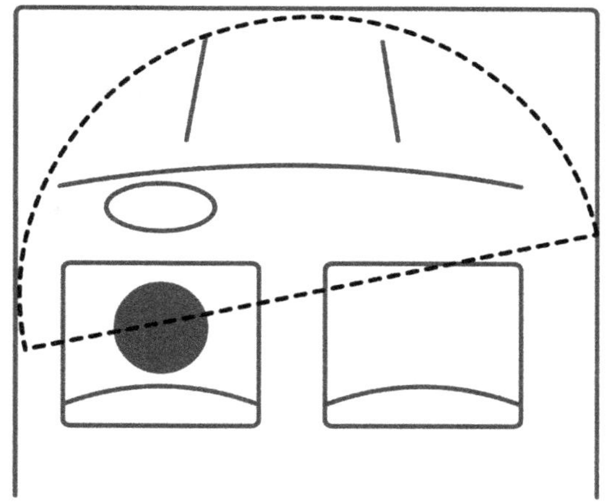

图 7-6 声场偏左

然后请车主聆听初步调校的效果，询问是否满意？是否还有需要再加强与改进的地方？实例中的车主可以算是资深民用音响的发烧友（在沟通及交流上比较容易），车主回答说道：经过基础调校后，整个声场的宽度、深度、高度及人声定位的部分改善相当大，不过整个声场有点偏左！

也就是经过调校后，已经开始朝向车主想要的效果。本例中的左前高音所指向的位置在驾驶人的左耳（图 7-9），导致出现声场偏左的现象。在这种情况下，大多数的技师可能会调整延时参数，但是先锋 P90 的功能很强大，只需利用主动式分频网络的功能就可以了。将左声道的高音、低音的 LEVEL 降低及衰减，让整个左声场的音量缩减，使声场往前风窗玻璃移动，最后的声场效果就会呈现如图 7-7 所示。

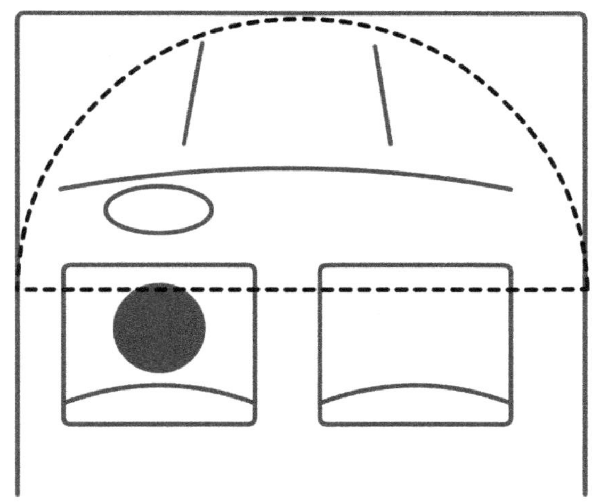

图 7-7 调试后声场示意图

或许有些技师也会以增加右声道 LEVEL 的方式来解决声场偏移的情况，但个人建议，增加声道 LEVEL 很有可能会导致失真或者会令声场扭曲变形，善加使用衰减 LEVEL 的方式，可以达到很好的效果。或许您也可以尝试一下，看看是否会有不同的声场境界呢？

**注意：**

车上是采用双熔丝两条 4 号的主电源线，但是影音系统所用的接地线只有一条 4AWG 导线，所以建议再增加一条 4AWG 导线，或者换装一条 2AWG 导线或 0AWG 导线，使电流输出更加稳定，并且不会产生电位差。

而在加装或更换接地线之后，立刻请车主上车聆听音响效果，尤其关注人声的稳定度。车主表示：调试后，人声的确稳定多了，并且也不会再有飘的感觉，这才是 A 类（甲类）功放应有的声音效果。

**本车案例其他图片欣赏**

先锋 DEX-P90RS 单碟 CD 主机如图 7-8 所示。

左前高音 A 柱如图 7-9 所示。

图 7-8　主机视图

图 7-9　左前 A 柱视图

右前高音 A 柱如图 7-10 所示。

备胎上的超低音音箱如图 7-11 所示。

图 7-10　右前 A 柱视图

图 7-11　超低音音箱视图

9）实例简析（二）：BENZ ML350 如图 7-12 所示。

**系统配置：**

原车主机

Rock fordfosgate 3sixty. 2. 信号处理器（一台）

ALPINE PDX-4. 1504 四声道功放（前声场使用）

彩虹鉴赏级两分频 6. 5in 套装 CS260. 30Reference Line（一套）

ALPINE PDX-1. 1000 单声道功放两台（超低音使用）

MTX 9500 12in 双音圈超低音（一只）

**建议零售价：** 13 万元

本实例特殊之处就是延用原车主机，连接进口高档的信号处理器（图 7-13），来解决音频转换给功放的问题，这也是解决众多车种非标准 DIN 的其中一种方案。

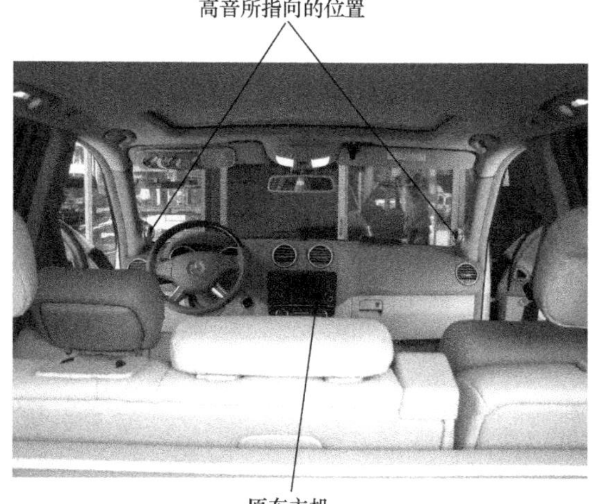


图 7-12　BENZ ML350 视图

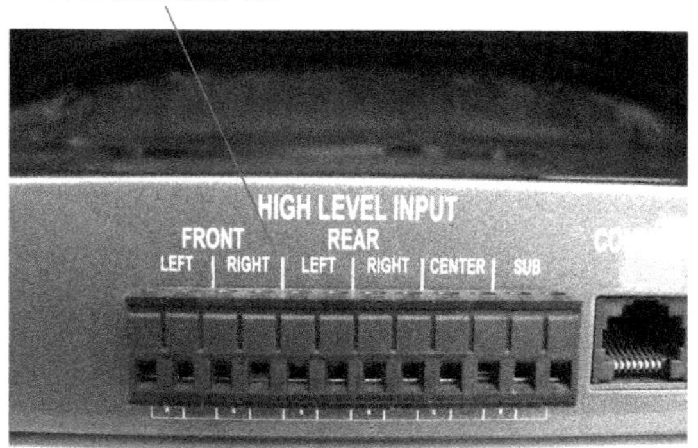


图 7-13　信号处理器

其次是为了节省空间，将功放层层叠起，功放的位置在左后轮弧后，如图 7-14 所示。整套系统可以看出延用原车色调，并大大缩减了影音系统所占的空间，如图 7-15 所示。

听完本实例的影音系统后发现，由于空间较为宽敞，导致声场的结像较差，需利用仪器调试、检测。一些比较高级的专业店会有调试专用仪器。其主要作用有三个：

① 声音系统的均衡。

② 检查系统的反馈控制。

③ 频率均衡及声压（分贝）控制。

使用专用仪器可以快速了解影音系统中，各频率是否出现不平衡或不协调的现象，从而解决声场结像及系统中的问题；也可以很容易知道影音系统中所表现的频率与分贝（dB）。专业调试专用仪器如图 7-16 所示。注意：在调试过程中，需以不同大小的音量测试。调音实例过程如图 7-17 所示。

图 7-14　三台功放叠起视图

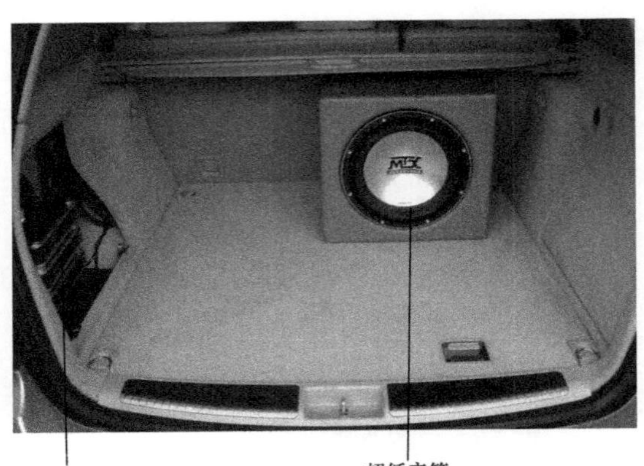


图 7-15　本例影音系统视图

图 7-16　调试专用仪器

图 7-17　调音实例过程

10）实例简析（三）：Honda 飞度。

**系统配置：**

歌乐 956 单碟 CD 主机

Rock fordfosgate 3sixty. 2. 信号处理器（一台）

Kicker EQ5 电子分频器（一台）

ALPINE B5-4. 150 四声道功放两台（前后声场使用）

先锋 131PRS 两分频 5. 5in 套装扬声器（前声场）

ALPINE F1776. 5in 中低音单体（前声场）

ALPINE F177　1in 高音单体（后声场）

Kicker CVR-10in 单音圈超低音（一只）

**建议零售价：**4. 5 万元

本实例是由两组套装分频扬声器组成前声场，并利用导模的方式将两分频 5. 5in 套装扬声器安装至 A 柱上。Honda 飞度前声场视图如图 7-18 所示。

这种安装在技巧上会有一定的难度，但是只要掌握书内介绍过的基础安装技巧，仍然可以用简单的系统配置，创造出理想的声场特性。但请记住，左前声场的中高音扬声器及右前声场的中高音扬声器所指向的位置及产生的交集点必须协调一致，以防止声场定位会出现偏左或偏右的情况发生。Honda 飞度左前声场视图如图 7-19 所示。Honda 飞度右前声场视图如图 7-20 所示。

图 7-18　前声场视图

图 7-19　左前声场视图

超低音所摆放的方式如图 7-21 所示，将超低音的纸盆正面朝后（打开后行李箱时就能看见）。

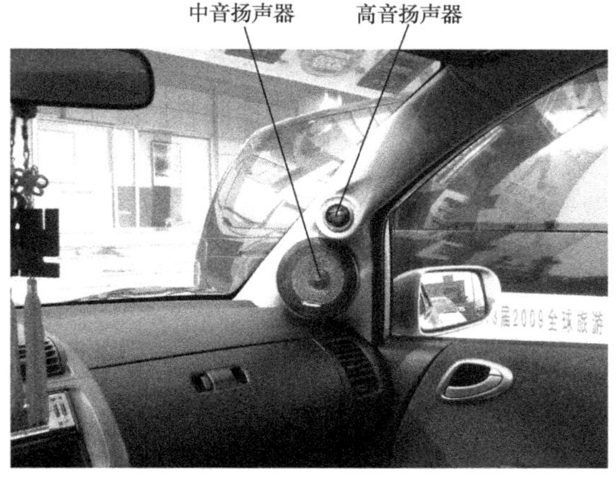


图 7-20　右前声场视图

图 7-21　行李箱视图

想要让聆听者在听音乐时有身临其境的感觉，呈献出声场应在聆听者的正前方深处，甚至感到超越车辆的边界，最佳的声场效果应如图 7-22 所示。

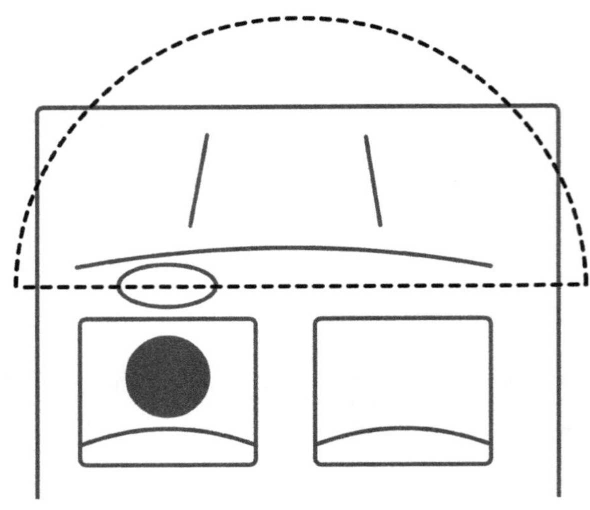

图 7-22　最佳声场视图

## 五、从发烧友的角度来谈汽车影音

本章节内容由车主提供，讲述从普通消费者演变至发烧友的心得，名为《感性并理性着，艺术地生活在 HI-END 改装路上》。

开车这么多年，每当有朋友看到我的影音改装基本都会问一个同样的问题：原配的音响效果挺好，何必大卸八块地花钱费时改造音响?

是啊，这一个为什么，真是问到点儿上了。

俗话说得好：羊毛出在羊身上。在汽车生产商方面，汽车影音对于整车来说并不是一个重要的部件，因此汽车生产厂商对于汽车影音仅限于作为内饰来考虑，也就是说所花费的成本、技术都是能少则少。随着现在车价越来越低，汽车影音的成本所占汽车价格的比例也越低，而且要求汽车影音的绝对成本也越低，原车音响也就只有采用小功率、少功能的主机和廉价低质扬声器，更不会说有低音炮系统了。因此说只能勉强使用，有个影音概念罢了。

开惯了越野车的我，无论是穿梭都市还是游弋山谷，停留在车内的时间越来越多，代步早已不仅是我对爱车的需求，更确切地说应该是一个能提升驾驶乐趣的移动的影音世界。但汽车生产商不会、也无法根据每个人的欣赏品味及个人爱好来设计各种音响系统。对音乐有着不同品味的音乐爱好者就更无法在大批千篇一律的量产车内搭建真正适合自己的影音城堡。

提醒打算改装汽车影音的朋友们，一定要把握好一个度。这个度就是因人而异、因需而致的感性和理性的平衡。

任何一款成功的影音改装方案都是自我学习和专业实施的过程。那么从哪些方面选择汽车影音改装店呢？我粗略总结了几点，也是比较重要的几点与大家分享：

① 技术先行，好店才有好技术。

② 多聊多比，性价比和个性同时拥有。

③ 理性消费，售后服务最关键。

汽车改装不是一改了之，售后服务相当关键。改装毕竟改变了汽车的原始状态，一些线路、内饰以及音响本身可能随着时间的推移出现一些问题。这时候售后服务就显得非常重要。一般来说，正规的改装店对非人为的损坏都有一年左右的保修期，而更专业的店甚至打出了：后级（包括功放、扬声器）在两年内非人为损坏包换的承诺。建议车主，一定要到正规的改装店进行改装，并且要协商好售后服务的范围和时效，这样才能安心享受改装音响带来的驾驶乐趣。

在影音改装中有一个硬道理，那就是：一分钱一分货。

我个人认为改装汽车影音是一项综合的技术和艺术，为什么这样说呢？首先要精通汽车电路、汽车结构（拆装音响和内饰）和汽车影音电路。其次要熟知器材的搭配和电声学原理。最后，调音技术和调音人员自身的音乐修养也很关键。每一个环节都会决定和影响音响系统的最后效果。无论是器材，还是技术，用一分钱一分货来比喻再合适不过了。

2009 年初，第二届先锋汽车影音鉴赏会于 2 月 15、16 日在上海隆重举行。自从先锋公司 Hi-End 竞赛样车开始招募以来，全国各地众多的汽车影音改装精英们都积极地投身本次活动之中，而各部样车亦开始陆续施工。我的这部 Jeep 指挥官样车，参与的是 SPECIALIST 专业级的评选，因而其配置亦是严格遵循了活动组织方先锋公司对该级别改装器材的要求。而我这一部精彩的 Hi-End 样车作品在北京诚生隆的专业调校下也的确是不负众望，一举夺得冠军的好成绩。

**车型：** JEEP COMMANDER 5.7L（吉普指挥官）。

**系统配置：**

先锋 DEX-P90RS 单碟 CD 主机（图 7-23）

DEQ-P90 前置放大均衡器

先锋 4200PRS 四声道功放一台（前后声场使用）

先锋 171PRS 两分频 6.5in 套装扬声器两套（前后声场）

先锋 1200PRS 双声道功放（两台）

先锋 254　10in 超低音（两只）

**建议零售价：** 6 万元

图 7-23　先锋 DEX-P90RS 主机

**本车案例图片欣赏：**

为改装后仍保留实用性，改装后整体效果如图 7-24 和图 7-25 所示。

前声场 A 柱改装后如图 7-26 所示。

左后门扬声器安装后如图 7-27 所示。

图 7-24　改装后效果视图

图 7-25　夜间效果视图

图 7-26　前声场视图

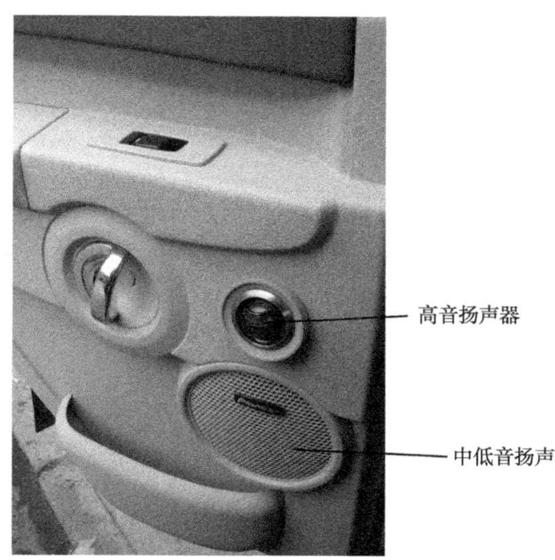


图 7-27　左后声场视图

右后门扬声器安装后如图 7-28 所示。

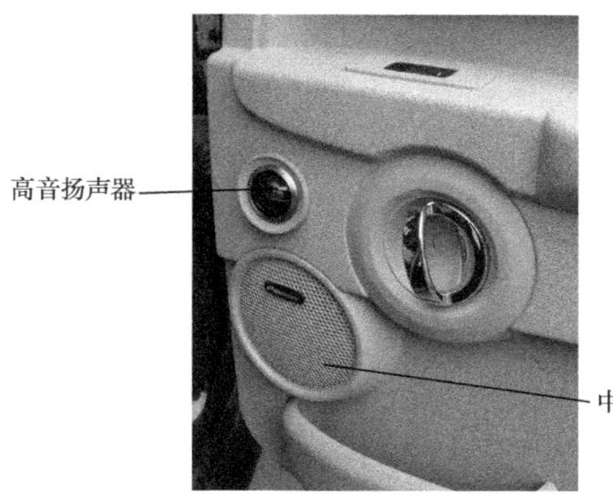


图 7-28　右后声场视图

总之，影音是器材与技术和艺术的完美结合，器材要通过有专业技术和音乐修养的人，把它们合理地整合起来，像一幅完整美丽的画卷，像一个完整的舞台，体现在你的面前，那才是一种真正的享受，才能达到物有所值。如果让我用一句话总结心得的话，那就是：感性并理性着。

## 六、经典实例改装图集

### 1. 经典实例改装欣赏

奥迪 A6L 车主为乐逍遥车友会队长，该车的改装效果如图 7-29 ~ 图 7-38 所示。

图 7-29　奥迪 A6L

图 7-30　前声场视图

图 7-31　前左高音视图

图 7-32　前右高音视图

图 7-33　行李箱盖视图

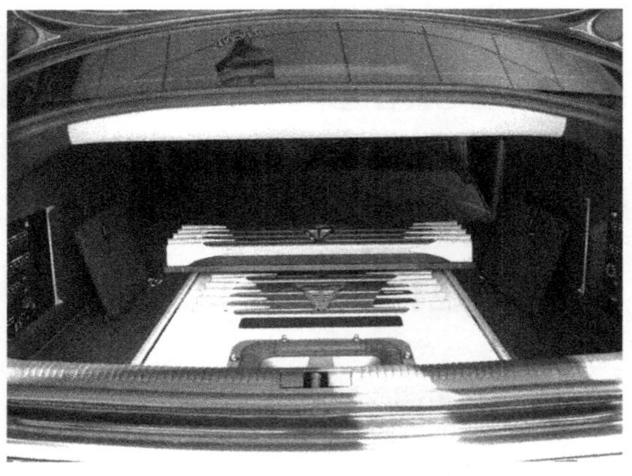

图 7-34　影音系统视图一

图 7-35　超低音视图

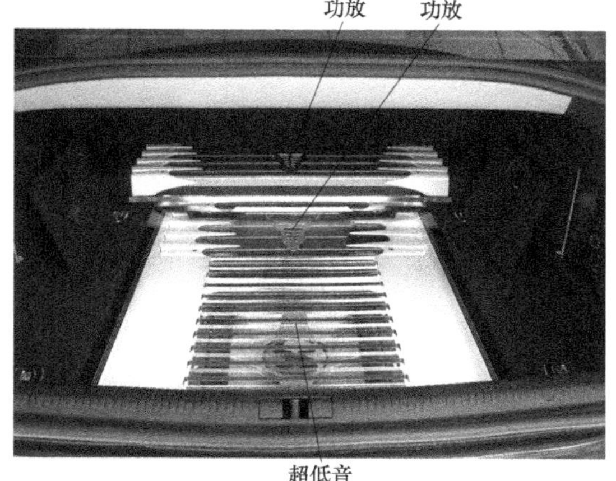


图 7-36　影音系统视图二

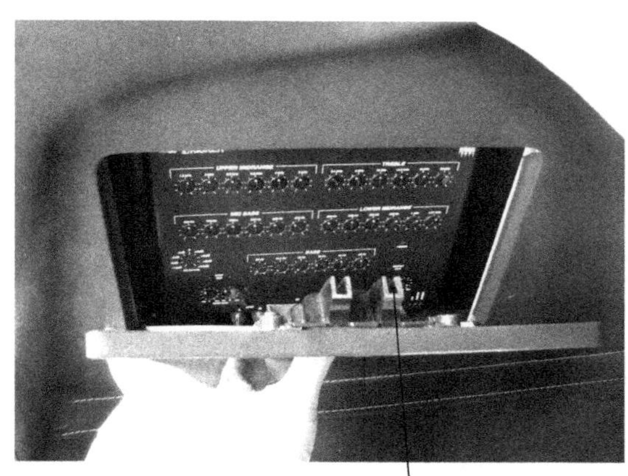


图 7-37　左声道 30 段均衡器

图 7-38　右声道 30 段均衡器

**2. 美国经典改装欣赏**

图 7-39 ~ 图 7-50 为美国经典改装实例。

图 7-39　安装十台功放竞赛车

图 7-40　安装两台超大功率功放

将影音器材改装至后座位置

图 7-41　将器材安装后座位置

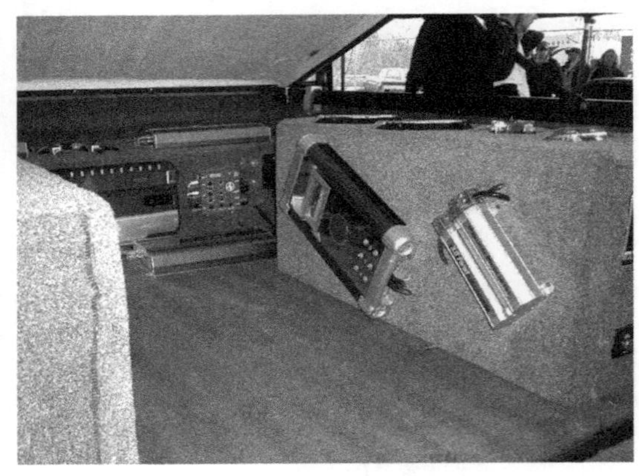

图 7-42　多种器材改装视图

扬声器

图 7-43　将扬声器安装于车外

图 7-44　影音与娱乐系统改装视图

汽车影音改装安全要领；线材牢固为首要

图 7-45　美国 MTX 竞赛级改装

图 7-46　美国娱乐系统改装视图一

图 7-47　美国娱乐系统改装视图二

图 7-48　美国娱乐系统改装视图三

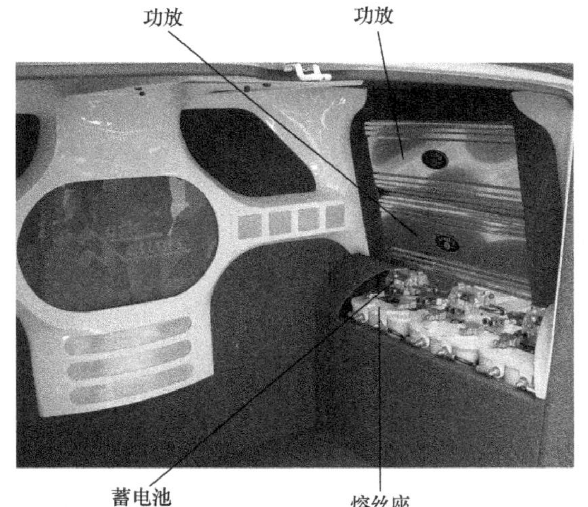


图 7-49　加装蓄电池视图

图 7-50　美国三门车改装视图

# 第八章

# 超 低 音

从物理学的基本理论和实际所用的扬声器单体可知，单个扬声器单体无法去涵盖20Hz～20kHz。一般车用音响的配置，高音单体能涵盖到20kHz频率大多不成问题，但由于扬声器音盆面积及运作冲程的性能所限，在常见5in、6.5in的中低音单体来说，大多缺少100Hz以下的频率。想要达到更宽的频率范围和阻抗恒定、幅频特性平直、转换效率高、失真小的理想状态，只有用专门的超低音扬声器来补偿这个频段，使低频延伸，让音乐保持自然的音调平衡，听起来富有深度、广度，丰满且清晰纯净。

原车音响系统就是缺少20～100Hz的频率范围，少了两个八度音阶的音乐，听起来就会不够完美。为了弥补这部分低频，车上需要加装低音炮、超低音扬声器或是超低音音箱，让音乐的极低频域也能有完美演出。超低音扬声器的尺寸有8in、10in、12in、15in、18in等。超低音扬声器采用高强度的铜、铝质盆架，镀金端子可以提升扬声器整体性能，具有良好的导电性能并可防止氧化腐蚀，特殊的防弹强化鼓膜，环氧树脂涂覆压着纸盆，双阻尼器通气、加长磁极及大型锶合金磁体。铝质盆架如图8-1所示，镀金端子如图8-2所示。

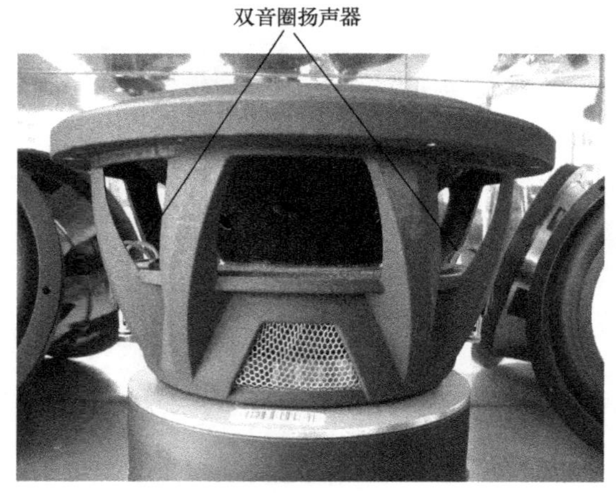


图8-1 超低音铝质盆架

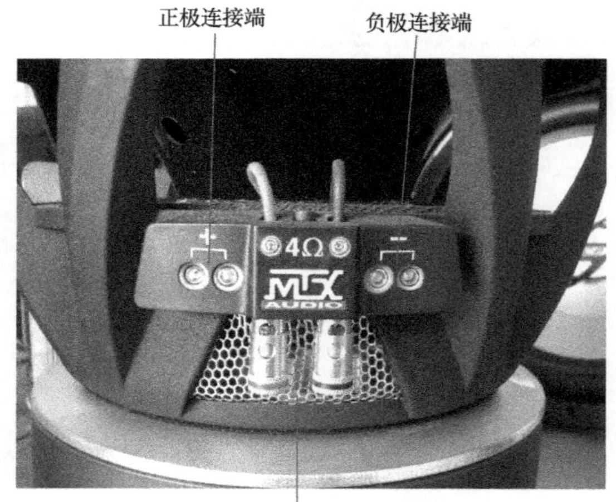


图8-2 扬声器镀金端子

由于超低音波的能量很大、扩散性强，如果没有透过箱体结构来有效吸收超低音扬声器音盆运动时其中一面的声波，音盆两面成反相运作的声波就会互相干扰、抵消，因此就需要制作超低音音箱。但超低音音箱制作却常常成为令技师烦恼的技术性问题，需掌握超低音的运作原理、超低音音箱种类以及各种有关超低音的调音方法，才能使超低音在汽车影音系统中发挥应有的效果。

**注意：**

超低音音箱体内容积是属于超低音单体的第一次应有的正确容积量，而后行李箱是超低音单体产生效果的第二次容积量，倘若有阻隔物或第二次容积量较小的情形，则超低音的效果会因而被遮掩（如将后行李箱内摆满东西时，超低音效果会大为衰减）。

超低音音箱制作过程如图 8-3 所示。

超低音箱因为车型车种不同，
所以需要量身定做箱体，
并利用腻子在接缝处补平

图 8-3　超低音音箱制作过程

## 一、超低音音箱种类

根据不同的扬声器特性和使用需求，超低音的箱体结构也衍生出许多不同造型和外观，但总结起来说，车上超低音音箱体结构的种类摆脱不了密闭式、低频反射式、无限挡板式、推挽式、频段式这几种设计：

### 1. 密闭式音箱（Sealed Box）

在汽车影音上使用密闭式音箱，是最不容易出错也最容易配置的超低音模式。这种超低音音箱没有透气孔，扬声器固定在一个密封的音箱上。当超低音扬声器装入音箱之后，整个箱体的空间与外界隔离而密闭，只有音盆露在外面。因此当扬声器音盆向外推动时，依照大气压力原理，箱体中也会产生一股向内吸的反作用力，牵引着扬声器音盆向内收；反之，扬声器音盆向内运作时，音箱中空气也会有向外推的挤压作用力。密闭式音箱正面及内视图如

图 8-4 所示，密闭式音箱的扬声器窿位如图 8-5 所示。

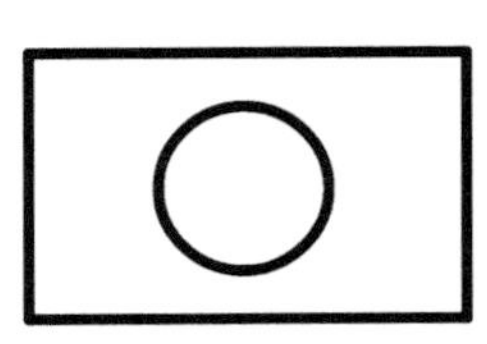
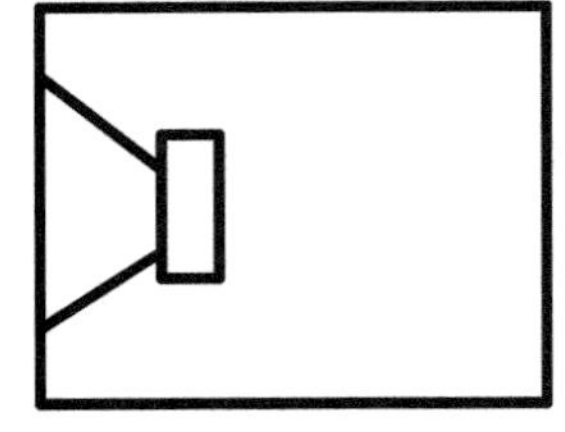
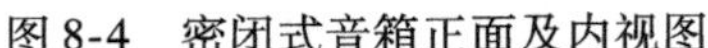

图 8-4　密闭式音箱正面及内视图

图 8-5　密闭式音箱的扬声器窿位

这种音箱体积比较小，不会占据很大的空间，结构最简单，成功率很高，想要自己动手制作容易，此外密闭式音箱对于 30Hz 以下的超低频率有很好的表现能力。密闭式音箱的优点，就是由音箱中的空气来牵引扬声器音盆运动，使得超低音收放速度较快、声音较干净，而且音箱体积不需要做得很大就能达到应有的超低音效果，缺点则是需要较大输出功率的功放才能有效驱动扬声器。

**2. 低频反射式音箱（透气式）（Vented Box）**

低频反射式音箱简单来说就是在音箱上有透气孔，音箱体积比较大。当扬声器运作时，箱体内部分空气压力能经过通气管流动进出，以增加极低频延伸的效果，在同样的器材之下音量比较大，大约可以增加 3～5dB。它是利用扬声器的背波来增加低音，所以低音比较深沉，有较低的低频仰止点，它是以 24dB 的斜率的方式往低端递减。低频反射式音箱三例如图 8-5 所示。

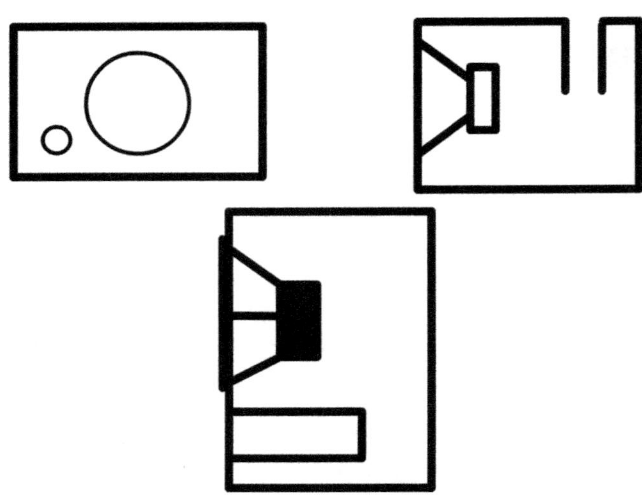

图 8-6　低频反射式音箱三例

不过，低频反射式音箱的通气管不是随便乱开的，其管径、长度、搭配箱体容积等数据，都需依据超低音扬声器各种性能资料精密计算，才能得到理想的低频声音。低频反射式音箱适合一般音乐，低音透明干净而柔软，如果不喜欢低音打到心脏的话，可以选用这类型音箱，透气管可以增加透气的振动的容积，获得频率更低的声音，这种音箱被广泛应用。

**3. 频段式音箱（Band Pass Box）**

频段式音箱的扬声器隐藏在音箱里，有些音箱部分外壳使用透明有机玻璃，从外观上可以看到扬声器的侧面，内部隔成两个空间，一边是扬声器，另一边是透气管，它利用两个空间的比例的不同来调整频率响应的截止点，更低或更高的频率被切除。它的频率会是个固定频段，如 35 ~ 100Hz 或 40 ~ 95Hz，可以不必使用分音器，音箱本身就会自动形成固定的频段，而以 12dB 的斜率往高频及低频递减，而双透气管的是以 18 ~ 24dB 频率递减。频段式音箱的优点是效率增加，降低失真，极低频的表现较好，扬声器的冲程也可以减小。频段式音箱三例如图 8-7 所示。

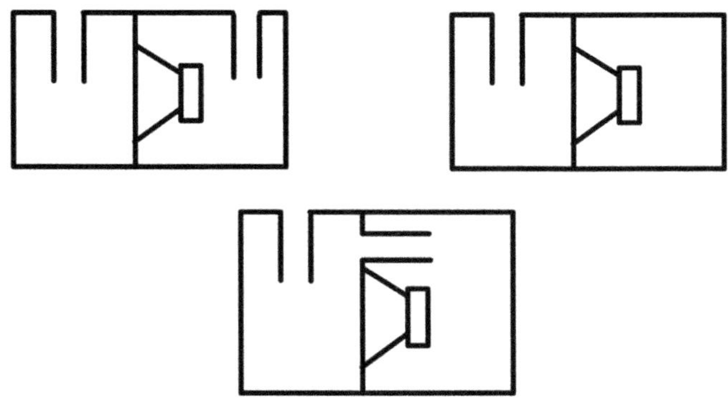

图 8-7　频段式音箱三例

**4. 推挽式音箱（Lsobaric Box）**

推挽式音箱的效率很高，两个扬声器相位是相反的，体积不大。音箱的结构可以有很多的变化，一般使用两只超低音扬声器固定在一个音箱里面。两只扬声器音盆相对但是正负线需相反接，也可以挂在箱外。例如，如果一个 12in 超低音需要 $2.0\text{ft}^3$，采用这种类型的音箱只需要 $1.0\text{ft}^3$ 的容积量即可，虽然体积小，但是效率比一般高出 3dB，这种方式可以应用在任何音箱形式上，如果车内没有足够的空间置入大音箱的话，这种音箱是个上佳的选择。推挽式音箱四例如图 8-8 所示。

**5. 无限挡板式**

无限挡板（Infinite Baffle、Free-Air）是一种相当特殊的超低音架构模式，它不将超低音扬声器安装在音箱结构中，而是利用车辆本身后备箱的空间当成音箱来使用，优点是可以省去音箱空间，让后备箱可以多一些空间来承载物品，但缺点则是当后备箱内载有物品时，整个后备箱容积的改变会影响超低音的呈现效果。另外就是车辆后备箱的容积往往都有上百升，对于一般超低音扬声器正常工作的共鸣容积（约 20～50L）来说大太多，因此无限挡板式架构的超低音系统音质往往表现得差强人意。无限挡板式一例如图 8-9 所示。

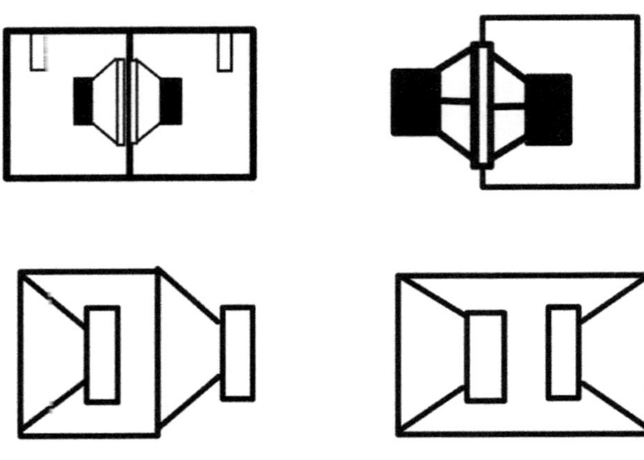

图 8-8　推挽式音箱四例

图 8-9　无限挡板式一例

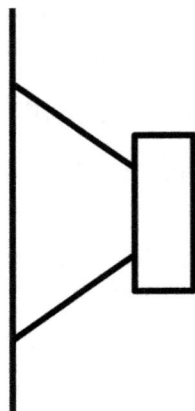

除了上述的几种音箱外，想要获得好听的超低音，系统中必须要有好的中低音表现，它和超低音是相互关联的，即使乐器表现的频率是在超低音扬声器的频率范围，但是它的谐振频率会出现在中低音扬声器上，如此听起来才会传神，因为车子里面很难放入大尺寸中低音扬声器，所以小尺寸的中低音扬声器和大尺寸的超低音扬声器两者之间的衔接是非常重要的，另外功率放大器对超低音扬声器的驱动能力及控制能力更为重要。

**注意：**

在改装超低音音箱或者木工工艺时，必须仔细地测量车厢内的安放空间，因为没有比完成后的木工工艺放不进车厢内更为尴尬的事。其次就是避免制作长的柱状的超低音音箱（长度超过 72in），长度过长会使低音扬声器的箱体后部的空气掌握力度不够，导致声音走调。

## 二、箱体容积计算方式

在制作超低音音箱之前，必须参考原厂所提供的一些数据，有了这些数据之后才能开始计算。

### 1. 决定音箱尺寸的相关参数

$Q_{tc}$ ——期望响应值；
$f_s$ ——自由状态下的单体谐振频率；
$Q_{ts}$ ——单体的总 $Q$ 值；
$V_{as}$ ——单体柔顺性的等效空气体积；
$X_{max}$——音圈的移动范围；

$S_d$ ——单体有效的辐射面积；

$V_d$ ——振膜的移动体积（$S_d \times X_{max}$）。

如密闭箱设计公式：

$$a = (Q_{tc}/Q_{ts})^2 - 1$$

$$V_b\text{（音箱容积）} = V_{as}/a$$

注意气垫式的系统 $a$ 值介于 3～10 之间，如果 $a$ 值小于 3 则是无限挡板式的范围，而 $f_c = 50\text{Hz}$ 或更低时，密闭式音箱是比较合理的设计。

**2. 密闭箱的容积计算**

箱体容积 $= V_{as}/[(Q_{tc}/Q_{ts})^2 - 1]$

$Q_{tc}$：大于 0.707 最好。

例：箱子容积 $4.2/(0.707/0.38)^2\text{ft}^3 - 1\text{ft}^3 = 1.7\text{ft}^3$

以下是各种形状容积计算公式：

正方体（图 8-10）或长方体容积计算公式：

$$\text{容积} = \text{长} \times \text{宽} \times \text{高} = H \times L \times D$$

直角三棱柱（图 8-11）体积计算公式：

$$\text{容积} = \text{底} \times \text{高} \times \text{宽}/2 = L \times H \times D/2$$

圆柱体（图 8-12）容积计算公式：

$$\text{容积} = \text{半径}^2 \times 3.14 \times \text{长} = R^2 \times \pi \times L$$

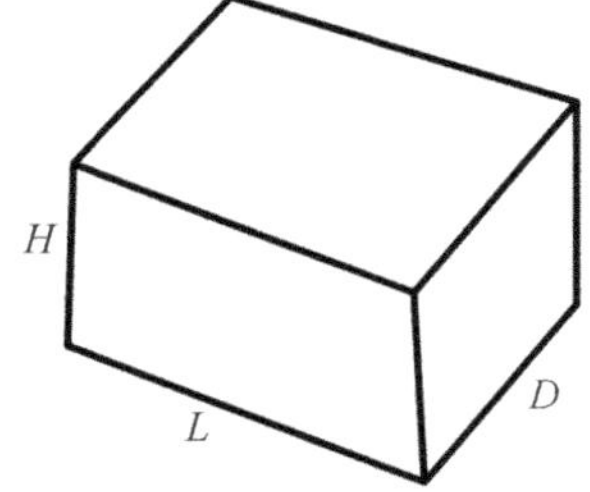


图 8-10　正方体

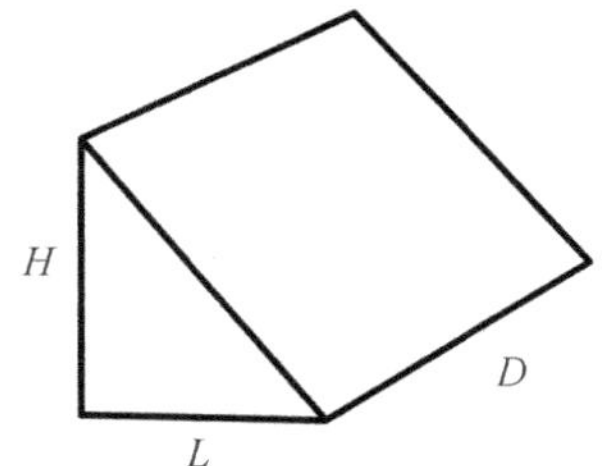


图 8-11　直角三棱柱

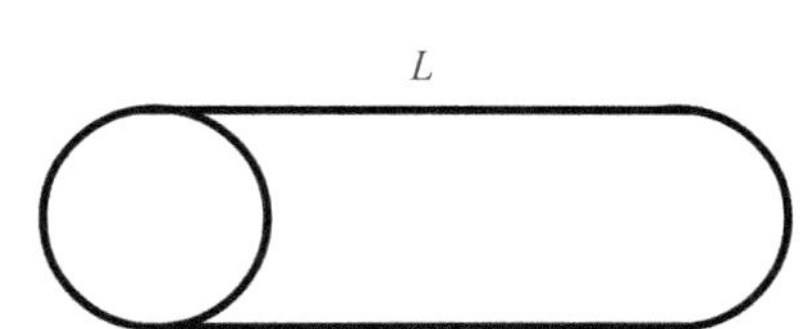


图 8-12　圆柱体

四棱柱（图 8-13）容积计算公式：

$$\text{容积} = (\text{上底} + \text{下底}) \times \text{高} \times \text{长} \div 2\ (E + L) \times H \times D \div 2$$

计算斜边（图 8-14）长度 $C^2 = A^2 + B^2$

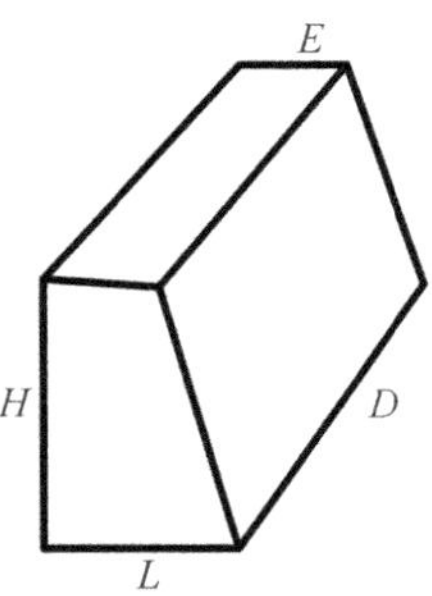


图 8-13　四棱柱

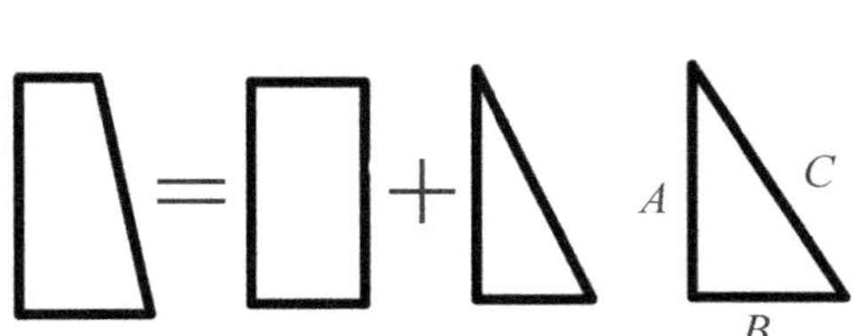


图 8-14　斜边计算方式

### 3. 毫米（mm）换算成英寸（in）方法

例：100mm ÷ 25.4in = 3.9in

**音箱内部的填充物：**

音箱容积的计算公式是建立在没有填充物的状况下，或者音箱内每一面铺上不超过 1in 厚的玻璃棉，借由它可以改变音箱尺寸与 $Q$ 值及扬声器的响应，添加吸声棉，会对下列参数造成影响：①柔顺性增加，可增加等效体积 15% ~25%。②效率增加，正确地选择填充量、材料及摆放位置，可增加效率达 15%之多。③质量改变，会改变系统内可移动的总质量。④阻尼损失，如果填充过密的吸声棉，且靠近扬声器框架时，容易造成摩擦损失。⑤吸声棉会使内部的温度升高，要慎选材质。低音音箱内的填充物如吸声棉如图 8-15 所示。

### 4. 超低音的基础知识

一般的扬声器都是只有一个线圈，而双音圈顾名思义就有两个线圈，它分别将两段金属线一起缠绕在一个共同的支承轴上，然而两段金属线是互相独立的。它们的长度相等，圈数相等，而且是拥有相同的导电特性。双音圈的优点是有较多的接线方式，单独一个双音圈扬声器可以串联、并联和独立连接三种连接方法。单音圈的扬声器如图 8-16 所示。

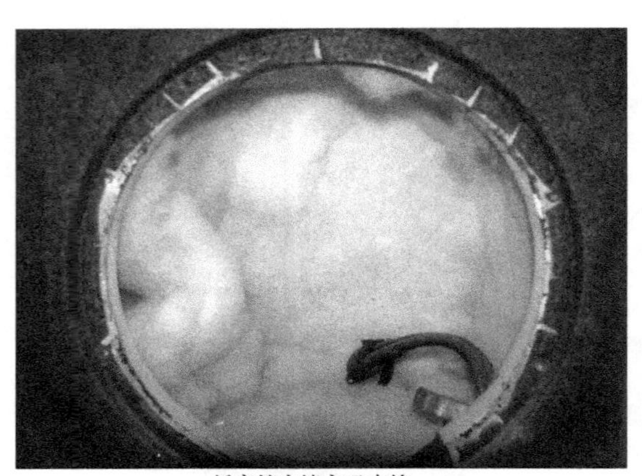

图 8-15　低音音箱内的填充物

图 8-16　单音圈的扬声器

改装超低音需根据功放功率值与超低音的匹配。请记住超低音扬声器阻抗越大，功放输出功率越小。超低音扬声器阻抗越低，功放输出功率越大。改装超低音还得考虑的是安全，必须计算电流大小。电源线的线材搭配上则请参考电源线计算表。注意：扬声器的阻抗通常用它的阻抗特性和额定阻抗来表示，阻抗特性和额定阻抗是两个完全不同的概念。

1）阻抗特性。阻抗特性是指扬声器的阻抗会随着音频信号频率而变化的规律，它会随着音频信号频率的上升变得越来越大。倘若音圈中有交变电流流过时，音圈就会上下运动而推动音盆，造成空气振动而发出声音。

2）额定阻抗。扬声器的额定阻抗是一个纯电阻的阻值，是被测扬声器在谐振频率后第一个阻抗最小值，反映在扬声器阻抗曲线上是谐振峰后曲线平坦部分的最小值。音圈自感所产生的反电动势与运动所产生的反电动势的大小相等，相位相反，互相抵消，使扬声器的额定阻抗值近似等于音圈的直流电阻。

**箱体制作提示**

① 采用20mm以上中密度板或其他硬质木材制作，周边沿角可用方木加强。

② 安装两只超低音时，在焊接引出线时需注意两只超低音的极性，在安装完成后用一节干电池同时碰触R、L两端，两只超低音的纸盆应同时向同一方向运动。出现不同方向时，请在详细检查扬声器极性后调换即可。

③ 连机试听时可拨动相位开关，以低音增强为准。每次调校时，都要做此项调试。

④ 站板直立式、箱式超低音将超低音正面朝车外。

⑤ 后风窗玻璃下安装超低音者，将扬声器面朝上。

⑥ BENZ SLK或类似车型者超低音可以安装于乘客座脚踏位置。

⑦ 超低音接至功放的正负相位必须正确。

⑧ 小洞孔将引起功放功率较大损失，超低音扬声器的制作工艺非常重要，箱体不能漏气，即使只有很小的洞孔，音箱效率至少损失10%。

## 三、超低音的调音步骤

假设车上的音响系统具备电子分音设备，或是主机、功放上内置前级分音功能（没有这些功能恐怕也很难改装超低音了），那么在安装了超低音系统后，势必将面临三项基本调音步骤，超低音相位、超低音与低音的分频衔接和音量设定。而在这三项调音步骤开始之前，先设定出车上中低音扬声器的高通分频点。当完成三项调音步骤之后，便是进阶调节令超低音的声音从前方产生。以下将全方位地介绍超低音的调音方法。

经典改装欣赏 8-1

中低音扬声器频率如果能够向下延伸则更好，但由于物理特性限制，以一般车用音响中低音扬声器安装在经过隔声、减振垫处理过的前门板上为例，频率顶多向下延伸到 60 ~ 70Hz，再往下调节的话，极低频便会开始松散、模糊，并且会大量消耗功放功率，因此中低音扬声器的高通分频点，大约设定在 65 ~ 90Hz 之间，以能滤掉中低音扬声器过低的松散频段为佳。

### 1. 相位设定

只要超低音扬声器在运作，就会产生声音的相位问题，而这个超低音设定的基础问题如果不加以调整，就可能形成超低音系统发出的声音和中低音扬声器发出的声音互抢，也就是超低音系统音量设定越多，反而低音听起来越少。而实际调整上，只要从电子分音器或功放上的分频设定来测试，当发现超低音低通分频点设定越高、音量开得越大，音乐中的低音反而听起来越少，这就表示相位设定有误，必须通过相位调整或超低音扬声器线反接的方式来校正超低音相位。

超低音的相位调整，是为了配合前声场扬声器的相位，这里所谈的相位是声学相位，因为超低音扬声器的安装位置及方向，会产生声波传送的时间差异，而无法与前声场中高音扬声器的声波在同一个时间出现，所以就需要调整相位。一般只能选择 0°及 180°的差异，也就是正负线极性相反（高档的器材可以微调），而相位差异并非 180°的绝对值，它可能是 45°或者是 90°的误差。只要相位对准了声音的密度，就会产生更好更厚实效果，而且会与前声场一致。超低音相位不正确则低频感觉松散，正确的是饱满、圆满、音像较高而往前推。

### 2. 分频点设定

在汽车影音上，超低音低通分频点设定不仅牵涉到音乐聆听的均衡性，更牵涉到声场的定位。正确的音响概念，车上超低音设备虽然装在后行李箱，但可以调节到超低音听起来好像在乘客前方，而这就得用上一点声学的理论。

声音频率越高，方向定位性越强；频率越低，声音听起来越扩散、越没有方向性。当超低音的低通分频点设定在 55 ~ 75Hz 之间时，是不太容易产生方向性问题，也就是在人耳听来，不太容易听得出超低音是由脑袋后方传出，而再搭配与车上前声场中低音扬声器良好的分频衔接，就会听到仿若前方传来的超低音与正确的声场定位了。

另外要知道的，就算在 55 ~ 75Hz 这一段频率中设定超低音扬声器的低通分频点，音乐性听起来还是会有不同的改变，基本上分频点设定越低，声场会越往前伸、越宽广，低音听起来越柔软；分频点越高，低音冲击性、力度感越强，两种特性无法兼得，要依听者的聆听喜好来调节。

### 3. 量感设定

调整超低频量感是超低音系统设定中最简单、却也最容易出错的步骤。许多技师喜欢把超低音系统的音量开得很大来增加低频，低音在大幅提升的状态下，超低音频段或许早已经过度而失真了。因此，正确的超低音量感调整，其实只要超低音听起来有一点点感觉就够了，主要的低音还是应该来自车上的中低音扬声器。

### 4. 超低音从前方产生

很多车辆的音响系统，会让聆听者感觉超低音的声音是从后面来的，并且可以明显感觉到超低音扬声器的位置。正确的做法是不需要将超低音扬声器改装到前座，而前座乘客能感受到超低音由前方产生。因为高音和中音扬声器是有指向性的，而100Hz以下的超低音没有方向性，它只有相位区别。声波传送的速度每秒钟约340m，所以112.8Hz的波长约等于3m，一般车辆内部波长都在3m以下，所以无法完成一个完整的波形，因此在100Hz以下的量会大大减少。

超低音扬声器的分频斜率是很重要的，一般设定在12dB是不够的。将超低音扬声器分频斜率设定在24dB是比较能够将中高音频率滤除的，超低音扬声器如果涵盖太多的中低音频率，反而会感觉超低音的位置。声场定位必须在前面，如果将后声场的音量开得比前声场大，音像很难从前面产生，另外超低音扬声器与中高音扬声器之间的声学相位是否吻合是非常重要的一环，不正确的相位搭配，不但影响速度而且降低效率，当然超低音的音像更不会从前面产生。

假设此音响系统有安装后声场，而后声场中高音扬声器的分频点是一个关键，因为后声道扬声器大多安装在后挡板上，而扬声器直通后行李箱。如果分频点设定太低的话，会产生超低频的声音。而6in扬声器的冲程很短，会听到一个比较短而硬的超低音声音混在其中，明显感觉到超低音从后方来。这时建议将后声场的高通调至400Hz以上，这样就能听到超低音声音的原貌。另外安装超低音扬声器的地方不能产生太多的杂音或驻波，这些音波会抵消超低音的声音。最后应该注意的项目就是中高音和超低音的比例，如果超低音的量太大，会感觉强烈的超低音从后而来。再高明的调音师，也是从基础步骤调起，只要反复练习调校，便能掌握超低音调校技巧。

### 5. 打造声压系统、发挥超低音的实力

SPL声压赛是国内外汽车影音竞赛组织参赛者最喜欢的竞赛项目之一，它分有内声压跟外场声压两种比赛模式。外场声压就是模拟消费者使用车辆情况下听音乐，竞赛组织从玻璃窗外或者打开后车厢，在固定的距离去测量声压，如图8-17所示。

内声压就是在紧闭车窗门时，将MIC放在指定位置测量声压。SPL（声压赛）的魅力，在于分贝（dB）这一单位指数，被国际知名品牌商及技术精湛的技师前赴后继地创新纪录，没有最高只有更高。因此，SPL这一竞赛项目，已然成为今日众多国际知名赛事中，既刺激又激烈的竞赛项目。美国MECA声压赛现场欣赏如图8-18所示。

改装声压系统要记住几个要点，车内空间越小、频率越低，则压力越大；扬声器数量越多、所需功放功率越大，声压也会更大。以下是打造声压系统的10点建议事项。

1）车型。车型的选择是一个关键，选用可以直接透气的车型是比较有利的，一般声压车比较适合掀背（五门车）或三门车和休旅车（RV），除了车子本身的隔声效果，铁板厚度也影响声压的大小，如果是大型声压系统则选择厢型车比较容易发挥，另外扬声器及音箱可以安装的位置和空间，也是建议的重点。

图 8-17　美国 MECA 外场声压

图 8-18　美国 MECA 声压赛现场

2）前级信号电压输出大。主机前级信号电压输出在常态下要大于 4V，使功放功率输出可以稳定，但如果小于 4V 的情况下，可以增加前级信号放大器。但前提需确定功放的音频输入端，能够承受 4V 以上音频信号电压，避免在常态下导致功放过热或者其他因素产生保护，甚至烧毁。

3）扬声器数量及功放功率

① 扬声器数量已受限制（2～3 个）无法再增加。在这种情况下，提高超低音扬声器的承受功率，增加功放的输出功率，扬声器串并联之后的阻抗最好等于低音功放的最低承受阻抗，让功放可以完全发挥。

② 扬声器数量不受限制。在这种情况下，必须考虑系统目的是什么、目标在哪里，在合理的情况下，如果空间允许，尽量增加扬声器的数量，同时增加功放的数量和功放的总输出功率，可以大于超低音最大承受功率的 25%。

4）音箱形式的选择。同样的扬声器单体放在不同的音箱上以同样的功放输出功率去推动，声压会有所差异，反射式的音箱会比密闭式的高出 3～4dB，但反射式的体积比较大，承受功率也比密闭式的低，如果功放的输出功率不大，选择反射式的会比较有利。

5）音箱的材质及结构。低音音箱以高密度板为佳，合板并不适合，另外透明有机玻璃音箱，如果有机玻璃部分面积太大会降价声压。音箱的结构必须坚固，木板之间的接缝必须以白胶填入，不能有漏气的现象，另外出线端最好加上橡胶垫以增加密合度。

6）电源的考量。计算出总输出功率的消耗电流，乘以 0.65 为平均消耗电流，增大发电机的输出功率或者增加发电机，以接近平均消耗电流量为佳，另外加上蓄电池，以防止压降产生，用万用表电阻档测量找出最佳的接地点，以提升电源效率。

7）超低音扬声器的选择。$X_{max}$是扬声器音盆的最大振幅（可移动的距离），这个数字越大，承受的功率也越大，产生的声压也越大，$X_{max}$加倍可多出 6dB 的输出，但相对的输入的功率要增加 4 倍。纸盆面积越大，声压也越大。

8）车体密闭效果的影响。车内如果有很多空隙通到外面，声压则无法累积增加，所以测试声压的时候，必须杜绝空气外漏，如空调出风口、变速杆、门缝、排水孔等。

9）音乐的选择。除了器材本身的条件之外，音乐录制信号强度更为重要，找到超低音音箱最强的频率点，以音乐低音信号最接近超低音音箱信号最高的频率点，如此声压会更大。音乐信号的低音强度并不划一，唯有多尝试才能找到较强的信号输入音响系统。

10）安全第一。当声压系统器材改装完毕后，需要不断地测试及调整，但人耳如果长期处于超过声压 135dB 以上的情况下，会有永久性失聪的可能性。所以在测试或者比赛时，务必使用国际标准的专用保护耳罩，避免造成伤害。

经典改装欣赏 8-2

### 6. 声压及声压级

一提起大气压，我们都很熟悉，空气中原来就有比较恒定的静压力，只是我们经常生活在这个环境中感觉不到它的存在，我们把这个比较恒定的静压力称为大气压。从物理学的角度理解，大气压是空气分子的不规则运动及相互排斥所引起的。当空气中出现一种声音时，声音所产生的振动使空气分子在这个基础上产生有规律、有指向性的运动，改变了原来比较恒定的静压力，引起比原来静压力增高的量值就叫声压。换句话说，由于声音的存在，使空气发生一个小小的扰动，就可以使原来处于平衡状态的大气压力增添一微小的声压，并迅速向各个方向传播。

经典改装欣赏 8-3

1）声压历来用微巴（μbar）作为度量单位，它是巴（bar）的百万分之一。近年来，国际上统一用帕作为声压的度量单位，帕的全称为帕斯卡（Pa）。声波的振动可以使空气形成压缩状态和稀疏状态，从而造成原来大气静压力的增大或减小，所以声压的值可以是正值，有时也可以是负值。通常我们说的声压指的是它的有效值，所以实际上声压总是正值。声音产生的压力，如同声音的强度一样，变化范围极大。因此度量声压的大小，同样采用对数（数学里以 10 为底的对数，又叫常用对数）关系表达比较方便，由此引出声学的另一个概念：声压级。

2）评价某一点的声压级，是指该点的声压与参考声压的比值取常用对数再乘以 20 的值，度量它的单位是分贝，符号为 dB。参考声压是 $2\times10^{-5}$Pa，相当于 1000Hz 纯音的听阈。假如某一处的声压比参考声压大 100 倍，那么它们的比值就是 100，取常用对数再乘以 20，则该处的声压级为 40dB。同理，假如某一处的声压比参考声压大 100000 倍，那么它们的比值就是 100000，取常用对数再乘以 20，则该处的声压级为 100dB。从这两个例子可以看出，声压与参考声压的比值从 100 倍变为 100000 倍，增加了 1000 倍，用声压级表示仅增加了 60dB，可见用声压级表示声音的大小，比采用声压来表示要简单得多。

3）采用分贝（dB）来表达声学量值的主要原因，是由于人体听觉系统对声音强弱刺激的反应不是按线性（即逐渐加大）规律变化的，而是成对数比例关系变化的，所以采用对数的分贝值可以适应听觉本身的特点。其次，日常生活中遇到的声音，若以声压值表示，变动范围是很宽的，当用对数换算后，就可以大为缩小声压的变化范围（从数值上看），因此用分贝来表示声学的量值是科学的。声压级习惯上常流行的符号为 SPL，但目前国际上采用推荐的符号为 $L_p$。声压级是反映声音的大小、强弱的最基本参量。一些声音的声压、声压级和感觉到的响度见表 8-1。

**表 8-1　一些声音的声压、声压级和感觉到的响度**

| 声源 | 声压/Pa | 声压级/dB | 响度 | 声源 | 声压/Pa | 声压级/dB | 响度 |
|---|---|---|---|---|---|---|---|
| 听觉阈 | $10^{-12}$ | 0 | 极轻 | 警笛 | $10^{-4}$ | 80 | 极响 |
| 树叶微动 | $10^{-11}$ | 10 | | 锅炉工厂 | $10^{-2}$ | 100 | |
| 细语 | $10^{-11}$ | 10 | | 铆钉锤 | $10^{-1}$ | 110 | |
| 交谈（轻） | $10^{-10}$ | 20 | 轻 | 雷声、炮声 | $10^{-1}$ | 110 | |
| 收音机（轻） | $10^{-8}$ | 40 | | 痛觉阈 | 1 | 120 | 震耳 |
| 交谈（平均） | $10^{-7}$ | 50 | 正常 | 摇滚乐 | 1 | 120 | |
| 工厂（平均） | $10^{-6}$ | 60 | | 小口径炮 | 95 | 130 | |
| 闹市（平均） | $10^{-5}$ | 70 | 响 | 喷气飞机起飞 | $10^{3}$ | 150 | |

声压竞赛这种活动，在国外早已流行多年，而且每一个国家都有不同的玩法。像美国玩的是室内纯声压和户外纯超低声压。利用大型车辆安装为数众多的超低音，营造出极低频的声压，让在场人的心脏、身体感受音响所带来的压力以及节奏感；日本则是利用全频段的扬声器，或是分音扬声器，营造出全频段的声压，让在场的人享受不错的音响效果，而且玩到最后均会采用声压测量仪，作为最公平、最专业的声压测量；在国内则叫“炸机”。

**7. 箱体的最佳尺寸**

在购买新的扬声器单元时，往往会发现扬声器单元制造商推荐有最佳的箱体尺寸。这方面可能包括密闭箱和开口箱的容积。通常，这个值与 $V_{as}$ 或锥盆支撑弹性的等效空气容积有关，该弹性是由锥盆和音圈质量，以及称为扬声器单元支撑的折环和定心支片的刚性等几个方面组成的。

1）箱体的比例。当制作扬声器箱体时，有各种不同的结构选择，包括立方体、圆柱体或其他的形状。每种形状都有特殊的特性、优点和缺陷。但是，常用的音箱不管是闭箱还是倒相箱大都是长方体的箱体，所以，我们就是需要对长方体箱体尺寸关系进行的讨论。

假定扬声器特性表中建议箱体容积 $V_b$ 为 0.09056$m^3$。就能用这个值为实际扬声器单元确定理想的箱体尺寸了。

如容积已定，先要把所要求的内部容积的立方米单位转换为立方厘米，然后再求得结果的立方根，就可以得出所要求的高度、宽度、厚度。

正方体箱体（即高度、宽度、厚度相同的箱体）对用于超低音音箱是很适合的，因为这种箱体能通过增强内部驻波而提升箱体的总输出。许多音箱制造商已经采用了靠经验得到的“黄金”比率或“黄金”分割率，这个比例或比率与根据理想比率 0.618 而确定的箱体尺寸比有关。

举例来说，应用的是整数尺寸，如 6 单位的深度，10 单位的宽度，16 单位的高度，深度对宽度的比率 =6∶10 =0.60，而宽度对高度的比率 =10∶16 =0.625，这些最终尺寸的纵横比与理想的0.618值相当接近的，因为该比率可使选出的近似尺寸不会出现增强内部共振的公共简正频率，所以这个比率已被确认为能产生最佳的声音。

2）计算内部尺寸。假定所要求的内部纯容积为0.09056$m^3$，计算过程如下：

① 把0.09056$m^3$ 转换为90560$cm^3$。

② 假定取纵横比为6∶10∶16，将这三个数相乘，得到积为960。

③ 把90560$cm^3$ 除以960，得到的商为94.3。

④ 现在，求出94.3的立方根，大约为4.55。

⑤ 最后，用4.55cm乘以纵横比的三个值，分别为：6×4.55cm＝27.3cm（厚度），10×4.55cm＝45.5cm（宽度），而16×4.55cm＝72.8cm（高度）。

⑥ 经过这些计算，将箱体的宽度、高度和厚度值相乘，和原来要求的箱体容积相比较。由于要化为整数，乘积可以稍有不同，当有1%误差时可以认为是无关紧要的。

以上就是决定箱体最佳尺寸的全过程。也能选择其他的7∶11∶17纵横比，或34∶55∶89，也按前面举例的同样方法进行。当最佳值有5%左右误差时，对放音质量仅有很小的影响。

3）关于误差。假如遇到的是小容积的音箱，那么此时容积是与扬声器单元装在箱内占有的容积有关的。读者可以把箱体容积做得稍为大些以补偿扬声器单元的容积。假如在扬声器单元特性中没有给出扬声器单元的位移值，那么可以根据下述公式计算近似的位移值（或容积）：$V=\pi r^2h$ 式中，$r$ 是磁体半径，而 $h$ 是磁体的厚度或高度。

设磁体直径为11.4cm（半径就是5.7cm），厚度为25mm，容积为：$3.1416\times5.7^2\times2.5cm^3=255.2cm^3$。

现在，计算用下面公式计算锥盆容积：$V=\pi r^2h/3$ 设锥盆直径为2290mm，而高度为51mm，所以锥盆容积为：$3.1416\times11.5^2\times5.1cm^3/3=706.3cm^3$。

把磁路容积（255.2$cm^3$）与锥盆容积（706.3$cm^3$）相加，给出扬声器单元容积为961.5$cm^3$。该值只不过比箱体所要求容积90560$cm^3$ 的1%稍大些而已。所以在这种情况下扬声器单元的容积是并不重要的。只要扬声器单元的合成容积不超出总箱体容积的5%，在计算时就可以忽略不计了。

无论用什么样的比例，深度、宽度和高度的尺寸都不应该存在任何一个数的整倍数。举例说来，不应该采用8、16和24，因为这些数都是8的整倍数，所以在箱内将会出现有害的共振。对超低音音箱来说，因为箱体需要共振，所以常常制成正方体的。而且，这种音箱放音仅覆盖较窄的频段，故而箱体的共振增强了输出。当然，也能利用开口箱形式进一步增强低音。

## 四、超低音音箱制作过程

本章以大地震DBXI-10透气箱的制作过程为示范。制作低音音箱的木材，最理想是使用中密度板，厚度以最少六分板为佳，而大地震DBXI-10要求的厚度是八分板。根据大地震所提供的数据，裁出适合的木板块。

1）首先将音箱木板衔接处涂上白胶如图8-19、图8-20和图8-21所示。

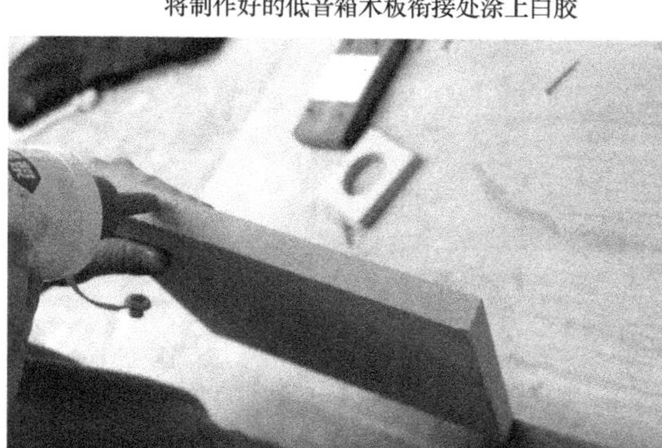

将制作好的低音箱木板衔接处涂上白胶


图 8-19 将木板涂上白胶步骤一

图 8-20 将木板涂上白胶步骤二

2）涂上白胶后的木板先使用钉枪固定（图 8-22）。

图 8-21 将木板涂上白胶步骤三

图 8-22 钉枪固定

3）在木板与木板接缝处在涂上白胶以防止漏气（图 8-23）。
4）画好螺钉位置（图 8-24）。
5）在木板上钻孔（图 8-25、图 8-26）。
6）钻孔后上好螺钉（图 8-27）。
7）扬声器线座制作过程如图 8-28 ~ 图 8-33 所示。
8）扬声器线座固定步骤如图 8-34 ~ 图 8-36 所示。
9）初步完成制作的超低音音箱正面如图 8-37 所示。

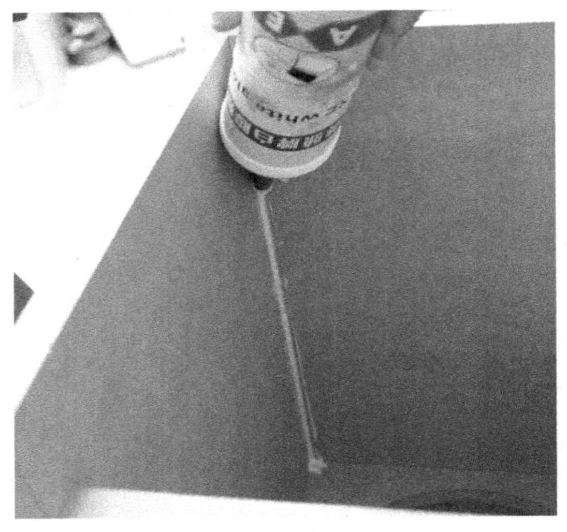

图 8-23　接缝处涂上白胶

规划好螺钉位置，并且有序工整

图 8-24　画好螺钉位置

在上螺钉前必须先钻孔

图 8-25　钻孔步骤一

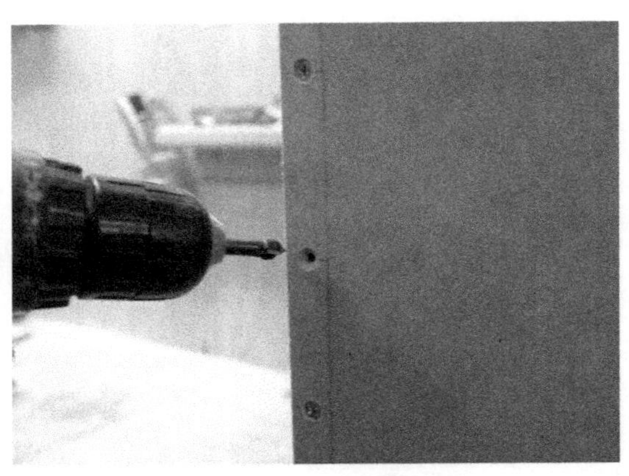

引孔后才能上螺钉

图 8-26　钻孔步骤二

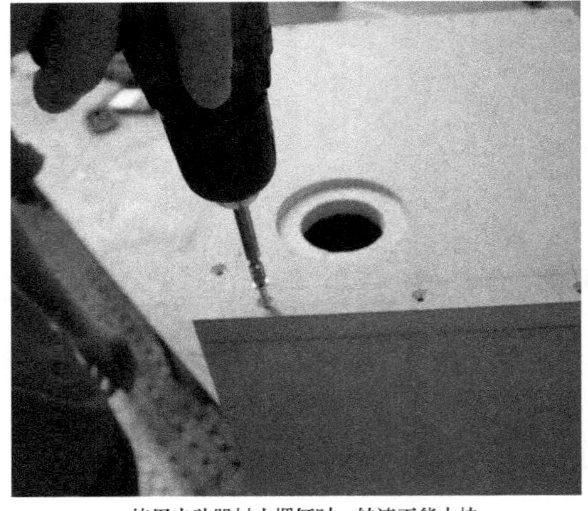

使用电动器材上螺钉时，转速不能太快

图 8-27　上螺钉

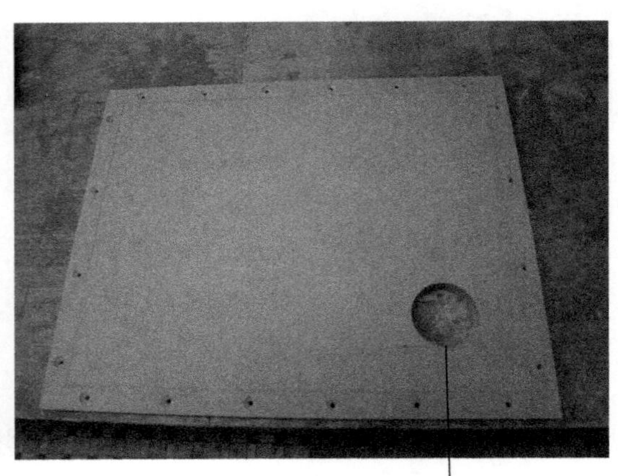

扬声器线座

图 8-28　制作扬声器线座步骤一

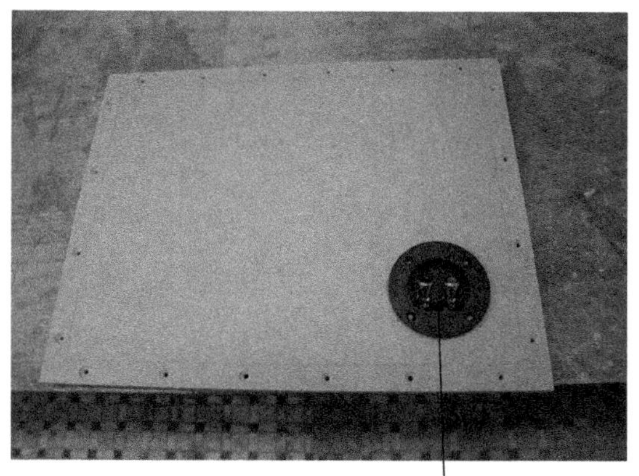


图 8-29　制作扬声器线座步骤二

图 8-30　制作扬声器线座步骤三

图 8-31　制作扬声器线座步骤四

图 8-32　制作扬声器线座步骤五

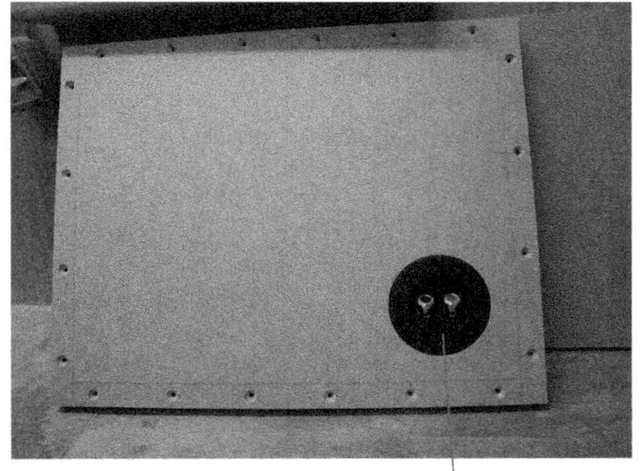


图 8-33　制作扬声器线座步骤六

图 8-34　固定扬声器线座步骤一

装置扬声器线座

图 8-35　固定扬声器线座步骤二

连接扬声器线座时必须注意极性

图 8-36　固定扬声器线座步骤三

10）使用喷壶在超低音音箱及绒布上喷上胶水（图 8-38）。

图 8-37　初步完成的超低音音箱

在超低音箱及绒布上喷上专用胶水

图 8-38　喷上专用胶水

11）然后用绒布包好超低音音箱（图 8-39）。

12）使用刀片将绒布修葺收口（图 8-40）。

使用绒布将超低音箱包覆

图 8-39　包上绒布

利用美工刀在绒布上修葺收口

图 8-40　绒布修葺收口

13）完成绒布收口后（图 8-41）。

14）在超低音音箱开口处贴上透明纸（图 8-42）。

15）在超低音音箱开口处喷上黑漆（图 8-43）。

16）拿掉透明纸，并等它自然风干（图 8-44）。

17）超低音音箱制作完成后的正面如图 8-45 所示。

18）超低音音箱制作完成后的侧面如图 8-46 所示。

收口完毕后的超低音箱正面

图 8-41　收口完毕后的超低音音箱

在超低音箱透气开口处贴上透明纸

图 8-42　贴上透明纸

在开口处喷上黑漆做美观及一般防潮处理

图 8-43　喷上黑漆

喷漆后拿掉透明纸，等黑漆自然风干

图 8-44　喷漆完成

图 8-45　超低音音箱正面

图 8-46　超低音音箱侧面

## 五、经典超低音改装欣赏

经典超低音改装如图 8-47 ~ 图 8-58 所示。

图 8-47　一只超低音声压式改装欣赏

图 8-48　一只超低音密闭式音箱改装欣赏

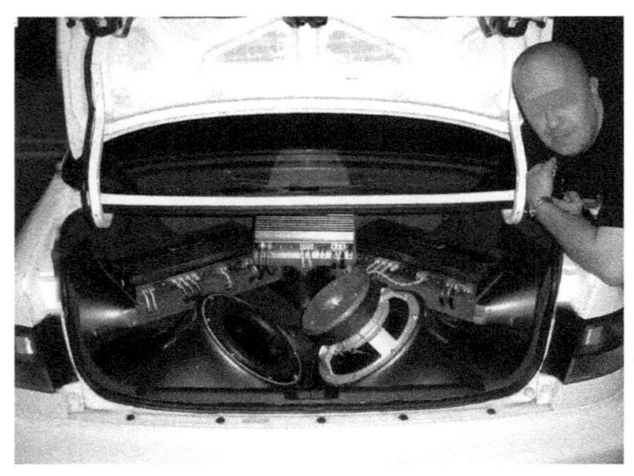

图 8-49　两只超低音推挽式音箱改装欣赏

图 8-50　三只超低音密闭式音箱改装欣赏

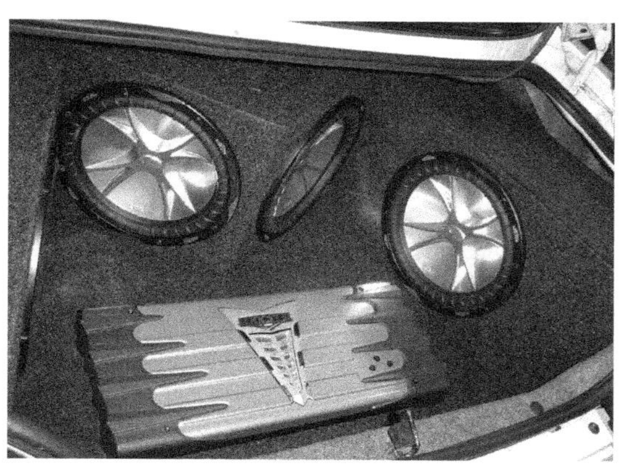

图 8-51　四只超低音密闭式音箱改装欣赏

图 8-52　六只超低音透气式音箱改装欣赏

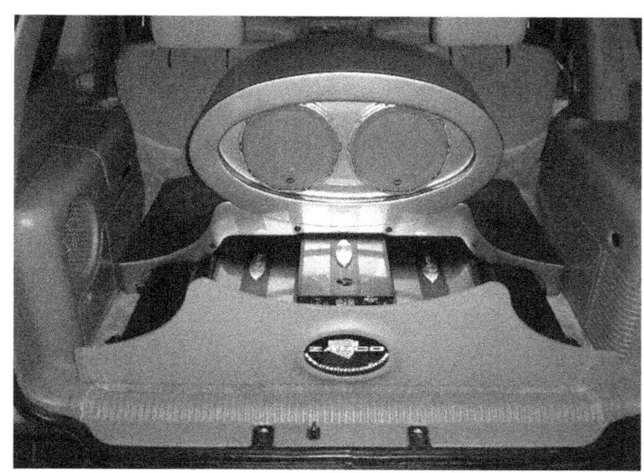

图 8-53　椭圆形密闭式音箱改装欣赏

图 8-54　不同尺寸超低音音箱组合改装欣赏

图 8-55　前声场配置超低音改装欣赏

图 8-56　多只超低音声压式改装欣赏

图 8-57　四只超低音声压式改装欣赏

图 8-58　六只超低音声压式改装欣赏

第九章

# 汽车影音问题汇总

## 一、汽车影音系统噪声来源详解及排除方法

在使用汽车影音或更换影音系统之后，会产生许多种噪声，噪声会影响音质，降低影音系统的指标，甚至使整个影音系统无法聆听，针对这个问题，介绍噪声的来源和基本排除方法。

### 1. 噪声的来源

噪声可以从以下途径侵入汽车影音系统

1）侵入电源线（通过主机和功放电源线进入系统）。

2）通过接地线的电流（通过天线的接地线和功放的接地线）。

3）受其他电线线束的感应（通过天线接收和原车线束感应）。

4）用电设备的干扰（控制单元、电动机等）。

**注意：**

1）、2）、3）项是有相关性的。

经典改装欣赏 9-1

### 2. 应付噪声的对策

一般对付噪声使用的零件，有汽车电容器或同轴汽车电容器（应付高频噪声特别有效）、扼流圈（电感）、LG 滤波器、接地线等。

1）对于点火系统的噪声，检查点火线圈电容器是否安装，如安装检查容量是否减小，如果容量减小白金触点容易烧蚀，产生干扰火花，需要更换电容量为 5μF/400V 无极性电容。

检查点火高压线是否使用碳精线，如果使用金属线式的容易产生干扰，尤其是容易造成收音部分干扰严重，所以必须更换。

可以用加大电阻的方法，抑制火花噪声，方法是用 1MΩ 电阻串接在点火线圈输出主高压线之中，减小干扰。

2）电动机噪声的排除。首先将音响的器材和信号线远离电动机及电动机线，可用 1 只无极性电容并联在电动机两端，也可先用 2 只电感分别串联在电动机正负极线中，再用 2 只无极性电容分别接在电动机正负极线中，另一端接地形成滤波电路，作用是吸收电动机电刷的火花使噪声减少。

经典改装欣赏 9-2

3）对没有继电器电扬声器产生的噪声，排除方法主要有以下几种：

① 在其中一个扬声器的端子对接地并联连接一个电容器。

② 在其中一个扬声器的端子先串联一个电感，再对接地并联连接一个电容器。

③ 在两个扬声器的端子上分别使用上述方法。

④ 在转向盘的扬声器按钮触点之间并联一个电容器。

4）对有继电器电扬声器产生的噪声，排除方法主要有以下两种：

① 电扬声器支架与车身应接触良好。

② 在继电器触点两端，并联一个电容器，或在触点两端分别对接地并联一个电容器。

5）接地不良会产生噪声。如果车头盖未能牢固接地，整个车头盖会变成一个天线，把汽车各部分产生的噪声辐射到周围空间，并从天线和各电路引入音响系统。车头盖与车身加装连接线时，必须把接点上的油漆、油迹、污垢等完全清除。发动机与车身，或前轮悬挂、车身之间，排气管与车身之间都应有很好连接。

6）电源线噪声抑制。为有效地消除电源线产生的噪声，应把扼流圈接近功率放大器安装。如有多部功率放大器，应在每部功率放大器附近都安装一个扼流圈，因为噪声能从一部功率放大器传至另外一部，令单个的扼流圈失效。

7）对信号线（RCA）传入噪声的抑制。信号线应远离电源线，与电源线分别安装在车身两侧，这样一来可以避免干扰的可能性。信号线如有双层遮罩网，应把外层遮罩网接在机体上。

在实际应用中还会遇到许多问题，但重要的是先找到干扰源，然后再对症下药解决它，使汽车影音系统播放的每一个节目都清晰纯净完美无缺。

噪声问题是汽车影音故障中，原因最多和较难排除的，因为汽车的结构和线路较复杂，能产生噪声的地方较多，所以掌握一些汽车电路和汽车影音方面的知识后，排除故障才能得心应手。

1）故障部位。首先根据噪声情况，通过原理分析和判断找出故障所在部位，再采取不同排除方法。

2）简单排除方法。先了解影音系统中的收音、磁带和 CD 部分是否都有噪声，如果都有，应检查电源线、接地线、音频信号线，走线的部位是否合理，音频信号线有无松动，外皮是否破裂搭铁，功放应与车身绝缘。针对不同的噪声来源，采取不同的措施进行处理，如果噪声不能排除，先把产生噪声信号源处理掉，然后再采取防噪声措施，这样一来才能将噪声彻底解决。

**3. 噪声的检查方法与分析步骤及症状**

1）先起动发动机、前照灯，打开空调，将音响系统开到正常位置。

2）按下静音键，将发动机的转速从 1000r/min 慢慢加到 3000r/min 左右，细心聆听高音部分，听听是否有噪声（即“咻、咻”的啸叫声）。如果没有噪声，说明该系统合理、正常。

3）发动机起动后，打开音响，是否有“哒哒哒”的噪声，就像与发动机点速同步一样。

4）按原车的警示用扬声器，汽车影音是否一起响。

5）汽车拐弯时转动转向盘，汽车影音扬声器是否有“沙沙”的声音。

6）汽车影音的音源在选曲时是否有“哒啦哒啦”的声音。

7）发动机没有起动，打开汽车影音，是否有絮絮的高频噪声。

8）发动机没有起动时，打开汽车影音一切正常，发动机一起动汽车影音的功率放大器是否就保护、无声，但是低音功放正常工作。

9）音响改装完成后，一切正常。但是车辆行驶中汽车影音是否有突然死机，没有声音，车停下来又正常的现象。

10）新车加装 DVD 后是否出现时有时无的啸叫噪声，用 CD 单碟机就没有噪声。

11）开、关车门是否有“噗”声。

12）制动时是否有“嘎嘎”的声音。

13）开前照灯的瞬间是否有“噼噼”的声音。

14）开车门下车脚踩到地时是否有“哒”的一声。

15）新车改装音响一个月后，发动机刚起动时是否会有“沙悠沙悠”的声音，但过会就没了。

16）噪声解决后一个多星期，是否又出现原来的噪声。

17）噪声是否时有时无。

**4. 噪声的跟踪与排除**

把所有的功放输入信号即 RCA 解除，然后按噪声的检查方法检查，试听是否有噪声。

1）有噪声的跟踪方法。把功放的输出扬声器线解除，拿个扬声器直接按在功放上，聆听是否有噪声。

2）有噪声的检查方法

① 检查功放的接地点是否正确，如不正确需重新找接地点。注：两台以上的功放的接地点必须在同一个点上，必须把接地线接到车身的立梁上。

② 检查功放的增益电位器，接触是否良好。

③ 检查功放的外壳是否有接地现象。

④ 检查功放的信号输入是否有搭线的现象。

⑤ 分音器是否与大电流的电源线并行。

⑥ 信号线 RCA 布线是否合理，是否与电源线并行。

⑦ 信号线的遮罩是否良好。

⑧ 音源（主机）的接地线是否接到车身大梁上，最好用 8AWG 电源线。

⑨ 信号线的接线端子与功放的接线端子是否匹配，接触是否正常。

⑩ 车载 CD 机的供电线路是否良好。车载 CD 机的电源线路必须重新连，不用原车的线路。

⑪ 车载 CD 机的 RCA 输出端子与信号线的端子配合是否良好。

⑫ 检查车载 CD 机的电压与功放的电压是否相同。

⑬ 扬声器线是否有搭铁的现象。

⑭ 扬声器线的布置是否有与本车的主电源供电线路并行。

汽车影音出现噪声时，加电容只能起很少作用，会用才是真功夫。

## 二、汽车影音系统故障排除的步骤

安装影音系统往往没有那么顺心如意，在安装后能够开机就没有问题，以下是各位常常碰到的情况，解决方法有一定的顺序。

## 1. 开机之后功放电源没有起动

1）检查主机电源线是否连接至功放及前级。

2）主熔丝是否装上。

3）使用万用表测量功放端的起动电源线是否有电，电压是不是太低，如果太低，则需要加装一个继电器。

经典改装欣赏 9-3

## 2. 无声音但设备电源已经全部起动

1）主机的 FADER 是不是在正确的位置。

2）前级信号连接是否正确。

3）拔开主机端的 RCA 信号线，用手去摸 RCA 信号接头听听看有没有声音。如果有，则问题出在主机，如果没有，即是后段的问题。

4）使用万用表测量信号线正负之间有没有短路、信号线有没有断路（两端之间）。

5）前级及功放的功能设定是否正确。

## 3. 一边无声音

1）检查主机左右平衡钮是不是在中间位置。

2）检查主机输出线连接是否正确。

3）确认信号线是不是次品。

**4. 某一声道无声音**

1）确认扬声器线是否连接，可以在功放的输出端使用仪器去测量扬声器有没有声音。

2）功放的信号线有没有输入，RCA 端子有没有折损或没有插入 RCA 母座。

3）将功放扬声器线左右对调，以确认扬声器是否正常。

4）将功放输入信号左右对调，以确认输入信号是否正常。

5）检查扬声器线及扬声器分音器的接线。

**5. 左右声道音量不一样**

1）检查主机平衡钮是否在中间位置。

2）检查前级输入或输出左右 LEVEL 控制钮位置是否一样。

3）检查功放输入灵敏度左右声道设定是不是一样。

4）将主机信号线左右对调，扬声器音量较小的那一边会不会变大，如果会则表示是主机的问题，反之则是后段的问题。

5）扬声器分音器的接线是否正常。

经典改装欣赏 9-4

**6. 某一声道高音无声音**

1）检查分音器的配线是否接通。

2）用仪器从分音器端去测量高音有没有声音。
3）分音器是否错将扬声器线输入端接至低音输出端。

**7. 超低音音量很小，有打底的声音**

1）检查超低音扬声器接线。
2）两支扬声器相位相反，或双音圈相位相反。

**8. 高音非常刺耳**

1）检查扬声器分音器接线。
2）错将扬声器分音器的低音输出接至高音扬声器。

**9. 嘈声非常大**

1）检查 RCA 信号端子的负端是否接通。
2）主机端的 RCA 信号输出端负端已断路，可以用万用表测量负端与主机机壳有没有连通。

**10. 声音时有时无**

1）没有声音的时候，检视所有器材电源是不是都已起动。
2）如都已起动，请检查所有信号线连接端，由功放→前级→主机。
3）如果没有起动，检查所有的电源接线及接地。

**11. 音量忽大忽小**

1）检查电源接地线与车壳的接点是否松动。
2）检查前级及后级的输入或输出 RCA 座是否正常。
3）检查灵敏度旋钮是否正常。

经典改装欣赏 9-5

### 12. 功放很容易保护

1）测量超低音扬声器阻抗是不是过低，是否在功放的承受范围之内。
2）扬声器线正负之间是否有铜丝短路。
3）扬声器线是否破裂碰上车壳。
4）是否散热不良。

### 13. 超低音功放很容易保护

1）测量超低音扬声器阻抗是不是过低，是否在功放的承受范围之内。
2）扬声器线正负之间是否有铜丝短路。
3）扬声器线是否破裂碰上车壳。
4）是否散热不良。

### 14. 功放异常高温，但没有启动保护

1）检查接地线回路。
2）信号线接地回路。
3）高频振荡引起。

### 15. 低频振荡，产生“啵啵啵”的声音

1）检查接地线回路。
2）总电源接地松动，或接地点不好。

### 16. DVD 系统

1）安装后开机后收音显示正常，进入 DVD 状态没有画面。这种情况一般新款主流主机都有一个功能《制动检测》，请参照说明书将制动检测线接到相应的线上就好了（一般主机使用的制动检测都是地线）。

2）倒车后视不能使用或者不能自动切换，常见问题有两种：

① 倒车检测线没有从倒车灯接到主机相应的端子。

② 部分主机有倒车检测功能，在主机功能菜单里面可以设置成打开或关闭，新机的时候需要设置才可以使用，记得设置一下就可以了（典型的例子：好帮手的 DVD）。

3）收音效果不理想：这种情况一般常见于通用 DVD 的安装。主要原因两个：

① 一个是原车有收音机放大器的电源没有接到 DVD 收音机控制输出上。

② 二是部分车型使用窗式天线，收音灵敏度低，可以尝试加装收音信号放大器。

4）导航没有信号。导航没有信号，这种情况一般由于 GPS 导航天线安装位置不合适。还有一点需要注意的是一般导航在安装完毕首次收音试机的时候，会与卫星有一个同步过程，这个过程可能根据地点信号强度及机型不同要 2 ~6min 左右。卫星天线现在一般已经使用第三代天线。直接安装在前风窗玻璃角落内侧信号强度已经够了。

5）原车转向盘控制。部分机型接上转向盘控制线或插头后不能控制，如果专用机型有外挂转向盘控制转换器的，需要接相应的供电电源才能正常，部分机型没有外部控制器的还

可能需要做对码设置（比如华阳）。

经典改装欣赏 9-6

## 三、主机的拆卸方法

原车主机的拆卸方法见表 9-1。

**表 9-1　原车主机的拆卸方法**

| 车　型　车　款 | 拆　卸　方　法 |
|---|---|
| 北京奔驰欧蓝得 | ① 拉出三个空调旋钮<br>② 用小十字槽螺钉旋具下 2 个小螺钉<br>③ 用一字槽螺钉旋具撬开主机面板<br>④ 用十字槽螺钉旋具取下 4 个主机固定螺钉<br>⑤ 用十字槽螺钉旋具取下杂物箱，完成 |
| SPARK、QQ | 要先拆 5 个螺钉，仪表周围 4 个，主机下杂物箱 1 个，然后用贴膜硬胶刮板慢慢撬开整个面板，再拆主机的 2 个螺钉即可 |
| 爱丽舍和大众 | ① 用专用工具<br>② 也可以自己用铁丝做工具<br>③ 两边洞插入一根铁丝，然后一起往外边拉就可以 |
| 奥迪 A6 | 需要使用专用钥匙插进去再拉出来，或者 A6 专用卡子，用索尼卡子把前头锯成半圆 |
| 奥迪新 A4 | 同上 A6 一样 |
| 奥拓 | ① 拆下烟灰盒及其铁皮架<br>② 拆下点烟器座（一手按住点烟器的外面，另一只手伸到仪表板下，逆时针方向旋转就能拆下，拆前先将点烟器上的 2 根电源线拔下）<br>③ 拆下主机面板上的 2 个旋钮，就露出 2 个固定螺钉，拆下<br>④ 取下连着电子钟的面板，又露出 2 个固定螺钉，拆下<br>⑤ 钻到仪表板下，拆下主机下方的铁架，其中有一根铁皮连着主机的尾部<br>⑥ 此时就可慢慢将主机从仪表板下方取下。注意，由于仪表板下方空间较小，取主机时要慢慢斜着拿下来 |

（续）

| 车型车款 | 拆卸方法 |
|---|---|
| 宝马330Ci | 慢慢撬开上面银色的装饰条，左右2个螺钉拆下即可 |
| 保时捷卡宴 | 向外撬出主机旁边的边框（先从边框下面左右两点突起的地方撬），就可看到4个螺钉，拆下就可以拉出主机 |
| 北京切诺基2500 | 用力从下往外拉，然后再拉上面，也是往外拉，全是卡子．原装机是VDO的511单碟机 |
| 北京现代途胜 | 首先拆掉变速杆及其下的饰板，可见固定螺钉，拆下，向前直接拉出饰板，可见固定主机螺钉，拆下即可，注意下面的2个螺钉也得拆 |
| 奔驰S600 | ①屏幕：先拆仪表中间的小风口，里面有1个螺钉；再拆底盘升降的开关（开关上方有1个螺钉）；然后再撬开屏幕四周的面板（共两块），即可看到屏幕有2个螺钉<br>②主机：先拆下主机下边的面板（用真皮包的，所用工具一定包好，不要把皮子划坏），有2个螺钉；将覆盖主机的翻转面板打开，上方有2个螺钉，拆下，外框拿出后；可发现主机的4个螺钉 |
| 本田2.3 | 在面板框上边有个电子表，它的后面有1个螺钉，须将电子表拿下，再将大面板框撬下，就可见主机螺钉，拆下即可 |
| 本田2.4 | 先把变速杆框拆下，拆下里面2个螺钉，烟灰盒拿下来，拆下杂物箱，拆下上面面板就可以看到，拆下螺钉主机拉出来就可以了 |
| 本田CRV | 拆去下边2个螺钉向外拉即可 |
| 本田思域 | 与飞度拆法大致相同 |
| 比亚迪 | 先把OEM上的空调出风口卸下，在OEM下有螺钉，注意是4个，有2个在下面 |
| 标致307 | 用4根圆珠笔芯插进机头左右4个孔中，用小刀从两边往外撬（因为里面有4个卡子，将圆珠笔芯插进4个孔中就能将卡子顶开了，最好是刚好能插进去的圆珠笔芯或同样粗细的东西，使用圆珠笔芯是为了不将机头划坏） |
| 别克君威 | 把主机两边的桃木弯长条先拆了，然后用七号套筒就可以把主机拆了 |
| 别克凯越、现代索纳塔 | 都是直接由下往上撬开 |
| 别克新世纪 | 取掉左右两侧保险盖，仪表处一大块桃木饰板取下，注意都是卡子 |
| 昌河爱迪尔 | 用力拉出烟灰盒，拧掉5个螺钉，再把面板由下往上提 |
| 昌河铃木利亚纳 | 拉开烟灰盒就可以在两边扯开主机的饰条了，需小心，内部很薄，里边的卡子是胶的，不算紧，扯掉饰条就看到主机螺钉了 |
| 长安铃木羚羊 | 音响后面有1个暗螺钉，要钻到仪表板下，用一把好的十字槽螺钉旋具拆下，当心损坏 |
| 大切诺基4700、V8 | 撬开中央风口即可 |
| 大众 | 用专用钥匙插进去就可以，也可以用美工刀 |
| 大众开迪 | 撬开音响外框，见有4个六角头螺钉，拆下即可 |
| 大众速腾 | 顶上的盖子有1个螺钉，拆掉后下面的面板有1个固定螺钉，拉出来就看到主机外面框的2个固定螺钉，拆掉即可，没有断电锁机 |
| 东风本田思域 | ①拿开驾驶座的熔丝盒盖，有2个螺钉，拆下<br>②在音响主机下有个小盒子，上面的盖子拿走后有2个螺钉，像飞度一样，用灯照看<br>③把驾驶座面前的塑料件整体往上60°提起，内有很多卡扣，需小心<br>④音响连着空调一起出来，有很多卡扣 |

（续）

| 车型车款 | 拆卸方法 |
| --- | --- |
| 东风日产颐达 | ① 先把仪表板上面的四边形的盖子撬开<br>② 把音响的主机装饰框从下面撬开<br>③ 拆除主机两边的 4 个螺钉即可 |
| 东风小王子 | 先把转向盘和杂物箱下面的空调拉线断开，把烟灰盒拿下，拆下里面 2 个螺钉，然后把中央音响面板一起撬下来，把主机两边的 4 个螺钉拆下即可 |
| 东南菱帅 | 直接拉出外框，拆下螺钉即可 |
| 菲亚特 | 从音响面板下第三层开始拆，撬开饰板可见空调开关面板的 2 个螺钉，拆下后拉出空调面板可见音响下方的 2 个螺钉，拆下后直接拔出主机 |
| 丰田霸道 2700/4000 | 从下往上拿出音响两边的四条银色饰边，有 4 个螺钉；把烟灰盒外饰板取下，音响和空调控制板一起拉出 |
| 丰田 4700 | 丰田 4000 类似，前乘客座下有功放 |
| 丰田花冠 | 撬出音响饰框，连同中央风口一起，可见音响下方有 4 个螺钉固定，拆下后直接向前拉出即可 |
| 丰田皇冠 | 把仪表两边包有皮的两片直接往外拉出来，就可看到主机架子上的螺钉，拆下后就能把主机拉出来 |
| 丰田皇冠 | 先把两边的皮条撬掉，用手也可以，但不要用很大的力；拿下来就可以看到主机左右两边的螺钉 |
| 丰田凯美瑞 | 从变速杆开始拆，然后下面有两个插头，拔掉之后，音响上有 4 个螺钉，拆下即可 |
| 丰田陆地巡洋舰 | 在两边用小螺钉旋具在面板两边撬，请小心拆卸，拆完后可看到主机的螺钉拆下 |
| 丰田锐志 | 仪表中间好似喇叭盖的地方平衡向自己方向拉，拆下 2 个十字槽螺钉一目了然，向下中控台两边有两块装饰配件且它最下方是有金属边的，取下，可看到螺钉一边一颗 |
| 丰田威志 | 先把杂物箱两侧的装饰件卸下来，可看到里面有 2 个螺钉，把它卸掉，然后把上面出风口用螺钉旋具撬下来，里面还有 2 个螺钉，卸下后音响即拆下 |
| 丰田威驰 | 仪表上有 1 个螺钉，拆下后，直接撬开饰板就可以了 |
| 福美来 323 | ① 主机两边分别有一条装饰条，取下后就会看风口处有小插孔，像取卡座机一样，便可取下主机。若还不好取下则两手持风口处，均匀用力往外拉，中央面板就会取下，然后取下各插头后取下主机<br>② 拆下主机两边的小边 6 个小孔，用装中控锁的铁条插入（一边要两个）然后用力向外拉，即可 |
| 福美来二代 | 从面板四周慢慢敲开面板，(由于空调拉线的连接所以不能拿下面板）然后使用扁一点的东西竖着插进主机两边的缝里然后往外拉出主机 |
| 富康 | 大面板的皮套用指甲抠掉，拿十字槽螺钉旋具取掉即可 |
| 格兰迪 | ① 将变速杆挂到 N 位<br>② 从下往上撬开挡盖<br>③ 拔下空调三旋钮<br>④ 抽出空调面板<br>⑤ 拔掉空调插座<br>⑥ 拆下 4 个主机定位螺钉 |

（续）

| 车 型 车 款 | 拆 卸 方 法 |
|---|---|
| 广本 3.0 | 拆下原车 CD，时钟下边 1 个螺钉，烟灰盒内 2 个，拆下即可 |
| 广州本田—奥得赛 | 仪表盘上面有 2 个螺钉，最好把转向盘下面的护板也拆了，用刮板撬 |
| 广州本田—飞度 1.5 | ① 拆下杂物箱，断掉 3 根空调拉线<br>② 拆下变速器护板（下面是油箱/注意）取下水杯槽<br>③ 取出烟灰盒<br>④ 取下烟灰盒护板，拔下点烟器插座<br>⑤ 烟灰盒护板内侧上方对称有 2 个螺钉，向上固定着中央音响面板<br>⑥ 用较长的一字槽螺钉旋具，从杂物箱（空调拉线）伸进去打开音响面板右侧两个卡子，均匀用力，中控板和空调旋钮会一起弹出。小心取出主机和主机下侧的空调拉线（此前的操作应在断电 3min 后进行），更换主机后按相反顺序安装，安装变速器护板前应用胶带缠好起到保护作用，施工时嘱咐工人所有螺钉旋具应该用绝缘胶带缠绕（防止短路）。选购音响时必须注意，此车蓄电池是 80A 的，电流负荷不应超过！拆主机时须用胶带保护中控板；原厂主机下方储物盒不可从外部摘下（后面有螺钉），正确的方法应该是音响面板和空调旋钮是一体的应一起拆下；（关键）接功放火线必须断开电源 3min（原车有继电保护）才可操作 |
| 哈飞路宝 | 主机后边有数个螺钉，要拆仪表，伸只手过去，注意勿损伤到手 |
| 哈飞赛马 | 去掉上边杂物箱，从下边往外使劲撬，拆下 4 个螺钉即可 |
| 海南普力马 | 直接用贴膜小胶刮板，从下边撬开即可 |
| 韩国原装现代美佳 | 先拆出变速杆套，在前面板最下方，变速杆套面板最里面，有 1 个螺钉，拆了螺钉，直接取出前面框，主机有 4 个螺钉，接线同北京现代 |
| 悍马 | ① 从变速杆手柄由下到上拆卸<br>② 首先拆掉点烟器与机头连体饰板面框。面框拿不出来，有两个方法：硬撬出来，要特别小心，否则会划伤油面；把前面两座位之间的变速杆饰板拆掉，再拿出点烟器机头面框，请记着做好油漆保护工作<br>③ 把风口面框拿出来后，再把固定机子的 4 个螺钉拆走即完成 |
| 皇冠 3.0 | 先把机器两边的小板拉出，卸下 10 号螺钉即可取出 |
| 佳美 2.2 双层机 | ① 取下烟灰盒<br>② 撬开音响外框<br>③ 取下点烟器线和小灯线<br>④ 用 10mm 套筒拆下 4 个螺母 |
| 江铃陆风 | 要把主机上边出风口拿掉，里面有 2 个螺钉 |
| 旧阳光 | 先拆掉主机装饰框上边 1 个螺钉，直接用贴膜小胶刮板，从下边撬开即可 |
| 克莱斯勒大捷龙 | 茶杯架拆开还有 2 个螺钉 |
| 老宝马 5 系 | 撬开双层主机外框即可 |
| 老款奥迪 A6 | 主机用两个小锯条插入即可 |
| 老款昌河 | 外面的旋钮先去掉再拆里面 120mm 的螺母，旋掉烟灰盒 3 个螺钉，然后手从下面伸到后面，有一个 80mm 的螺母，然后倒着就可以拿掉了 |
| 老款大霸王 | 打开熔丝座上盖，风口上端有螺钉，拆掉烟灰盒和点烟器支架，里边有 2 个螺钉 |

（续）

| 车 型 车 款 | 拆 卸 方 法 |
|---|---|
| 两厢飞度 | 先拆下空调按钮下面面板2颗螺钉，拆下其饰板，然后用长十字槽螺钉旋具从下向上拆去里面2个螺钉，用贴膜刮板慢慢撬开面板就看到主机的螺钉，拆下即可 |
| 雷克萨斯300 | 先拆变速杆，然后卸下扶手箱内2个螺钉，拿下中央通道，取下烟灰盒，然后拉出空调开关系统（直接拉出），最后看到4个螺钉，拆下即可 |
| 雷克萨斯IS200 | 上面杂物箱直接拉开，再把下面的烟灰盒的面板也直接拉开，就可以看到CD上的4个十字槽螺钉，就可以把CD连空调拿下，一边4个螺钉去掉即可 |
| 铃木北斗星 | 把音响框上边下面2颗螺钉取下，再把烟灰盒取出，把点烟器后面的螺母取下，整个音响框就可拿下来了 |
| 铃木利亚纳 | 撬出两边的银色饰条就可以了 |
| 马自达M6 | 从茶杯箱到变速杆框没有螺钉，烟灰盒处有2个螺钉，拆开烟灰盒，面板有2个螺钉，拆开杂物箱，用10mm的套筒拆下一个螺母，就可以往外拉拆下机头 |
| 马自达普利马 | 直接在空调口里拉，要注意力度，因为有一个警告灯的线在那里，两个手的食指扣在空调口里，拇指按在音响的口上，拇指用力顶就开了，新丰设备可能要使点劲，然后可看到4个固定螺钉 |
| 蒙迪欧、福克斯 | 用专用卡插进机子4个插孔，用力往外拉 |
| 尼桑 | 主机上有一个小面板，下边从变速杆依次往上拆 |
| 尼桑奇俊 | 先把主机两边小冰箱的内衬板拉出。在右边的冰箱里有1个螺钉，是十字槽的螺钉，取下。然后用一字槽螺钉旋具撬主机饰框的两侧即可。再将里面的4个螺钉取下即可 |
| 欧宝 | 将扶手箱拆下即可 |
| 普利马 | 323豪华自动档普利马直接撬下面板即可 |
| 奇瑞的新款A520轿车 | 先拆一块长长的装饰条，再把主机撬出来即可 |
| 奇瑞东方之子 | 音响面框仔细观察有四个小的缝隙，用铁丝伸进去一拉就，就能看到有4个螺钉，请使用10mm的套筒拆除其螺母 |
| 起亚 | 先拍、敲两边再拆螺钉 |
| 起亚—赛拉图 | 中控台大面板，需用小一字槽螺钉旋具小心撬开，共6个卡子，分别为上、中、下均匀分布，后可看见音响。注意：使用适当的撬音响面板工具，不能留划痕 |
| 起亚狮跑 | 从下面直接撬，撬掉两边的桃木，就可以看到里面的螺钉了 |
| 起亚远舰 | 从变速杆开始撬，撬开后可以看到前面框子的螺钉，拆下后就可以直接撬开面板，看到固定主机的螺钉 |
| 日产风度A33 | 先把烟灰盒拿下来，用螺钉旋具小心撬开中间的空调出风口和AT变速杆下面的护罩，可以看到上面和下面的螺钉，拆下螺钉向外拉出机器，断开连接线和天线即可 |
| 日产天籁 | 把两边装饰条撬开，有4个螺钉，拆掉即可 |
| 三菱欧兰德 | 拆下驾座边两根拉线直接撬开，有4个螺钉，拆下即可 |
| 斯巴鲁森林人 | 先拆下变速杆饰板，内有2个螺钉，再拉下饰框即可 |
| 威姿 | 撬开音响外饰板，可以再撬开上饰板有2个螺钉，主机下面2个螺钉，拆下即可拿下机头 |
| 夏利CD | 上面出风口处2个螺钉，最下面2个螺钉，前壳拿下，主机2个螺钉，后面铁片剪断即可 |

（续）

| 车 型 车 款 | 拆 卸 方 法 |
|---|---|
| 现代亚绅特 | 没有螺钉，直接拔即可 |
| 现代圣达菲 | 首先要拆掉左边杂物箱，再从里边把面板桃木顶出来，如果硬撬肯定会撬坏面板，因为它很紧，就像从里面上了螺钉一样。另外施工的时候，最好把音响下面的空调面板总成拆下，否则就会产生麻烦 |
| 现代特拉卡 | 将整个面板先拉出上面再拉下面，面框撬开后，内有4个螺钉 |
| 现代图胜 | 先把变速杆拆掉，然后撬开下边的装饰框，看见大约10个，然后拿掉铁框子，再撬面板框，由下往上撬，然后就看见6个螺钉，卸下即可 |
| 现代御翔 | 打开杂物箱，拧下固定音响下面装饰条的螺钉，拆掉音响面框即可 |
| 新别克商务3.0陆尊 | 使用一字槽螺钉旋具或专用工具撬开装饰外框，内有4个螺钉拆除即可 |
| 新丰田皇冠 | 首先把两边的风口撬下，看见里面的螺钉，拆下 |
| 新佳美（前置六碟） | 用贴膜刮板撬开主机框，就看见4个螺钉，拧掉即可 |
| 新君越 | 直接拆面板。此车型有专用面框 |
| 新款本田思域 | 主机下面小杂物箱里2个螺钉。转向盘底下面板拆开有1个螺钉，其他都是卡子了，整个仪表板上和主机相连的面板都要取出来 |
| 雪佛来新赛欧—磁带机 | ① 用一字槽螺钉旋具撬开磁带机外框<br>② 用专用工具或铁丝插入4个小口中<br>③ 双手往外拉就可以了<br>④ 可以拆开烟灰盒再接线 |
| 雪弗兰景程 | 主机边上有块桃木，细看能看见有4个缺口，从缺口下手，撬开即可看到4个螺钉 |
| 阳光 | 直接撬开即可 |
| 伊兰特 | ① 面板拆卸。仪表板前沿上有2个螺钉，拆下；烟灰盒卸下，里面2个螺钉，拆下；用塑料片，沿着面板边缘插进去，面板基本打开，而后拔掉左边的票据盒，拔掉与面板相连的插头；再拔掉空调等接线插头，共4个；把面板拿掉<br>② 拆掉固定主机的4个螺钉，拿出主机，再拔掉CD主机和另外一个插头，全部拿出来 |
| 雨燕 | 在主机后面有2个螺钉，要从杂物箱和转向盘处拆 |
| 雨燕 | 跟两厢飞度相似，机侧各有1个螺钉，然后往外拉即可 |
| 中华 | 从变速杆那里开始撬开桃木，再拆下螺钉，往上拆即可 |
| 中华06款骏捷 | ① 先把空调银色面板撬出（只要撬出上沿，就可以看固定桃木面板的2颗螺钉，不用完全拆下来）<br>② 仪表板右边有块装饰板撬开，同样有2个螺钉固定桃木面板（桃木面板最右端）<br>③ 然后从右边慢慢撬出桃木面板，要小心不要心急，桃木板不是很厚（整块桃木面板有7或8个卡子）<br>④ 拆下桃木面板，拆下风口固定螺钉（风口上方有块绒布要撕下来，里面有2个螺钉），最后拆下两侧固定主机的螺钉就行了，这款车的面板看起像花冠，但是没那么简单 |
| 中华尊驰 | 用卡针插进音响4个孔，用力往外拉，非常吃力 |
| 自由舰 | 先把变速杆抠下来，内有2个螺钉在面板上，抠下来就看见4个螺钉 |

经典改装欣赏 9-7

## 四、各种车型扬声器规格

各种车型扬声器规格见表 9-2。

**表 9-2　各种车型扬声器尺寸**

| 车型车款 | 扬声器（前声场）/mm | 扬声器（后声场）/mm | 备　注 |
|---|---|---|---|
| 帕萨特 | 165 | 165 | 多数扬声器需要垫扬声器圈，主机 1DIN 规格，可安装 2DIN |
| 马自达 6 | 127×178 | 127×178 | 需要垫扬声器圈。主机为非规则面板，和空调共用显示部分 |
| 广本 2.4 | 165 | 152×229 | 部分扬声器安装时，前门需垫扬声器圈。主机为非规则面板 |
| 保时捷 911 | 127×178 | 127×178 | 主机 1DIN |
| 宝马 Z4 | 127 | 127 | 主机为非标准面板（横向狭长外形） |
| 尼桑天籁 JK 版 | 165 | 165 | 主机不规则 |
| 别克君威 | 127 套装 | 152×229 | 主机 2DIN |
| 奥迪 | 165 套装 | 165 套装 | |

（续）

| 车型车款 | 扬声器（前声场）/mm | 扬声器（后声场）/mm | 备注 |
|---|---|---|---|
| 宝来 | 165 | 中 165 | 主机 1DIN |
| 风神蓝鸟 | 165 | 165 | 主机 1DIN（可装 2DIN） |
| 中华 | 140 | 140 或没 | 主机 1DIN（可装 2DIN） |
| 伊兰特 | 165 | 152×229 | 主机 2DIN |
| 捷达 | 仪表 >6 或高音、前门没有或 165 | 127 | 主机 1DIN |
| 两厢广本飞度 | 165 | 165 | 主机 1DIN（可装 2DIN）。部分扬声器需要加木垫圈增高 |
| 风度 2.0 | 165 | 165 | 后窗台 203mm 低音、主机 2DIN |
| 桑塔纳 2000 | 仪表板 102 | 后 165 但是扬声器罩是方型，最好改 152×229 | 前门可改 165mm |
| 三菱帕杰罗 V63000 老款 | 仪表板 102 | 152×229 | |
| 新马自达 6 | 165 | 165 | |
| 雷克萨斯 400 | 102 | 152×229 | 前门带音箱 |
| 奇瑞（奇云） | 165 | 102×152 | |
| 奇瑞 QQ | 102 | 102×152 | |
| 标志 307 | 152 套装 | 后门 127 套装，头枕后（152×229） | 主机 1DIN（可装 2DIN） |
| 霸道 | 152×229 | 165 | |
| 千里马 | 127 | 165 | 前扬声器可以改为 165mm 但需要加木垫圈和在门板上重新打孔 |
| 花冠 | 152 | 后风窗 152 | 主机 2DIN |
| 大切诺基 | 152×229 | 165 | 主机 1DIN |

# 第十章

# 汽车影音改装服务流程及检核重点

## 一、汽车影音改装服务流程及各岗位职责分工

汽车影音改装服务流程及各岗位职责分工见表 10-1。

**表 10-1　汽车影音改装服务流程及岗位职责分工**

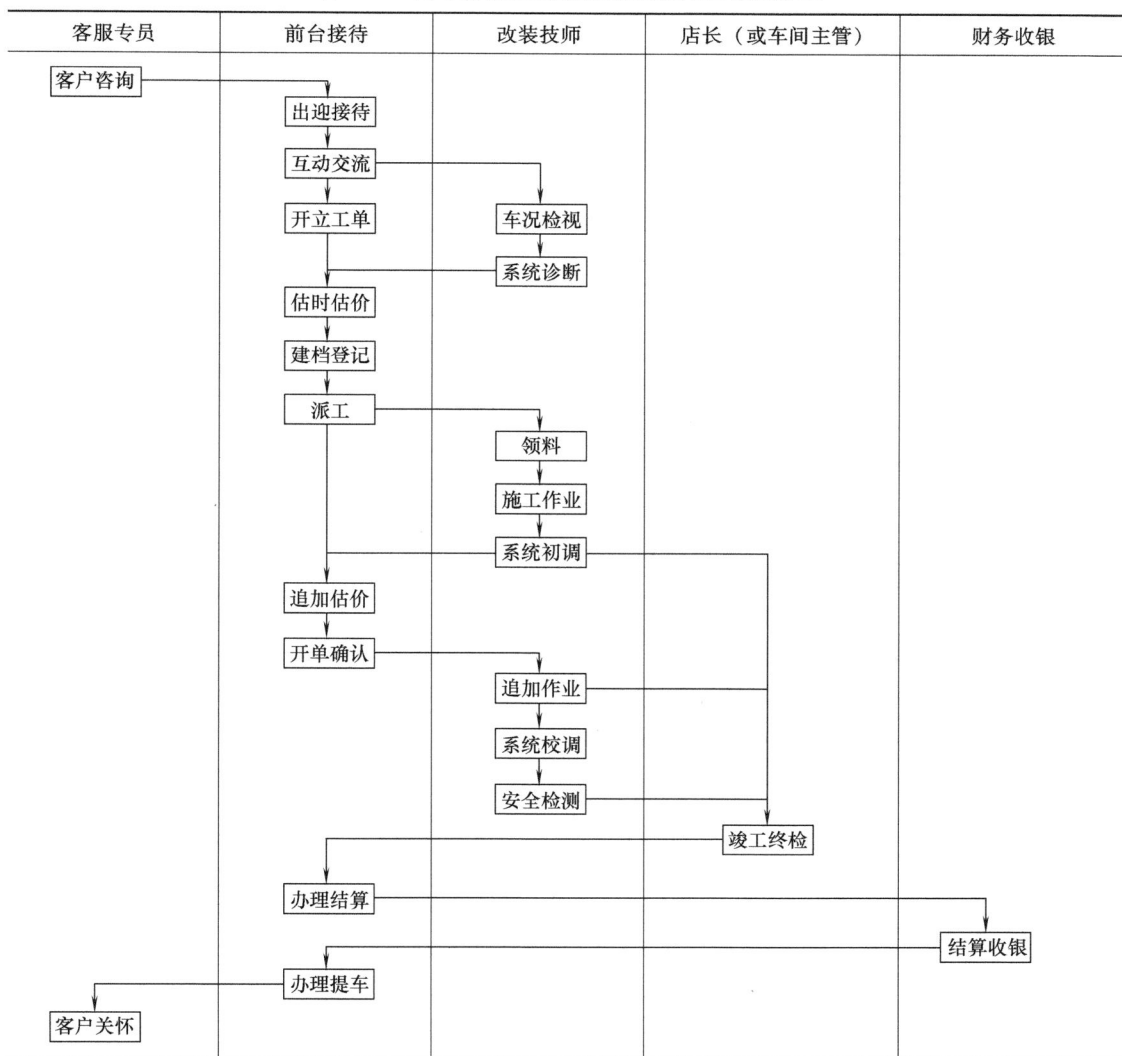

| 客服专员 | 前台接待 | 改装技师 | 店长（或车间主管） | 财务收银 |
|---|---|---|---|---|
| 客户咨询 | | | | |
| | 出迎接待 | | | |
| | 互动交流 | | | |
| | 开立工单 | 车况检视 | | |
| | | 系统诊断 | | |
| | 估时估价 | | | |
| | 建档登记 | | | |
| | 派工 | | | |
| | | 领料 | | |
| | | 施工作业 | | |
| | | 系统初调 | | |
| | 追加估价 | | | |
| | 开单确认 | | | |
| | | 追加作业 | | |
| | | 系统校调 | | |
| | | 安全检测 | | |
| | | | 竣工终检 | |
| | 办理结算 | | | |
| | | | | 结算收银 |
| | 办理提车 | | | |
| 客户关怀 | | | | |

## 二、服务流程说明

1）客服工作内容见表10-2。

**表10-2　客服工作内容说明**

| 序号 | 流程 | 内　　容 | 工作表单 |
| --- | --- | --- | --- |
| 1 | 客户咨询 | 1）接听电话客服专线<br>2）处理客诉案件<br>3）帮助顾客解决问题<br>4）提供产品相关信息及协助<br>5）提供产品后续服务 | 来电（店）客户信息登记表（表10-3） |
| 2 | 客户关怀 | 1）在特定的节假日、天气变化情况、客户生日发送短信祝福<br>2）通过电话回访客户，倾听客户的意见，随时关注客户的新需求<br>3）通过与顾客的互动发现公司运作盲点与问题，积极提出改善建议 | 客户回访登记表（表10-4） |

**表10-3　来电（店）客户信息登记表**

日期：

| 序号 | 时间 | 客户姓名 | 来电号码 | 地区 | 改装车型及项目 | 接待人 | 备注 |
| --- | --- | --- | --- | --- | --- | --- | --- |
| 1 | | | | | | | |
| 2 | | | | | | | |
| 3 | | | | | | | |
| 4 | | | | | | | |
| 5 | | | | | | | |
| 6 | | | | | | | |
| 7 | | | | | | | |
| 8 | | | | | | | |
| 9 | | | | | | | |
| 10 | | | | | | | |
| 11 | | | | | | | |
| 12 | | | | | | | |
| 13 | | | | | | | |
| 14 | | | | | | | |
| 15 | | | | | | | |
| 16 | | | | | | | |
| 17 | | | | | | | |
| 18 | | | | | | | |
| 19 | | | | | | | |
| 20 | | | | | | | |

登记人员：

**表 10-4　客户回访登记表**

日期：

| 序号 | 时间 | 客户姓名 | 电话号码 | 回访情况接通/未接 | 建议与说明 | 回复结果 |
|---|---|---|---|---|---|---|
| 1 | | | | | | |
| 2 | | | | | | |
| 3 | | | | | | |
| 4 | | | | | | |
| 5 | | | | | | |
| 6 | | | | | | |
| 7 | | | | | | |
| 8 | | | | | | |
| 9 | | | | | | |
| 10 | | | | | | |
| 11 | | | | | | |
| 12 | | | | | | |
| 13 | | | | | | |
| 14 | | | | | | |
| 15 | | | | | | |
| 16 | | | | | | |
| 17 | | | | | | |
| 18 | | | | | | |
| 19 | | | | | | |
| 20 | | | | | | |

回访人员：

2）接待负责工作内容说明见表 10-5。

**表 10-5　接待负责工作内容说明**

| 序号 | 流　程 | 内　　容 | 工作表单 |
|---|---|---|---|
| 1 | 出迎接待 | 1）负责来访客户的接待工作，包括为客户让座、递上茶水，咨询客户来访意向，对客户来访进行登记<br>2）负责为前来咨询的客户，安排技师进行改装，做到合理的工作安排<br>3）掌握客户改装项目进度，了解客户对施工服务的看法，并及时将跟进记录上报给公司经理 | 改装信息登记表（表 10-6） |
| 2 | 互动交流 | 1）了解客户聆听风格，如欧洲、美国、日本、国产<br>2）根据实际改装系统配置，并告知顾客消费金额 | |

（续）

| 序号 | 流　程 | 内　　容 | 工作表单 |
|---|---|---|---|
| 3 | 开立工单 | 填写改装项目服务单，并填写完整车辆信息登记 | |
| 4 | 估时估价 | 1）改装项目要让客户知道要花多少钱，何时可以交车，并让客户在服务单上签名确认<br>2）技师追加项目及金额要明确让客户清楚了解，让客户明明白白消费，免费或赠送项目多向客户说明，让客户感觉我们服务人员为他爱车着想<br>3）引导客户到客休室休息，遇到问题随时向客户报告情况<br>4）向顾客报价后，客户经常会讨价还价。这时，应主动引导顾客进行正确消费，已明确价格的项目不进行折扣；未明确价格的项目或有浮动政策的项目，经由店长同意后方可向顾客优惠。超出权限的折扣，应请店长接车单上进行注明并签字。注意：为了避免发生不必要的误解，报价时，应将某项目的或所有的服务，连同工时及材料费一起合计后，向车主报价<br>5）完成之前的收费价格确定后，询问顾客是否还有其他需要，如有，则进行差价报价，经顾客同意新增到改装项目服务单上 | 改装项目服务单（表10-7） |
| 5 | 建档登记 | 1）将改装项目服务单的确定项目价格合计，并签字，然后再请顾客查看内容并签字确认。客户签字后，如果客户在店里等候，则改装项目服务单客户联不交给客户。如果客户需要离店或主动索取改装项目服务单，则将改装项目服务单客户联交给客户，并告知改装项目服务单客户联作为提车凭证，不要丢失<br>2）请客户休息等候竣工通知。如顾客想观看施工过程，则由顾客自由活动<br>3）携带改装项目服务单及车钥匙到客户车辆处，装上卫生防护三件套 | |
| 6 | 派工 | 1）检查车辆卫生防护垫是否装好，如没有应先装好<br>2）请车主保管好或者拿走贵重物品<br>3）代客户驾车进入改装工位<br>4）根据下单要求信息，通知并分派给作业技师。接待人员有权合理调度技师，协助检测和施工。如技师繁忙，可请示店长协调<br>5）技师到位后，同时将改装项目服务单及车钥匙移交给技师。注意：移交车辆时，应将驾驶位车窗摇下，防止将钥匙锁在车上，造成不必要的麻烦 | |
| 7 | 追加估价 | 按技师建议的服务项目，在改装项目服务单上逐项列明收费价格 | |
| 8 | 开单确认 | 1）将改装项目服务单交给客户，逐一告知并进行确认。客户不接受的项目可划去<br>2）请客户在改装项目服务单上签字确认 | |
| 9 | 办理结算 | 1）从店长处接过车钥匙及随车的改装项目服务单<br>2）询问技师车主要求保留的旧件和余料存放位置，并取出（如果较脏应先用塑料袋或纸箱进行包装）<br>3）将车主指定保留的旧件和余料装上车辆行李箱<br>4）通知车主到现场看车并确定回收的备件<br>5）请车主到收银台处办理结算<br>6）收回车主留存的改装项目服务单（客户联）（如车主未领取客户联则省略）<br>7）按改装项目服务单追加项目，快速登录系统完善制单，核对服务项目和应收金额无误后，打印结算单<br>8）检查是否有促销赠品需赠送，如有，则此时提供给客户<br>9）将改装项目服务单和结算单一起交个收银处，由收银核算收款 | 改装项目服务单（见表10-7） |
| 10 | 办理提车 | 1）核对或与收银确定顾客已完成结算<br>2）带领车主到车辆处<br>3）取下车辆卫生防护垫<br>4）将车钥匙交给车主<br>5）指引车主驾车离店，向车主礼貌告别 | |

**表 10-6　改装信息登记表**

日期：

<table>
<tr><td colspan="2">客户姓名：</td><td colspan="2">电话：</td><td>车牌号码：</td></tr>
<tr><td colspan="2">品牌/车型：</td><td colspan="2">年份：</td><td>咨询时间：</td></tr>
<tr><td colspan="5">互动交流描述：</td></tr>
<tr><td colspan="5">建议改装项目：</td></tr>
<tr><td colspan="5">最终改装项目：</td></tr>
<tr><td colspan="5">客户改后意见：</td></tr>
<tr><td>会签部门</td><td>管理部</td><td colspan="2">部门经理</td><td>技术组</td></tr>
<tr><td>会签处</td><td></td><td colspan="2"></td><td></td></tr>
</table>

填表人：

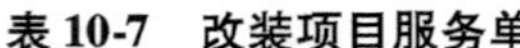

**表 10-7　改装项目服务单**

日期：

<table>
<tr><td colspan="7">施工车况确认表</td></tr>
<tr><td colspan="3">确认内容</td><td colspan="2">状况说明</td><td>备注</td><td>车主签名</td></tr>
<tr><td colspan="3">玻璃（前/后/前左/前右/后左/后右）</td><td></td><td></td><td></td><td rowspan="4"></td></tr>
<tr><td colspan="3">车身漆面（前/后/左/右）</td><td></td><td></td><td></td></tr>
<tr><td colspan="3">仪表盘是否有警示灯亮</td><td></td><td></td><td></td></tr>
<tr><td colspan="3">贵重物品（现金/首饰/有价证券等）</td><td></td><td></td><td></td></tr>
<tr><td colspan="3">其他</td><td></td><td></td><td colspan="2">负责人：</td></tr>
<tr><td colspan="7">服务记录表</td></tr>
<tr><td>顾客姓名：</td><td></td><td>联系电话：</td><td></td><td>车牌号码：</td><td colspan="2"></td></tr>
<tr><td colspan="2">改装项目</td><td colspan="2">单价（元）</td><td>数量</td><td colspan="2">金额（元）</td></tr>
<tr><td colspan="2"></td><td colspan="2"></td><td></td><td colspan="2"></td></tr>
<tr><td colspan="2"></td><td colspan="2"></td><td></td><td colspan="2"></td></tr>
<tr><td colspan="2"></td><td colspan="2"></td><td></td><td colspan="2"></td></tr>
<tr><td colspan="2"></td><td colspan="2"></td><td></td><td colspan="2"></td></tr>
<tr><td colspan="2"></td><td colspan="2"></td><td></td><td colspan="2"></td></tr>
<tr><td colspan="2"></td><td colspan="2"></td><td></td><td colspan="2"></td></tr>
<tr><td colspan="2"></td><td colspan="2"></td><td></td><td colspan="2"></td></tr>
<tr><td colspan="2"></td><td colspan="2"></td><td></td><td colspan="2"></td></tr>
<tr><td colspan="2"></td><td colspan="2"></td><td></td><td colspan="2"></td></tr>
<tr><td colspan="2"></td><td colspan="2"></td><td></td><td colspan="2"></td></tr>
<tr><td colspan="2">合计金额：</td><td colspan="2"></td><td colspan="3">发票信息：</td></tr>
<tr><td colspan="4">负责安装人员：</td><td>财务：</td><td></td><td></td></tr>
</table>

接待人员：

3）技师负责工作内容说明见表10-8。

**表10-8　技师负责工作内容说明**

| 序号 | 流　程 | 内　　容 | 工作表单 |
|---|---|---|---|
| 1 | 车况检视 | 根据改装项目服务单据检视改装车辆 | 改装项目服务单（表10-7） |
| 2 | 系统诊断 | 检查原车音响系统及改装环境 | |
| 3 | 领料 | 根据改装项目服务单据，到陈列区或库房办理器材出库手续 | |
| 4 | 施工作业 | 1）及时按照派工要求严格进行施工作业<br>2）掌握施工作业的进度，确保能按照约定时间或提前完工交车 | |
| 5 | 系统初调 | 1）检测前后左右扬声器相位与正确的声道情况，并作初步的系统调校<br>2）主机与功放功率输出电压需先归零 | |
| 6 | 追加作业 | 1）如发现需进行调整改装项目，需客观地提出追加项目建议<br>2）顾客同意后，通知接待员开立服务单，顾客签名后再进行追加项目作业 | |
| 7 | 系统校调 | 1）利用SA-3055（实时分析仪）将高中低频声量波形均衡<br>2）校调各频段波形，输出电压增减控制在3dB<br>3）聆听高中低频均衡感<br>4）修正高中低频均衡感 | |
| 8 | 安全检测 | 1）检测高中低音扬声器有无失真<br>2）检测器材外部温度是否异常 | |

4）店长（或车间主管）负责工作内容说明见表10-9。

**表10-9　店长（或车间主管）负责工作内容说明**

| 序号 | 流　程 | 内　　容 | 工作表单 |
|---|---|---|---|
| 1 | 竣工终检 | 1）店长根据改装项目服务单要求，按技术规范和顾客要求对车辆作业结果进行质量检查，发现不足或遗漏，通知技师返工<br>2）通过总检，应再次检查车辆上是否有遗漏的工具和耗材，并恢复车辆卫生。接过改装项目服务单和车钥匙，并将车驾出车间停车入停车位，拉驻车制动、锁好车窗，取出车钥匙和随车单据，锁好车门<br>3）将车钥匙及改装项目服务单移交该车接待处<br>注：如果店长不在店或在忙，本项由车辆接待员负责 | 改装项目服务单（表10-7） |

5）收银员负责工作内容说明（见表10-10）。

**表10-10　收银员负责工作内容说明**

| 序号 | 流　程 | 内　　容 | 工作表单 |
|---|---|---|---|
| 1 | 结算收银 | 1）收银员收到由接待员交来的四联接车单和四联结算单后方可进行收款<br>2）在改装项目服务单和结算单上签字，并将结算单交顾客查看和签字<br>3）收取并当顾客面清点现金<br>4）将找回的零钱（如有）和结算单客户联双手递交给客户<br>5）通知接待员为顾客办理提车手续 | 1）改装项目服务单（表10-7）<br>2）发票（如需要） |

## 三、汽车影音改装SOP标准作业流程检核重点

汽车影音改装SOP标准作业流程检核重点见表10-11。

**表10-11　汽车影音改装SOP标准作业流程检核重点**

| 服务项目 | 检核重点 | 备注 |
| --- | --- | --- |
| 主机 | 一、目视比对安装“主机”规格尺寸大小<br>1. 符合：进行下一项作业<br>2. 不符合：<br>a. 增加置物盒<br>b. 工艺制作<br>二、拆卸原车主机外饰框及螺钉<br>1. 比对原车主机固定架（原车安装铁架）<br>2. 修改或调整安装主机吻合度<br>三、检测原车主机线路<br>1. 记载车型、车种、年份<br>2. 记载原车线性与线色：BATT，ACC，GND，POWER ANT，ILL，FL + －，FR + －，RL + －，RR + －<br>3. 资料备存建档<br>4. 备注：原车主机故障，需先将检修在后再进行下一项作业<br>四、接线<br>1. 电源部分<br>2. 扬声器部分<br>3. 相位测试<br>五、固定<br>1. 原车固定铁架螺洞比对，安装<br>2. 调整改装主机与原车外饰板吻合度、平整性<br>六、检核<br>1. 检测<br>a. 启动主机<br>b. 功能切换（FM，AM，CD，MP3）<br>c. 电动天线<br>d. 前后声场<br>2. 功能演示<br>a. FM，AM，CD，MP3<br>b. 高低音前后声场调校<br>七、竣工<br>1. 校调<br>2. 结款交车 | 领取物料：<br>线夹<br>胶布<br>束线盒<br>标签贴纸<br>万用表<br>螺钉旋具<br>斜口钳<br>笔记本<br>照相机 |

（续）

| 服务项目 | 检核重点 | 备注 |
| --- | --- | --- |
| 功放 | 一、安装位置确认<br>1. 尾箱工艺<br>a. 木板<br>b. 绒布<br>2. 熔丝（FUSE）线材应用确认<br>二、布线方式确认<br>1. 电源线<br>2. 音频线<br>3. 功放启动电源线<br>4. 扬声器线<br>5. 备注：电源线与功放启动电源线同向；音频线与扬声器线同向<br>三、线材连接<br>1. 扬声器线<br>2. 音频线<br>3. 电源线<br>4. 备注：多台功放的情况下，可在线材上贴标签注明<br>四、检测<br>1. 扬声器 FL + －，FR + －，RL + －，RR + －相位<br>2. 音频线 FL，FR，RL，RR 声道确认<br>3. 熔丝（FUSE）应用在蓄电池上规格确认<br>五、固定<br>1. 扬声器线<br>2. 音频线<br>3. 电源线<br>4. 备注：利用线夹固定线材<br>六、检核<br>1. 量测线材是否有短路<br>2. 目视线材外皮是否破皮<br>3. 启动主机后，音量调至最小<br>4. 检视功放动作<br>5. 聆听<br>七、竣工<br>1. 校调<br>2. 结款交车 | 领取物料：<br>电源线<br>音频线<br>扬声器线<br>启动线<br>功放（2CH）<br>熔丝（FUSE）<br>线夹<br>保护套管<br>螺钉<br>工具：<br>斜口钳<br>尖嘴钳<br>螺钉旋具<br>扳手<br>电动螺钉旋具<br>相位仪<br>频谱分析仪 |

（续）

| 服务项目 | 检核重点 | 备注 |
|---|---|---|
| 扬声器 | 一、外饰件拆卸<br>1. A 柱<br>2. 前门板<br>3. 后门板<br>4. 后障板<br>二、扬声器规格比对<br>1. 尺寸<br>2. 厚度<br>3. 备注：两者其一未符合，需进行工艺制作，例如木垫圈导模<br>三、安装与固定<br>1. 布线，需防止外皮破损<br>2. 线夹连接需牢固，并防止松动<br>四、检测<br>1. 正负相位<br>2. 木垫圈，线材，线夹<br>3. 外饰板螺钉与吻合度<br>五、检核<br>1. 启动主机<br>2. 聆听音乐<br>3. 相位检测<br>六、竣工<br>1. 校调<br>2. 结款交车 | 领取物料：<br>杨声器<br>线材<br>工具：<br>斜口钳<br>尖嘴钳<br>螺钉旋具<br>扳手<br>电动螺钉旋具 |
| 电子分音器 | 一、安装与固定<br>1. 器材位置确认<br>2. 布线方式确认<br>3. 电源线<br>4. 启动线<br>二、线材连接<br>1. 声道音频线输入<br>2. 声道音频线输出<br>三、器材初调<br>1. 输入电压归零<br>2. 输出电压归零<br>3. 高频电压归零<br>4. 中频电压归零<br>5. 低频电压归零<br>6. 功放电压归零<br>四、启动主机<br>1. 利用 SA－3055（实时分析仪）将高中低频声量波形均衡<br>2. 调校各频段波形<br>3. 聆听高中低频均衡感<br>4. 修正高中低频均衡感<br>五、检核<br>1. 高中低音扬声器有无失真<br>2. 器材外部温度是否异常<br>六、竣工<br>1. 校调<br>2. 结款交车 | 领取物料：<br>电子分音器<br>音频线<br>电源线<br>工具：<br>斜口钳<br>尖嘴钳<br>螺钉旋具<br>频谱分析仪 |

（续）

| 服务项目 | 检核重点 | 备注 |
| --- | --- | --- |
| 均衡器（EQ） | 一、安装与固定<br>1. 主机拆卸<br>2. 均衡器输入端与输出端连接<br>3. 电源输入端连接<br>二、器材初调<br>1. 输入电压归零<br>2. 输出电压归零<br>3. 高频电压归零<br>4. 中频电压归零<br>5. 低频电压归零<br>6. 功放输出电压归零<br>三、启动主机<br>1. 利用 SA－3055（实时分析仪）将高中低频声量波形均衡<br>2. 调校各频段波形，输出电压增减控制在 3dB<br>3. 聆听高中低频均衡感<br>4. 修正高中低频均衡感<br>四、检核<br>1. 高中低音扬声器有无失真<br>2. 器材外部温度是否异常<br>五、竣工<br>1. 校调<br>2. 结款交车 | 领取物料：<br>均衡器（EQ）<br>音频线<br>电源线<br>工具：<br>斜口钳<br>尖嘴钳<br>螺钉旋具<br>频谱分析仪 |
| 超低音 | 一、准备作业<br>1. 安装模式确认<br>a. 密闭箱体<br>b. 开孔箱体<br>c. 推挽式<br>d. 无限障板<br>2. 容积计算<br>3. 箱体制作<br>4. 功放安装位置确认<br>5. 保险应用计算<br>二、线材连接<br>1. 电源线<br>2. 启动线<br>3. 音频线<br>4. 扬声器线<br>三、安装与固定<br>1. 超低音箱体密封性<br>2. 超低音正负极性连接确认<br>四、检测<br>1. 音频输入至功放频段（低频确认）<br>2. 超低音相位确认<br>五、检核<br>1. 启动主机<br>2. 聆听低频动态<br>3. 相位检核<br>六、竣工<br>1. 校调<br>2. 结款交车 | 领取物料：<br>扬声器<br>线材<br>工具：<br>斜口钳<br>尖嘴钳<br>螺钉旋具<br>扳手<br>电动螺钉旋具<br>相位测试仪 |

（续）

| 服务项目 | 检核重点 | 备注 |
|---|---|---|
| 工艺改装 | 一、安装与固定<br>1. 器材安装（创意）位置确认<br>2. 导模方式确认<br>a. A 柱<br>b. 门板<br>c. 行李箱<br>d. 其他<br>3. 器材布置考量<br>4. 线材布置考量<br>5. 饰件包装考量<br>a. 绒布<br>b. 皮革<br>6. 备注线材预留孔与外饰件预留空间<br>7. 布线要求<br>a. 电源<br>b. 音频<br>c. 扬声器线<br>d. 保护套管<br>二、检核<br>1. 线材动线合理性<br>2. 器材安装牢固性<br>3. 器材调试方便性<br>4. 器材维修机动性<br>5. 温度，空气，流动性<br>三、竣工<br>1. 校调<br>2. 结款交车 | 领取物料：<br>绒布<br>原子灰<br>木板 |
| 配件 | 一、电源线<br>1. 绝缘保护套管<br>2. 束线固定<br>3. 线夹连接<br>4. 熔丝（FUSE）规格<br>5. 熔丝座与接地座应用<br>二、音频线<br>1. 标签标注<br>2. 束线固定<br>3. 线性动线规划<br>4. 线材与器材准确插入<br>三、扬声器线<br>1. 标签标注<br>2. 线性动线规划<br>3. 束线固定<br>4. 线夹连接器材<br>5. 线夹接扬声器卡紧<br>四、其他<br>1. 扬声器外部保护罩固定<br>2. 有机玻璃防护器材<br>五、竣工<br>1. 校调<br>2. 结款交车 | 检视器材配置<br>检视作业环境<br>领取物料：<br>斜口钳<br>尖嘴钳 |

# 附　　录

## 附录 A　MECA 国际汽车电子竞赛协会/MECA 国际裁判守则

### 1. MECA 赛事裁判的构成

MECA 中国总会是 MECA 国际汽车电子竞赛协会授权的中国唯一代理与推广机构，由广州万卡展览策划有限公司全权负责。所有大中国区（包括大陆、香港、澳门与台湾）的 MECA 国际裁判均受 MECA 中国总会管理。MECA 裁判团队成员有：裁判长、赛事总监和裁判员。各站比赛裁判长人选与赛事总监人选由 MECA 中国总会委派，裁判执裁人员按比赛规模和地点来确定。

MECA 中国总会所委派的裁判长是整个比赛过程中的最高指挥者，赛事总监应协助裁判长进行工作，裁判员是裁判工作的具体执行者。裁判员是比赛的执法者，也是比赛能否保证公平、公开和公正的关键。

### 2. 裁判长工作职责

1）比赛现场的裁判指挥、调度工作。

2）比赛当天的赛事安排。

3）比赛的记录工作。

4）全权负责选手提出来的任何投诉，并负责组建 MECA 赛场纪律委员会，处理与比赛直接相关的任何争议。

5）如出现难以决定的问题，由裁判长、赛事总监、MECA 执裁裁判、公众派出的代表进行投票决定。

### 3. 现场裁判人员职责

现场裁判人员的工作内容包括：

1）裁判人员负责现场的直接执裁工作，有义务服从 MECA 中国总会分派，监督指定选手的比赛全过程，严格按照裁判人员守则，杜绝有违反规定的行为出现。

2）当选手出现违规行为时，裁判人员有权对他进行警告并报告裁判长。当选手屡次违反比赛规则，裁判人员有权对他进行处罚直至取消比赛资格，并通报裁判长记录。

3）比赛过程中，如果发现选手中有侮辱对手的情况出现，给予口头警告，屡教不改的取消比赛资格。如果选手在比赛进行中反映机器设备出现问题，裁判员则应立刻暂停比赛，并要求参赛选手在 5min 内进行更换。

4）如果参赛车辆完全无法进行正常比赛，裁判人员将未进行评测的项目作零分计，或同意参赛选手直接退出比赛，并向裁判长汇报。

5）为使整个比赛有序地进行，裁判人员有义务认真做好比赛的记录工作。在比赛现场中，裁判人员应仔细填写比赛的评分表，并在每轮比赛结束后，立刻给赛事工作人员进行汇总统计，并向裁判长报告该轮比赛的完成情况。

6）如果参赛选手对比赛结果有争议，不允许和选手在现场发生争执，请裁判长来做出判定与沟通，以避免影响比赛的顺利进行和扰乱赛场现场的秩序。

**4. 裁判人员守则**

1）裁判学员经过理论学习，成为 MECA 中国总会实习裁判。再通过四次正规的 MECA 比赛实习和理论学习，经考核合格后成为正式 MECA 国际裁判并颁发 MECA 国际裁判资格证书。

2）MECA 实习裁判的考核包括两部分，200 道题的理论考试，成绩在 85 分（做对 170 道题）以上；听音考试，听音的评论必须达到 85 分以上，才能获得正式的 MECA 国际裁判证，享受 MECA 中国总会执裁的待遇等。

3）MECA 裁判人员不得私自以 MECA 国际裁判名义执裁任何类型的音响比赛，MECA 裁判人员只有经过 MECA 中国总会授权后方可执裁各种音响比赛。否则 MECA 中国总会有权取消裁判年度审查资格。

4）裁判人员在执裁中一定要遵守公平、公开、公正的原则，绝对不允许有徇私舞弊的行为出现；MECA 裁判在一年内被投诉成功 3 次以上（含 3 次），取消裁判资格 1 年。情节严重者，通报批评，并终身取消 MECA 中国总会裁判资格。

5）MECA 裁判人员执裁，由 MECA 中国总会安排确定裁判人员，执裁人员不能参与 MECA 中国总会的执裁，必须提前向 MECA 中国总会说明并请假。每年请假次数不得超过两次，否则视为未能履行裁判责任，年度年审公告列入非执行裁判人员名单。

6）现场裁判人员应统一穿着裁判人员制服，并佩戴裁判人员的胸卡。注意保持裁判人员的形象，不得打扮过于新奇。

7）裁判人员在执裁过程中要有公正的心态，注意文明礼貌，在和选手交流时要尽量注意方法，耐心讲解，当无法说服选手时应交由裁判长处理，不得有侮辱选手的情况出现。

8）如裁判人员对裁判长的执裁有异议时，应向 MECA 中国裁判协会提出，不允许在现场和裁判长发生争执，影响整个比赛的顺利进行。

9）执裁裁判在车内聆听评分时，其他裁判不得去干扰。

10）裁判人员未经同意不得擅自发布关于比赛的言论，不得接受非比赛特约记者的采访。

11）如裁判人员由于对规则理解不够充分，导致现场比赛出现误判的情况，经裁判长提交裁判委员会批准可以取消裁判人员在该年度比赛中的仲裁资格。

12）如裁判人员在比赛中有徇私舞弊情况出现，一经查实裁判长有权立刻取消其执法资格，相关选手立刻取消比赛资格，该裁判取消以后两年一切比赛的执法资格。

13）比赛当天裁判将分发当天需要的器材物品，裁判以当天分配的工作领取器材物品，每领取一件物品将有记录。当比赛完毕后，物品都要归还于 MECA 中国组委会，如有遗失，将照价赔偿。

14）裁判人员每次执裁要亲自带裁判衣、裁判证、规则书。

15）裁判人员不得在参赛车中及赛道上抽烟。

16）裁判人员不得在赛道里私自移动参赛车；不得拒绝参赛选手上车（后排）听音，但有权对参赛选手在车内的不当行为做出处理，驱除下车。

17）每站赛事之前将统一召集裁判进行赛前会议，未到会的裁判应主动与裁判长联系以便了解自己的工作安排和学习机会。

18）裁判人员在执裁过程中不能接听移动电话，不能接触带有酒精成分的饮料。

19）MECA 裁判在申请成为正式裁判后，自愿遵守和维护以上裁判守则！

# 附录 B 汽车音响比赛裁判执裁流程

### 1. 裁判会议

接到执裁邀请并承诺到场的 MECA 裁判（包括 MECA 见习裁判）须依照 MECA 此次赛事组委会要求按时赶到当地，MECA 裁判长将就此次比赛举办赛前裁判会议，对到达的 MECA 裁判（包括 MECA 见习裁判）进行赛前的分工，见习裁判依照裁判会议所确定的工作内容在赛场协助执裁裁判和工作人员。

### 2. 裁判携带物资

所有到达比赛地的 MECA 裁判（包括 MECA 见习裁判）必须携带 MECA 专用音质、声压、DVD 测试碟片、MECA 裁判比赛服和 MECA 裁判胸卡。如 MECA 裁判（包括 MECA 见习裁判）以上物资遗失须通知 MECA 此次赛事组委会进行补发或购买。

### 3. 裁判入场

裁判到达现场时须统一着装、佩戴统一标志（裁判胸卡）。裁判到现场应首先到 MECA 赛场服务区报到，由 MECA 裁判长统一分配工作。配合现场工作人员做好赛场的现场组织、协调工作。

### 4. 车辆检查

参赛车辆报名后，裁判就其负责组别的车辆进行车辆检查，确认其音响系统配置与报名表信息相符，实际配置价格与所在组别分组价格范围相符。如该参赛车音响系统实际价格超过该组别价格范围，裁判通知参赛车辆，并有权重新进行组别裁定。组别裁定须按照《MECA 国际汽车电子竞赛协会规则书》。

### 5. 音质执裁

参赛选手依照现场广播指示将车辆驶入赛道指定位置。音质裁判须确认参赛选手与参赛车辆，向参赛选手简要介绍音质评判的规则并确认参赛车是否已完全准备好。向选手告知的情况有：座椅是否已经调整到最佳状态？评判音量参赛选手是否有自己的要求？参赛选手是否还有其他需要告知裁判的事项等。音质裁判可以满足参赛选手的合理要求，但对违反《MECA 汽车电子竞赛协会规则书》的要求进行回绝并做相关解释。裁判应邀请参赛选手和同组选手坐后排，全程跟进裁判的执裁。

音质裁判评判完毕后，对参赛车做简单点评，将评分表交由参赛选手签字，再将评分表交给 MECA 赛场服务区工作人员进行汇总。

**6. 工艺执裁**

参赛车辆完成音质评判后，方可进入工艺评判阶段。参赛选手依照现场广播或裁判指示将车辆驶入赛道指定位置。工艺裁判依照手中的评分表，对工艺要求进行相关解说，并要求选手配合相关的操作，如拆装、演示等，裁判不能自己动手拆装参赛车辆部件。

工艺裁判评判完毕后，对参赛车做简单点评，将评分表交由参赛选手签字，再将评分表交给 MECA 赛场服务区工作人员进行汇总。

**7. 声压执裁**

声压执裁时，工作人员负责引导车辆进入声压测试赛道，执裁裁判检查参赛车辆，以确认组别，并摆放好麦克风进行测量。

专职声压裁判负责操作仪器，裁判以手势向参赛选手发出开始和结束的指令，并登记最终成绩交给工作人员进行汇总。工作人员负责维持现场秩序。

**8. 赛后点评**

在所有比赛项目结束以后，MECA 音质裁判、工艺裁判派出代表就本次比赛的各选手的表现做概括性点评。

裁判文明用语（供参考）：

“感谢您来参加 MECA 的比赛，希望在接下来的评判中，您能充分配合我的工作。也希望您能在比赛中取得好的成绩!”

“现在进行的是安全检查，请您打开车辆发动机盖。”

“请您打开行李箱。”

“现在进行的是音质评判，请您确认是否要调整座椅状态和确定评判音量，或是否有任何需要告知我的事项。”

“为保证最佳位置的聆听效果和评判不受影响，需要坐在驾驶位，请您暂时就座后排并保持安静。”

“感谢您在我执裁过程中对我工作的支持和配合。”

# 附录 C　汽车影音改装规范流程

21 世纪是以人为本的竞争时代，以目前汽车保有量及持续增加发展的态势看来，人与车相结合的汽车服务应是以后汽车服务市场发展的主要规律，同时汽车影音项目更是让很多汽车相关行业的店家一拥而上抓住时机投资经营的热门行业，从而导致了鱼目混珠的混乱状态，让消费者无法辨别其是否规范与专业。使部分不规范、非专业店面侥幸分得市场份额，赚取黑心利润。但请相信术业绝对有专攻，汽车4S店也并不代表就是专业，因为绝大部分的4S店缺少汽车影音的专业检修器材、设备、技术，如扬声器的相位测试仪、频谱分析仪、专业调音碟、试听柜、试听室、专业木工房、木工导模技能、样板车等条件。

对于专业汽车影音店面来说，检修器材、设备、技能等等，这些也只是专业汽车影音店面必备的最基本条件，而汽车音响的施工方式、严谨安装规范才是博取消费者、抢占市场、赢得份额的不二法门。

木工做工、导模细腻程度及专业人员的调音水平，无需在此做任何评估，毕竟这是因人而异、见仁见智见水平，绝非一笔一字纸上谈兵就能够说明的。其次是消费能力的差异性，而导致不同品牌的配置、喜好音乐类型的差异和截然不同的车型安装，都会导致效果不同。最后，汽车音响施工安装规范是店家与消费者之间能够达成双赢的最基本守则，是店家与技师之间的最好的准则，是技师让消费者最信赖的最佳途径。

销售人员开单后，一张单交给库管，一张单交给施工组长。施工组负责检查车辆状况。

**1. 接车，检查车辆的车身状况**

1）车身的漆面四周状况是否有掉漆的地方，特别是前后护杠、车门等容易接触的地方。

2）是否有撞过的痕迹。

3）有没有划伤的部位。

4）如有发现有以上的情况在施工上注明。

**2. 车内饰、功能、故障灯的检查确认**

1）故障灯、指示灯是否所有都正常，特别是ABS、气囊等指示灯。

2）车内饰、真皮、丝绒、门板、特别注意要拆卸施工的位置，就如门板、音响仪表板、后行李箱等。

3）空调、刮水器、灯光等功能是否正常。

4）电动车窗、中控锁、电动座椅、电动后视镜功能是否正常。

**注意：**

如有问题及时告之销售人员、车主，双方在场确认并及时在施工上注明情况。

**3. 施工商品及车况确认**

1）施工前让车主确认要安装的音响系统商品及其他附件；

2）施工人员要确认是否有客人的亲笔签名，这是客人授权施工的凭证，也是店中消费建档单据。

**注意：**

得到客户授权，从而避免事后不必要的纠纷。

**4. 车上物品存放**

1）收拾车内的票据、物品到专用的箱内，在指定的位置存放，如有贵重物品及票据，应通知车主让他来保管。

2）行李箱的大件物品，存放在指定的地方，防止丢失及损坏。

**注意：**

乱放客户物品容易丢失、损坏。

**5. 施工过程**

施工组长核对库管呈交的产品后要让销售人员和顾客确认；按车主要求（施工单）施工。

1）扬声器安装好后要试扬声器工作是否正常，并检查电动门窗中控锁工作完好后才可扣上门板。

2）由技术总监或者调音技师完成调音工作。

3）工作接近尾声，要及时检查是否有遗漏的螺钉，核对自己的工具，用吸尘器把车内打扫干净确认无误码率后，才可通知销售人员和车主检验施工质量。

4）施工组长在销售单上签字。

**6. 销售人员引领顾客到行政主管处，办理客户资料登记并且收取应收金额**

施工过程中应注意的一些问题：

1）在对车体进行改动（扩孔等破坏性施工）要得到车主、店长（或技术总监）、施工组长三方确认。

2）施工过程中如发现产品有质量问题或施工中不小心把产品或车体弄坏，要及时告之店长或技术总监处理，决不允许擅自隐瞒或欺骗车主。

3）施工时要按规范施工。安装扬声器时加木托、接线头用热缩管包裹、把包装盒内的扬声器线用上，线材用线管套套上，尽头用胶布包裹好，在保证质量的前提下施工。

4）在给木托上螺钉时要注意反面钉头是否会剐到或损坏其他地方如玻璃窗，如果可以够到的话要用打磨机把钉头磨平或用其他方法处理，避免危险的产生。

5）施工过程中施工人员要及时清理垃圾。

6）上班期间员工之间不许打闹或大声喧哗。

7）在需要几个组合并安装产品时由技术总监指定负责人，其他人要服从安排。

8）施工前由组长交代组员工作。

9）施工人员每天必须记录所做工作内容，以及安装过程中遇到的问题及好的构思和心得，每天都要记录，如检查三次没有按时记录内容的将直接开除。

以上就是专业汽车音响内部的安装施工规范及守则，亦是体现专业店与非专业店的区别但是纸上谈兵或许会让您的只是想象，而却看不到，所以建议施工时拍摄记录施工过程，以便向顾客展示。

# 附录 D　SQL 音质评分规则与指南

## 1. 安装 Installation

（1）安全检查 Security（通过或失败）

裁判在听音前，将对车辆安全做出检查，如出现下列情况将勒令改进否则取消参赛资格：

1）可能伤害到裁判、选手、乘客或观众的不正当的过载保护、接线、系统的线路排布。

2）与报名表不符的安装器材。

3）不合理的器材摆放。

4）与该组分组所规定的安装器材总价不符。

（2）系统噪声 System Noise（最高可减分：-5 分）

下列每种现象出现将扣 1 分/项：

1）发动机（当发动机起动后，主机开启有轻微噪声。如果主机关闭，发动机噪声仍然存在，将不会扣分）；噪声（高音随转速发出啸叫的声音）。

2）前照灯打开时导致噪声或嗡嗡声（评判标准同上所述）。

3）当音响系统开启或关闭时，引发噪声，冲击声。

4）当点火系统开启或关闭时，听到“砰”声。

5）当更换主机音源如收音机或 CD 等出现的噪声。

6）在很低的音量（大约 80dB）时可听到扬声器系统里的噪声。

**评判指引**：音质裁判上车前，首先进行安全检查，然后上车进行噪声检查，每个项目都必须检验，裁判的具体操作规范详见一般规则。裁判的坐姿按正常聆听者的姿势，坐正身体，聆听噪声时不必身体前倾。但如果对噪声的来源不能确定，可以前倾聆听来确定是否是扬声器发出来的声音。

## 2. 音质评定 Musical Realism

音质评定时，音量的大小通常以比正常人的交谈声稍大为依据，一般为 85～90dB。优先由参赛选手自行确定聆听的基准音量大小，如果参赛选手无要求，则由裁判根据规定确定，方法为：首先放曲目 1 的人声，使它的声音较正常人说话的声音稍大，并记住这时的音量显示数据，在听音质的时候，都以它为参考。在对音质评定时，MECA 将每个频率段都分为几个细节来评定，假设最高分是 2 分，可以按差（0 分）、较差（0.5 分）、一般（1 分）、较好（1.5 分）以及优秀（2 分）来评定。

（1）低频部分 Low Frequencies（20～60Hz）（最高得分：10 分）

1）低频部分是音乐的最低音符。应该可以非常方便地辨认，真实地还原，极佳的延伸，不混浊，也不会拖泥带水。

2）影响这部分频率的乐器主要有：低音贝司和管风琴、手风琴、低音萨克斯、竖琴、脚踏鼓和钢琴等。

3）由于低频部分是指20～60Hz的声音，这部分的声音绝大部分是在低音上表现出来。大多数汽车音响的中低音是5in、6in或8in，但由于装在门板上，在低频部分还原较高，一般为50Hz以上。

评判指引：0.5分/级；可选曲目：3，9，15，17，19，21，25。

首先确定聆听哪几首曲目来评定。低频的评定分为四个部分：低频的量感与低音音节的清晰程度（1～3分）；低频的控制力（1～3分）；低音的松容度和反应速度（0～2分）；低音的下潜或超低的延伸感（0～2分）。

4）低频的量感在整个音频范围内的平衡性，以及低音在中等音量时的清晰程度，如以第3首的低音提琴，17、19、25首的打击乐来确定它的得分，最低得分1分，最高得分3分。

5）低频的控制力是指低音单元在还原低频音乐时，是否收放自如，是否控制得当，低音的表现是否收得及时或拖尾严重。最低得分1分，低频拖尾严重，控制不住。最高得分3分，低频的表现恰到好处，不松不紧。第3首的低音提琴、第19首的打击乐以及第25的低音大鼓可用来试听。

6）低音的松容感和低音的反应速度，是指低音是否弹跳有力，松紧合适，低音不是显得太硬也不是太软，而是软硬适中，反应速度快，第3、17、19首等可用来试听。

7）低音的下潜，是指低音的还原下限，下限越低，分数越高。第9、19、25首可以用来试听，用身体的感受来评判，身体感觉到车体的振动，空气的振动感。

听低频时，不需要考虑低频是否从哪个方向来加以扣分，只是注重低频的质量。

（2）中低频部分Low-Midrange Frequencies（60～200Hz）（最高得分：10分）

1）这部分的频率应没有共振，应清晰地定义并没有失真。如鼓、吉他等乐器的力度感和延迟等在这个频段非常重要。

2）影响这部分频率的乐器主要有：法国圆号、低音贝司、男中音和男高音、中提琴、大号、长号、单簧管、巴松管、萨克斯、定音鼓、吉他、竖琴、手风琴、钢琴等。

评判指引：0.5分/级；可选曲目：3、11、15、17、19、21、23、27。

中低频部分的评判可分为：中低频的清晰度和整体平衡感（1～3分）；低音的力度（1～3分）；声音的饱满度（0～2分）；声音的结实感（0～2分）；门板，构件异响（最高可扣2分）（扣0.5分每处）。

3）中低频的整体平衡感与清晰度是指60～200Hz这个频段的音乐与整体音乐的平衡感以及清晰程度。与整体的平衡感越好，乐器的清晰度越高，得分越高，最高可得3分。第3首的低音提琴、11首的大提琴、15首的萨克斯以及19首的定音鼓和21首的管风琴等可用来试听。

4）中低音的力度是指低音的张力，是指弹奏、打击、演唱时的力度感和弹性十足的张力。最高分3分。

5）中低音的结实力，是指中低音的厚重感与密度感，好的中低音应有良好的结实感，不松弛，也不坚硬。最高分2分。

6）中低音的饱满度，是指中低音的细节表现与质感，要求中低音的失真度低，质感良好。最高得分2分。

听中低频时，不需要考虑中低频是从哪个方向来加以扣分，只是注重中低频的质量。

(3) 中频 Midrange Frequencies (200Hz ~3kHz) (最高得分：10 分)

1) 这部分的频率是大多数乐器与人声的基频所在，是声音真实性的最关键部分，这个频段的声音听感应饱满，不干涩，声线不偏瘦也不偏肥，不沉闷也不发破。

2) 影响这部分频率的乐器主要有：弦乐乐器、木管乐器、铜管乐器、鼓、大部分的人声、吉他、钢琴等。

评判指引：(0.5 分/级) 可选曲目：3、5、7、9、11、15、17、19。

中频的评判内容分为以下四大项：中音的真实感和平衡度 (1 ~3 分)；人声的通透感，中音清纯度 (1 ~3 分)；人声乐器的定位与聚焦 (0 ~2 分)；中频的自然感 (0 ~2 分)。

3) 中音的真实感与平衡度是指中音频段的平衡度以及真实感，平衡度越高，声音越真实，分数越高。最高分 3 分。

4) 人声的通透感以及中音的清纯度是指乐器与人声背景清晰，细节表现真实有质感，声线勾勒细腻等，最高得分 3 分。

5) 人声乐器的聚焦与定位，是指人声与乐器的结像力以及定位，如人声的口形要适中，乐器的定位准确，不会因频率变化而变化，最高得分 2 分。

6) 中频的自然感，是指中音的失真度以及该频段的平衡性的综合感受，失真度低，平衡性好的中频，听感自然。在汽车音响中，两分频的音响系统很容易出现中频薄或者非线性失真度大的问题，听感就不自然。最高分 2 分。

(4) 高频 High Frequencies (3 ~20kHz +) (最高得分：10 分)

1) 这部分的频率不得太刺耳，也不能太沉闷，而且不得有明显的嗞嗞声、谐振或失真等。

2) 这部分频率主要是如下乐器的高次谐波或泛音部分：木管乐器、打击乐器、萨克斯、一些弦乐乐器、铙钹、一部分人声、钢琴等。

评判指引：(0.5 分/级)；可选曲目：3、9、11、15、17、19、21。

高频的评判内容有：高音的真实感和平衡度 (1 ~3 分)；高音的柔和度 (1 ~3 分)；高音的解析力和乐器的质感 (0 ~2 分)；高音的上扬 (1 ~2 分)。

3) 高音的真实感与平衡度是指高音在整个频段的平衡性，以及高音所表现出乐器的真实感，如钹、三角铁、沙槌的声音等。最高分 3 分。

4) 高音的柔和度，是指高音在听感上应非常柔顺，不发毛，不刺耳，在技术指标上是高音的失真度非常低，非线性失真极低。高音的发硬或发刺是由于高音的失真所引起的，并不是某个频率段的峰谷所造成的。最高得分 3 分。

5) 高音的解析力以及质感是指高音单元将乐器的质感纤毫毕现地表现出来，如人声口水味、金属乐器如铜管乐队的金属质感、沙槌的摇摆中的细节变化、钹与锣的谐振音等。最高得分 2 分。

6) 高音的上扬指高音的上限频宽，在听感上是指高音域器材的丰满度，高音的细节越多，感受越纤细，乐感越丰满，高音的上限越高。最高 2 分。

(5) 音乐线性 Musical Linearity (最高得分：5 分)

1) 音乐的线性是指在音频范围内各频段的比例和均衡性在低音量 (70 ~75dB) 中低音

量（80～85dB）、正常音量（90～95dB）中大音量（95～100dB）和高音量（100～110dB）下的表现一致性。低频、中低、中频和高频在低中高音量下都应非常平衡。

评判指引：(0.5 分/级)；曲目 17、29。

2）先以正常人的交谈声作为依据（一般为 90dB 左右），来聆听曲目。在这个音量时频率段应该有着非常好的一致性，然后用其余的四个音量来聆听（各 0～1 分），主要是聆听各个乐器在整体中的平顺性，一般地，音量小时，中高频会出现比较明显失衡，低频会有所欠缺。

3）好的汽车音响应该在不同的音量的情况下，低、中、高频段应该都有极佳的平顺性，表现十分优秀。

(6) 动态 Dynamics（最高得分：10 分）

1）音响的动态是指在大音量乐器和弱音量乐器所重播音乐元素的表现。动态范围是指准确重播音乐的大音量和小音量的极限。音量大小不同时，音乐重播仍要平滑，反应速度快，真实准确。在大小音量时都不得有失真现象发生，如第 19 首中各乐器大小声的强弱对比以及细节表现；25 首中铜管乐队的各声部与器乐的表现。

评判指引：(0.5 分/级)：曲目 3、17、19、25、29。

2）在小音量（70～75dB）时，各乐器的大音量与小音量的细节、力度感、混响延迟等的表现力，瞬态响应的控制力等（0～3 分）。

3）在中大音量（80～95dB）时，各乐器的大音量与小音量的细节、力度感、混响延迟等的表现力，瞬态响应的控制力等（2～4 分）。

4）在很大音量（100～105dB）时，各乐器的大音量与小音量的细节、力度感、混响延迟等的表现力，瞬态响应的控制力等（1～3 分）。

(7) 空间感 Ambience（最高得分：5 分）

1）空间感是由听音环境所引起的，而不是音源的直接效果。音乐应该直接在音场的前面，但也要有空间所形成的一种包围感。这种感觉应包括聆听环境的大小、处理以及噪声，还有原始录音所表现的空间。理想的状态是有丰富的细节而没有失真和混淆。

评判指引：(0.5 分/级)；曲目 3、11、15、23。

2）空间的大小表现（1-3 分）。空间的大小是指重播音乐所还原出来的空间大小，如第 11 首的空旷感、第 15 首的室内乐感、第 23 首的教堂恢弘感。

3）表现空间大小的音乐准确度，是指将空间大小勾勒出来的器材在音乐方面的准确度，这与中高频、高频有相当大的关系，如第 11 首的雨林背景以及钢丝弦吉他的声音表现、第 15 首萨克斯的空间回响以及金属管身与金属号角的余震、第 23 首管风琴以及人声所表现出来的自然感（最高 2 分）。

### 3. 音场评定 Stage Realism

音场评定时，音量的大小参照音质评定时的基准大小。音场的评定时，最高可以给满分。

(1) 前声场 Front Stage Realism（最高得分：10 分）

1）前声场是指整个声场准确定义应在前面，没有变形、偏离，特别是不会从聆听者的背后传来，声场位置准确。

评判指引：(0.5 分/级)；曲目 3、5、9、13、19。

2）声场的中心位置与整体表现，是指声场的位置定位，通常以第 3、9 首的人声来确定，第 3 首的人声应在声场的中央稍偏左的位置，其他乐器的位置相对准确。分数为 1 ~ 3 分，最高得分 3 分。

3）各种乐器与人声的表现（0 ~ 3 分），是指音响系统中的高中低音，是否与人声或乐队的布局完美重现，并完整地表现出音场的准确位置。最高得 3 分，低音在主音乐的背后传来，如低音是从后面传来的，扣 1 分；乐器的排列与人声没有层次感，扣 0.5 分。

① 声场的横向排列（0 ~ 2 分）。声场在横向的自然展开，如乐器的基本位置以及准确度。

② 声场的纵向排列（0 ~ 2 分）。声场在纵向的自然展开，如乐器的位置以及把位变化时的纵向表现。

以下评判内容只限于 B 组以上的组别，含 B 组。A 组将不对此类进行评判。

（2）声场宽度 Stage Width（最高得分：6 分）

1）声场的实际宽度，决定于车体的实际空间和尺寸，它应达到车体的极限，从一侧的 A 柱到另一侧的 A 柱或超出，而不是局限在 A 柱或风窗玻璃的车厢里。

评判指引：(0.5 分/级)；曲目 3、5、7、9。

2）声场宽度以车身为基准，超出后视镜，而且声像稳定，定位准确 6 分；如果声像不稳定，定位不准确，得 5.5 分。

3）声场宽度在后视镜与侧风窗玻璃之间，而且声像稳定，定位准确 5.5 分；如果声像不稳定，定位不准确，得 5 分。

4）声场宽度在侧风窗玻璃处，而且声像稳定，定位准确 5 分；如果声像不稳定，定位不准确，得 4.5 分。

5）声场宽度缩在 A 柱内而且声像稳定，定位准确 4 分；如果声像不稳定，定位不准确，得 3.5 分。

6）声场宽度集中在车宽的 2/3 处，得 3 分或更低。

（3）声场深度 Stage Depth（最高得分：6 分）

1）声场的实际深度，决定于车体的实际空间和尺寸，它应达到车体的极限，超出车的前风窗玻璃，或明显地不在车体里，而不是局限聆听者的正前面。

评判指引：(0.5 分/级)；曲目 3、5、13。

2）声场的深度计分方法是：以低音与人声或主要乐器之间的深度为计量方式。

3）低音超过前风窗玻璃到发动机盖中央，定位准确，声像稳定可得 6 分；如声像不准确，定位不准得 5.5 分。

4）到风窗玻璃前，定位准确，声像稳定可得 5 分；如声像不准确，定位不准得 4.5 分。

5）明显在车内，但位置靠前，定位准确，声像稳定可得 4 分；如声像不准确，定位不准得 3.5 分。

6）低音就在聆听者的身前为 3 分；低音完全是从后面传来为 1 ~ 2 分。

（4）声场高度 Stage Height（最高得分：6 分）

1）声场的实际高度，取决于车体的实际空间。声场的高度应高于仪表板，在前风窗玻璃的中间位置。

评判指引：（0.5 分/级）；曲目 3、23。

2）声场的高度按人耳的高度为基准，达到人耳高度而且结像非常稳定，定位优异可得满分 6 分；如达到人耳高度，但定位感差，为 5.5 分。

3）声场的高度在仪表板与人耳之间，定位优异可得 5 分；但定位较差得 4.5 分。

4）声场的高度在仪表板之上，定位佳，可得 4 分；但定位差得 3.5 分。

5）声场的高度稍低于仪表板，定位佳，可得 3 分；定位差得，2.5 分。

6）声场的高度明显在仪表板较低的位置发出，但定位佳，得 2 分；如定位差，得 1.5 分。

（5）声场的中心位置 Stage Placement-Center（最高得分：6 分）

1）声场中心的位置判断基于车的实体（A 柱、风窗玻璃等）所构筑的一水平面内，和原始录音相对来说，它不能太左，也不能太右，应真实还原录音里的实际位置。声像移动应十分准确。

评判指引：（0.5 分/级）；曲目 3、5、9。

2）声场中心可以精确确定在仪表板的正中央，或者评判者的正前方，中心位置准确无误，十分稳定，移动很准确，可得 6 分；如果声场在仪表板的正中央或评判者的正前方，但声像不稳定，结像力较差，得 5.5 分。

3）声场中心稍微偏左或偏右，声像十分稳定，移动很准确，可得 5 分；但声像不稳定，结像力较差，得 4.5 分。

4）声场中心严重偏左或偏右，声像十分稳定，移动很准确，可得 3 分；但声像不稳定，结像力较差，得 2.5 分。

5）声场中心位置辨认比较困难，声像不稳定，得 1 ~2 分。

（6）左方声场的位置 Stage Placement-Left（最高得分：3 分）

1）左方声场的位置判断基于车的实体（A 柱、风窗玻璃等）所构筑的一水平面内，和原始录音相对来说，它不能太左，也不能太右，应真实还原录音里的实际位置。声像移动应十分准确。

评判指引：（0.5 分/级）；曲目 3、5、9。

2）左方声场的位置精准，声像稳定，定位好，得 3 分；如声像不稳定，定位感差得 2.5 分。

3）左方声场的稍有压缩或拉伸，位置稍偏离，声像稳定，定位好，得 2 分；如声像不稳定，定位感差得 1.5 分。

4）左方声场的较严重的压缩或拉伸，位置偏离，声像定位一般 1 分；如声像不稳定，定位感差得 0.5 分。

（7）右方声场的位置 Stage Placement-Right（最高得分：3 分）

1）右方声场的位置判断基于车的实体（A 柱、风窗玻璃等）所构筑的一水平面内，和原始录音相对来说，它不能太左，也不能太右，应真实还原录音里的实际位置。声像移动应十分准确。

评判指引：(0.5 分/级)；曲目 3、5、9。

2）右方声场的位置精准，声像稳定，定位好，得 3 分；如声像不稳定，定位感差得 2.5 分。

3）右方声场的稍有压缩或拉伸，位置稍偏离，声像稳定，定位好，得 2 分；如声像不稳定，定位感差得 1.5 分。

4）右方声场的较严重的压缩或拉伸，位置偏离，声像定位一般 1 分；如声像不稳定，定位感差得 0.5 分。

（SQL 音质评分规则与指南结束）

# 附录 E　SQL 工艺评分规则与指南

### 1. 汽车防盗系统 Security & Function

安全与防盗 Security & Function（最高得分：3 分）

1）汽车的安全与防盗是指汽车音响参赛车辆应安装了有效可检测的安全保护系统，并可验证。

2）汽车的安全与防盗要求有一个有效的安全保护系统，并且所有车门都受电子保护，这时可得满分 3 分；如果只有一个简单的防盗系统，如早期的汽车只对前门有防盗等，计 2 分。

一般地，汽车安全系统原车有防盗晶片的，直接计以 3 分，如奔驰，宝马等豪华型轿车。其他车型的必须四个门都能同时用中控锁控制，才能计满分 3 分。

### 2. 安全 Security

(1) 电流/熔丝 Power Flow & Fuse（最高得分：15 分）采取扣分制

1）电流/熔丝项是指所有的汽车电器应安装得当，并对汽车的安全以及音响系统的保护得到了相当的重视。评判内容包括：蓄电池、主熔丝座与熔丝、主导线、导线、电源分线盒与熔丝、主机导线与熔丝、电容的容值与安装，发电机和其他备用蓄电池等、接地导线。

2）汽车蓄电池的额定电流必须大于汽车影音系统的电流 10% 以上，如增加了蓄电池，应确保两个电池之间容量的匹配；如更改了蓄电池的容量，必须提供依据使裁判确信发电机的容量与蓄电池的相匹配，否则扣 3 分。

3）主熔丝座与熔丝或自行设计的断路器必须安装在电池接线端点的 18in（0.45m）以内，超过长度扣 3 分。主熔丝的电流值根据主导线的号数来确定，具体值根据表 E-1MECA 线材号数、熔丝电流值与功率对照表计算，熔丝电流值可低于规定值，但不得高于最大熔丝电流值，否则扣 3 分。

**表 E-1　MECA 线材，熔丝电流值与功率对照表**

| 线材号数 | 最大电流/A | 熔丝最大电流值/A | 最大功率（AB 类功放）/W | 最大功率（D 类功放）/W |
|---|---|---|---|---|
| 00AWG | 400 | 300 | 3312 | 4140 |
| 0AWG | 330 | 200 | 2731 | 3414 |
| 2AWG | 208 | 150 | 1720 | 2151 |
| 4AWG | 131 | 80 | 1084 | 1355 |
| 6AWG | 82 | 60 | 683 | 853 |
| 8AWG | 52 | 40 | 430 | 537 |
| 10AWG | 33 | 20 | 271 | 339 |
| 12AWG | 21 | 15 | 171 | 213 |
| 14AWG | 13 | 10 | 107 | 134 |

4）每处的导线必须严格按照 MECA 的导线计算法来核实，导线允许大，但不允许小，如主导线小于标准，扣 2 分；电源分线不符合标准，扣 1 分/处，请参照表 E-2 的 MECA 导线计算表格计算。注：表 E-2 按导线为铜线来计的，如果是铝线或其他导电率较低的线缆，应依照表格缩小一号。

**表 E-2　MECA 导线计算表**

| 电流/A ＼ 线材长度/m | 0～1 | 1～2 | 2～3 | 3～4 | 4～5 | 5～6 | 6～7 | 7～8 |
|---|---|---|---|---|---|---|---|---|
| 0～20 | 14 | 12 | 12 | 10 | 10 | 8 | 8 | 8 |
| 20～35 | 12 | 10 | 8 | 8 | 6 | 6 | 6 | 4 |
| 35～50 | 10 | 8 | 8 | 6 | 4 | 4 | 4 | 4 |
| 50～65 | 8 | 8 | 6 | 4 | 4 | 4 | 4 | 2 |
| 65～85 | 6 | 6 | 4 | 4 | 2 | 2 | 2 | 0 |
| 85～105 | 6 | 6 | 4 | 2 | 2 | 2 | 2 | 0 |
| 105～125 | 4 | 4 | 4 | 2 | 0 | 0 | 0 | 0 |
| 125～150 | 2 | 2 | 2 | 0 | 0 | 0 | 0 | 0 |

**备注：**每处导线必须可拆给裁判看，或者配有照片（照片要求有比对参照物，如铅笔和线材放到一起）。

**计算方法**

MECA 在计算导线时，出于安全的考虑，一般地以满功率，小电压即 12V 的标准来计算。如导线是在行李箱接额定功率为 500W 的 AB 类功放，长度为 5m，线材的号数应该是多少？

这台功放是 AB 类功放，效率为 60%，则为：(500÷60%）÷12，即可得 69.5A，则导线必须是 2 号线或更粗（号数更小）。

如果采用 D 类功放，则将效率视为 75%，则为：（500÷75%）÷12，即可得 55.6A，则导线必须是4号线或更粗（号数更小）。D类功放必须出具说明书、宣传画报或官方网络等证明所接入功放是D类功放。

5）任何导线从大变小处都必须有电源分线盒，并配相应的保险。如果没有电源分线盒和保险，扣2分。分线盒的保险值根据表E-1所示，所有保险值不得超过所规定的最大保险值，超过的扣1分/处。注：必须可拆给裁判看，或者配有照片。

6）主机的导线与熔丝也必须符合MECA的线材与熔丝电流的相关标准，否则各扣0.5分。注：必须可拆给裁判看，或者配有照片。

7）电容的容值是根据总功率来统计的，MECA低音功放功率大于600W，至少安装F级电容，电容的容值要求每增加1000W则相应增加1法拉的电容，电容值可大不可小。如功放功率为1500W，则要求至少用1F；如果功放功率达到2000W，则用2F，或者两个1F电容。低音功放功率超过1000W，至少装1F的电容，否则扣0.5分；电容值不符合要求，扣0.5分。电容的安装位置越靠近功放越好，MECA要求电容位置到功放的导线距离不超过0.6m，否则扣0.5分/处。

8）系统如有改装发电机或加装一个以上的蓄电池，必须符合MECA的蓄电池要求以及接线保护等，否则扣1分；蓄电池的安装位置必须牢固，非密闭式蓄电池必须有通气管道将蓄电池酸气排出车体，否则扣0.5分。注：必须可拆给裁判看，或者配有照片。

9）接地导线应与进入的导线规格相同或线径更粗（号数更小），否则扣0.5分/处。注：必须可拆给裁判看，或者配有照片。

（2）布线Cabling（最高得分：15分）采取扣分制

1）所有的线材和连接件都必须大小适当、安全、接法正确，对整车音响系统以及车辆安全起着良好的保护作用。在安装方面，MECA对于容易引起安全隐患的扣除分数以1分计，对于可能引起电阻上升或形成压降或损坏音质的扣分以0.5分计。

2）参赛选手应用相册、手提电脑等图例来说明各安全保护设备、线材布局以及连接方式等。主要考查的项目有：蓄电池头的安装、发动机室导线的保护、导线的保护与过孔、主机的接线、信号线的接头以及布线、扬声器线的接头与布线、电源接地的处理、音响系统的走线原则与原车接线系统的抗干扰性。

3）蓄电池头的安装必须稳固、不松动，并与导线连接紧固，没有松动。有明显松动扣1分。

4）发动机室内电源接头未加防锈处理扣0.5分（凡是可能外露受潮而导致氧化的必须作防锈处理，如涂防锈油或浸焊锡）；电源正极接头、熔丝座未加防接触保护扣1分。

5）导线的保护，是指导线应加套管以及过孔应加扣眼等，没有施工扣1分；每150mm处有胶布捆绑，每300mm内有扎带等方式固定，否则扣0.5分/处。注：必须可拆给裁判看，或者配有照片。

6）主机的接线部分应井然有序，并有良好的扎带或用胶布捆绑牢固，否则扣0.5分；主机的线束与原车主机的线束应接驳良好，有良好的焊接与绝缘，否则扣0.5分。注：必须可拆给裁判看，或者配有照片。

7）信号线的接驳应良好，并且布线整洁，每150mm处有胶布捆绑，每300mm内有扎带等固定，否则扣0.5分/处。注：必须可拆给裁判看，或者配有照片。

8）扬声器线的接头应有良好热塑套管保护，无裸露铜丝，否则扣0.5分/处，扬声器线的布线也应用套管保护，并且每150mm处有胶布捆绑，每300mm处有扎带固定，否则扣0.5分/处。注：必须可拆给裁判看，或者配有照片。

9）多点接地（除主机外）扣0.5分；接地点处理不当（如无刮掉保护层或防锈层或导致电阻上升等）扣0.5分。注：必须可拆给裁判看，或者配有照片。

10）音响系统走线原则以及与原车系统的接线，是要求导线和信号线应尽可能分车身两侧走线，如在一起走线，必须距离200mm以上，并应尽量避免相交，万一相交，应以90°相交过线，否则扣0.5分/处。注：必须可拆给裁判看，或者配有照片。

（3）器材安装 Equipment（最高得分：17分）采取扣分制

1）音响系统的每件器材必须安全有效地安装在车辆里。包括：主机等音源设备、扬声器、功放、箱体和障板、处理器以及其他12V的器材。器材这一项目主要是讲器材的安全性，并不涉及器材的安装工艺与外观创意等。

2）主机和其他音源设备安装位置合适，操作人员坐在驾驶位可以轻松操作，而且不妨碍车辆驾驶，否则扣1分。主机和其他音源设备安装稳固，用单手推有明显的松动扣0.5分/处，松脱扣1分/处。

3）扬声器的安装，包括高音、中音、中低音以及中置声道等有良好的保护，并且不妨碍驾驶，否则扣0.5分。改装的部件包括A柱以及高音、中音、中低音扬声器等，用单手推有明显的松动扣0.5分/处，松脱扣1分/处。

4）扬声器的螺钉必须正确安装锁紧，在中低音扬声器的反面应有正确的密封垫以防漏气，如没有扣0.5分/低音；在门板上安装的扬声器垫高的材料必须防潮，门板内部应有防水装置，如没有扣0.5分/低音。注：必须可拆给裁判看，或者配有照片。

5）所有功放都必须安装稳固，功放必须有螺钉固定，不得用卡板等来固定，除非有消除松脱隐患的其他方法，否则扣1分/处。用单手推有明显的松动扣0.5分/处，松脱扣1分/处。注：必须可拆给裁判看，或者配有照片。

6）功放的保护应该不妨碍散热，如果妨碍散热，内部没有装风扇等扣0.5分/台。注：必须可拆给裁判看，或者配有照片。

7）低音单元与箱体的安装应牢固，单独低音箱体放置在行李箱时，接线的预留长度应足够，否则扣1分；如果低音箱体是倒模在车上，则不用考虑此类情况。

8）低音单元应有良好的防碰撞保护，有良好的保护面框或者保护杆，否则扣0.5分/个。

9）安装部件，包括各种模具等，用单手推有明显的松动扣0.5分/处，松脱扣1分/处。

10）其他12V的器材，如处理器、电容等的安装必须稳固，用单手推有明显的松动扣0.5分/处，松脱扣1分/处。

### 3. 施工 Execution

（1）保养和维修 Maintenance（最高得分：5分）采取扣分制

1）音响系统的所有器材非常容易调整、维修、更换熔丝等，所有的安装板材组合良好，容易移动，十分安全。易于维修与保养是指在2min内可以拆开进行维修与保养。

2）器材的保养与维修是针对所有改装器材都必须易于调校、维修或保养，器材分为五部分评判：车厢，低音和功放、熔丝以及辅助安装件。

3）车厢主要是包括主机、前声场扬声器以及安装在车厢的其他器材如 EQ、功放等，这些器材都应非常轻松地维修以及更换熔丝等，否则扣 0.5 分/处。

4）低音部分的评判最主要是针对低音的维修以及低音箱体的板材组合是否良好，是否安全，否则扣 0.5 分/处。

5）功放的安装必须非常容易更换熔丝，并且安装安全，易于调校，否则扣 0.5 分/处。

6）汽车影音系统的所有熔丝都必须非常容易维修、更换，裁判可要求参赛选手动手操作以作示范，否则扣 0.5 分/处。

7）其他辅件应与主体设计非常融洽，组合良好，十分安全，而且不会妨碍其他器材的调整与维修，否则扣 0.5 分/处。

（2）功能性 Functionality（最高得分：10 分）采取加分制

1）功能性是指所有改装器材都必须易于调校，易于找到、看到，并易于由使用者操作，保持其完整的功能性。

2）对于保持原车设备的用途给予奖励，如备胎、工具箱、后排座位等。

3）评判采用加分制，功能性评判包括如下部分：主机及其他音源设备、EQ 或前级处理器、功放、解码器等，原车功能性装备（包括座位、备胎、原车工具箱），加分标准按 0.5 分为级数。

4）在驾驶位置可对汽车音响系统的开启、换碟、音量调整等进行操作加 3 分；驾驶位加装低音遥控加 0.5 分，前声场加装主机遥控器或转向盘控制器，加 0.5 分。

5）功放的功能轻松可调 2 分；但如有功放的功能不易调控，扣除 0.5 分/台，最低得 0 分。

6）EQ 或其他前级处理器轻松可调，加 1 分；对于没有加装 EQ 的车辆，视为 EQ 完全可控，直接加 1 分。

7）原车功能性保障，座位、备胎以及原车工具箱每项以 0.5 分计；总计可加分 1.5 分。

8）后排座位也可以对音响进行控制，加 0.5 分（包括后排遥控装置，后排触摸式显式屏等）。

9）加装汽车影音维修配件及工具的配置加 0.5 分；有音响器材改装配置图以方便维修的加 0.5 分。

（3）工艺 Craftsmanship（最高得分：15 分）采取扣分制

1）工艺是对改装者的改装工艺的评判，在汽车影音系统的安装任何方面的技能都在其评判范围内。

2）工艺评分的指导原则是，实行扣分制，对于较复杂的和细节做得非常好的改装有更高的得分。

3）工艺评判包括如下部分：主机或其他音源设备的安装，如与仪表板的配合；高音与 A 柱或仪表板的配合；前/后门板与前声场低音的改装；EQ 以及其他前级处理器的安装工艺；功放的安装与固定；低音单元与箱体的工艺；汽车隔声工程；线材、熔丝等辅件的安装等，扣分标准按 0.5 分为级数。

4）主机或其他音源设备的安装工艺，如和仪表板的配合，要求改装主机必须与仪表板的配合非常融洽，没有明显的缝隙，外露的主机边框必须有加装框架，否则扣1分。如与主机相关汽车部件有拆装或改装，从而使其有明显松动，扣0.5分/处。

5）高音安装在A柱及仪表板必须稳当，单手推不易松动，并且配合协调一致。A柱改装件不得有起边、松动等现象，否则扣0.5分。高音单元的安装位置协调，左右高音的LOGO也完全对称，否则扣0.5分。

6）前后门板的改装与原门板配合妥当，单元安装在上面稳固，螺钉全部正确安装，并注意部件之间的配合非常协调，门板轻敲没有异响，否则扣0.5分/处。中低音单元的保护网架与原车接合紧密，不易松脱，中低音单元的安装完全对称，门板应完全没有烫伤、划痕、撞伤，否则扣0.5分/处。注：必须可拆给裁判看，或者配有照片。

7）EQ以及其他前级处理器的安装稳固，并且与之配合的模具等做工精细，没有划伤、烫伤、划痕、撞伤、否则扣0.5分/处。

8）功放的安装稳固，外接线材部分安装井井有条，排列整齐，与之配合的支架安装稳固，细节做得良好，没有烫伤、划痕、撞伤等，否则扣0.5分/处。

9）低音单元与箱体安装良好，与原车架构结合紧密，如同原车安装一样，具有较高的做工质量：毛毡没有起边、粘胶、烫伤等现象；皮革没有起边、起泡、划伤、烫伤等现象；喷涂的外观没有起泡、色差、划伤、砸伤以及掉漆等现象，否则扣0.5分/处。箱体工艺必须有照片。

10）汽车隔声工程处理良好，门板与行李箱有隔声处理，否则扣1分/处。隔声材料粘接良好，并且效果理想，粘接如有松脱，扣0.5分/处。注：必须可拆给裁判看，或者配有照片。

11）电容、熔丝座、模具障板等辅件的安装必须稳固，而且不得有松脱隐患，如容易造成障板之间发出异响等隐患，否则扣0.5分/处。

（4）外观Appearance（最高得分：10分）采取加分制

1）外观的评判，是指整车音响改装的外在观感，它着重于系统的配置与整合性以及所特有的外观标贴等，外观主要涵盖车的每个方面，系统配置，系统设计和整合，系统的外观等。

2）任何关于提升整车的艺术品位的安装细节都在评分之列；为达到高水平的外观，加工难度应加以考虑。车和安装的器材整洁、干净，以确保最高的得分。

3）参赛车辆与音响系统在赛前有一定的准备，整车无论车体外观以及内饰都非常干净、整洁，车体外观与内饰各加0.5分。由于天气原因，参赛选手在来赛场的路上所引起的外观、内饰（地板）的脏污可不予考虑。

4）车厢在主机位、门板的改装是具有个性化的改装加1分；行李箱的改装具有个性化，有较高的改装水准与加工难度，加0.5～1分，简单的低音炮箱体放置不予以加分。

5）主机和仪表板、组成前声场的A柱、前/后门、功放以及EQ/电容的安装、外露熔丝电容、线材的处理、低音炮的安装等外观与整车相邻部分协调，各得0.5分。

6）在外观的处理上，注意整车的内饰协调一致，如用相同颜色的皮革、相同质地的材料等，加0.5分，如在门板上与行李箱都采用有机玻璃片或品牌LOGO等特殊制作工艺，可多加0.5分。

7）如将仪表板的处理与门板处理以及行李箱的处理都协调起来，加0.5～1分，如将仪表板部分碳纤处理，将门板的塑胶件也碳纤处理等都属于此列。处理工序以及协调性越协调一致，分数越高。

8）在音响器材周边加装灯饰照明系统，加0.5分；车的外观如车底加灯装饰，胎铃改装，加0.5分。

9）车体粘贴有明显的MECA赛事组织的标志，可加0.5分；车内装的有机玻璃或皮革，喷涂面上有明显MECA赛事组织竞赛车LOGO的字样可多加0.5分。

以下评判内容只限于Super Car以上的组别，BESTBUY中的A，B，C，D组将不对此类进行评判。

（5）创造性Creativity（最高得分：10分）采取加分制

1）创造性是指公认的创新成就：主要是在安装方面的独一无二的、全新的改装，是一种极具视觉冲击力和令人愉悦的一个概念、一种技巧和一个主题。

2）对于创新的得分内容主要有：在车里如仪表板、门板、后备箱等制作一个造型，将电脑集成到音响娱乐系统中，极具想象力的配线方案，造型复杂的玻璃钢导模，或其他外观设计，如将备胎融入到系统中的设计、个性化的仪表板等。

3）为方便操作以及主机服务，将主机的仪表板部分重新倒模以适合音响主机，加0.5分；仪表板或A柱加装电源、电流或温度等与汽车影音系统相关的指示表，加0.5分。

4）门板的改装造型非常有个性，加0.5分；中低音的网架也是采用新型材料或特殊工艺制作而成，加0.5分；A柱的表面造型或简美，或有个性的造型，加0.5分。

5）整车的内饰改装，仪表板、门板、座椅以及行李箱都是围绕一个概念而作的改装，加0.5分。

6）低音箱体的造型非常有个性，加0.5分；功放的安装与配套件非常有个性，如有很强的金属感、现代感、原装感等，加0.5分。如用喷涂工艺，或点缀，另加0.5分。

7）整个系统配置极具创意，并充分发挥了系统中器材的功能、功率等，同时达到了物尽其用的功效，加0.5分。其他选手认为有创意的对改善音质，或者增加产品、改装件使用寿命的别出心裁的改装，酌情加0.5分。全车隔声工程，可加1分（灯光照明不予以加分）。

8）吊顶式显示屏、头枕式显示屏的加装，方便后排座位者，加0.5分；在评判过程中，要求参赛选手演示，不能只作摆设；在汽车影音系统中，可以做到分区管理，前后分别控制，加0.5分。

9）将车载电脑、GPS、倒车后视功能、无线上网、移动办公功能等融入到汽车影音一体化中，加0.5分。

（SQL安装与工艺评分规则与指南结束）

# 附录F　SPL声压竞赛规则与指南

## 1. 宗旨

MECA是一个包括汽车音响的汽车电子竞赛协会，MECA还是一个鼓励、支持并奖励汽车音响比赛，提升汽车音响改装技术的成员联合会。这本竞赛规则书旨在定义 SPL（声压）的竞赛细则，每位参赛选手都必须认真阅读此规则，在改装中遵循此规则，在比赛过程中遵守。MECA 致力于让每个参赛选手在一个公平公正的比赛中得到最有价值的提升以及体验它所带来的快乐。

**2. 标准**

SPL 依据此规则书所确定的标准，对每一位参赛车辆在内部声压组 SPL 组、超级组以及外场声压 Drive-By-SPL 组别，进行测试，以评出最高的声压车。

**组别定义**

1）内声压组别（SPL 组）（SPL1、SPL2、SPL3、SPL4、SPL5）。SPL 组是针对那些对于汽车的电路、车辆以及专门针对获得高声压所做的改装车。符合规则书中规定的任何参赛选手可以参加这个组别。

2）DB 组（DB1、DB2、DB3、DB4、DB5） DB 组是将麦克风放在车的外面进行测试的组别。根据规则书里的规定的任何参赛选手可以参加这个组别。

3）超级组（X1、X2、X3） 超级组是特指那些改装展示车，为得到最高声压不一般的概念性的音压车。根据规则书里的规定的任何参赛选手可以参加这个组别（只在大型比赛中才做该组别比赛）。

**3. 一般规则**

（1）车辆/选手要求

1）车辆必须符合上路要求（有效注册，并得到许可，有安全带、座位、玻璃、制动和灯光等）。超级组的除外。

2）车辆和系统必须由车主或支持团队成员来操作，在测试过程中，只允许 1 名车主/选手或团队成员坐在驾驶位置。

3）参赛选手坐在车上必须戴上保护耳套。不带耳套的选手，MECA 不给予参赛资格。

4）在测试过程中，只允许有参赛选手或支持团队成员来操作。

5）当声压超过 150dB，实际声压超过 145dB 时，任何人不允许坐在车里，否则将取消资格，但是可以重测。

6）发动机最大空转速为 2000r/min，SPL 组、超级组除外。选手必须能够提供转速数据或接受裁判的检验。转速是选手在车外时进行检查证实。

7）除非未达到规定的转速，任何车辆不允许加快转速，否则将取消资格。参赛选手不允许卡住加速踏板来增大转速。（SPL 组，超级组除外）。

8）参赛选手的行驶证需上交以作为赛事记录登记。

9）每次比赛，参赛选手可以用同一台车在多个更高组别参赛，但只允许在一个组别保持记录。

10）参赛选手和支持团队成员必须尊重裁判。任何不道德、有失竞赛风范的行为都将导致取消比赛资格或停赛。

（2）判定标准

1）MECA 的 PCF（声压计算法）来确定声压级组别，其计算方法为：熔丝电流值×10＋低音扬声器的面积，低音扬声器的面积参照所附《低音扬声器面积计算表》。

2）熔丝电流值是功放内部的额定熔丝电流，只有接低音炮功放的熔丝电流值被计算在内。

3）在驱动低音炮的功放前必须加装熔丝座。驱动超过 457mm 的超低音的功放的正负导线必须安装熔丝。

4）允许单个熔丝连接多台功放或多个熔丝座单独保护一台功放。

5）串入的熔丝、熔丝座和从熔丝座接到功放的导线不得有阻碍。

6）串入的熔丝类型只允许有：AGU、AUE、Maxi、ANE 或 ANL 等型号。①AGU/AUE 额定电流值只允许有 20、30、40、50、60A。②Maxi 额定电流值只允许有 40、50、60 和 80A。③ANL/ANE 额定电流值只允许为 100、150、200、250 或 300A。

7）电路断路器不视为熔丝。

8）系统一旦检验，未经裁判允许，不得替换熔丝。熔丝不允许以任何方式更改、调换。同时不允许对熔丝进行特殊的降温处理。

9）如果功放也没有熔丝，则功放的最大峰值功率将用来计算分组，其计算方法为：功放的最大峰值功率＋低音扬声器的总面积。

10）驱动低音炮的功放必须正确地采用串接熔丝座来保护，以赢得赛事积分，并记入赛事记录，并有参加总决赛和世界总决赛的机会。

11）MECA 裁判决定分组。

12）在赛事中任何自由决定的规则都必须书面通知委员会，得到委员会的官方认可，同时以作澄清和修正。

13）参赛选手选用音源（包括 CD、MP3、广播）。

14）车辆一旦进入赛道，裁判准备开始时，选手只允许 5min 来调试，否则取消资格。

15）一次测试限时 30s，选手共有两次机会，取最高值。

16）如果系统有问题，SPL 未达到 130dB（DB 组别未达 110dB），选手允许用时 5min 来调试。DB 组如测得是 0dB，允许参赛选手重新调整系统以及音源来测量，但不得更换器材来重新测试，整个过程都应在 MECA 当场裁判的监督下进行。

17）平局时的解决办法是重新比赛，得分高的在该组胜出。例如：如果排名第二的出现平局，则胜出的得第二名，输的得第三名。但其在平局中所得纪录将不会改变。

18）TermLab 牌麦克风是 MECA 指定的麦克风。

19）MECA 中国总会的纪录只能由 MECA 中国总会的 A 级赛事中所得纪录为准。

（3）麦克风的摆放

1）麦克风必须放置在由 MECA 所确认的支架上。

2）在比赛过程中，参赛选手不得触摸或移动麦克风。

3）麦克风面对车的正前面，在整个测试过程中都必须保持水平。

4）参赛选手不得坐到麦克风摆放的同一位置。

（4）系统要求

1）所测得声压必须由12V的音响系统产生，而不得由其他的物理的、化学的或机械的方法所产生。

2）箱体不仅仅是低音炮箱体，还包括装在箱体上的器材，如功放、扬声器、低音扬声器、电源、蓄电池等。

3）所有的器材，包括但不仅限于功放、扬声器、熔丝座，蓄电池等都必须安全地装在车上，以便检验。

4）只允许2000W以上组安装额外的蓄电池。

5）检查后不得再增加或更改器材。如果存在问题，必须经裁判同意方可更改，但不能改变所替代器材的级数。

（5）低音扬声器面积计算表

1）圆形扬声器计算法见表F-1。

**表F-1　圆形扬声器面积**

| 标称直径/in<br>面积/in²<br>数量 | 8 | 10 | 12 | 13.5 | 15 | 18 | 21 |
|---|---|---|---|---|---|---|---|
| 1 | 50.24 | 78.5 | 113.04 | 143.07 | 176.63 | 254.34 | 346.19 |
| 2 | 100.48 | 157 | 226.08 | 286.14 | 353.26 | 508.68 | 692.38 |
| 3 | 150.72 | 235.5 | 339.12 | 429.21 | 529.89 | 763.02 | 1038.57 |
| 4 | 200.96 | 314 | 452.16 | 572.28 | 706.52 | 1017.36 | 1384.76 |

注：面积S=3.14×标称扬声器半径的平方，标称扬声器半径的单位为in。其余不规则的扬声器全部换算成in再加以计算。整个低音系统的扬声器面积，是单个扬声器面积与扬声器数量的乘积。

2）方形扬声器计算法见表F-2。

**表F-2　方形扬声器面积**

| 标称边长/in<br>面积/in²<br>数量 | 8 | 10 | 12 | 15 | 18 |
|---|---|---|---|---|---|
| 1 | 64 | 100 | 144 | 225 | 324 |
| 2 | 128 | 200 | 288 | 450 | 648 |
| 3 | 192 | 300 | 432 | 675 | 972 |
| 4 | 256 | 400 | 576 | 900 | 1296 |

注：面积S=标称扬声器边长的平方，标称扬声器边长的单位为in。其余不规则的扬声器全部换算成in再加以计算。整个低音系统的扬声器面积，是单个扬声器面积与扬声器的数量的乘积。

**4. 内场声压组（SPL组）Sound Pressure Level**

该组别是针对那些将车的音响系统改装以达到最大声压级的参赛选手。这个组别的参赛选手的目标就是在车内达到顶级的声压效果的音响玩家。共分为五组：

1）SPL1 0~750W。

2）SPL2 751～1200W。

3）SPL3 1201～2000W。

4）SPL4 2001～3500W。

5）SPL5 3500W。

（1）车辆/车主要求

1）在测试过程中，车主或支持团队成员必须坐在驾驶员座位。

2）行李箱在测试过程中必须关闭。

（2）判定标准

1）在测试过程中，驾驶人或乘客座位等门或窗户都应关闭。行李箱盖、发动机盖、后门盖或门等必须关闭。

2）TermLab 规定，频率上限不超过 100Hz。

（3）麦克风摆放

1）综合通用规则规定，麦克风放置在副驾驶位的地板上的正中间，竖直摆放，麦克风距右边玻璃 4in（100mm），距离仪表板 4in（100mm）。

2）麦克风放在标准的位置，位置由现场执裁裁判摆放，参赛选手不得移动、自行摆放麦克风位置与高度等。

（4）系统要求

1）在车的前面没有可提升声压的特殊改装。只允许使用市场上的隔音材料如橡皮泥/沥青等阻尼材料，而且最多只能使用两层。

2）泡沫、树脂、风管以及其他任何相似的材质用来增加 SPL 的分数都不允许。

3）仪表板的改装只限于：车辆针对视频（显示屏、DVD、游戏机控制等）以及前置扬声器的线材等。

4）仪表板允许由一些织物覆盖，为了和整车配合喷涂颜色也允许。参赛车辆外观与内饰不得有为加强声压而粘贴的胶板、树脂等临时性的材质。

5）不允许有调音台似的装置，但是主机可以接到车外来调控。

6）箱体必须装在行李箱里，而且箱体不能够影响到后排座位的折叠摆放等。

7）后视必须无妨碍。箱体的高度不能超过后排座位的高度。头枕的高度不计在后排的部分。如果头枕装在座位上，座位的高度可视为头枕和座位之间的距离。

8）对于皮卡车：高度不得超过后窗玻璃的高度。①标准的小货车：箱体必须装在座位后面尽量靠前的位置；②加长的小货车：箱体不能阻碍座位的调整装置，座位必须在原厂配置的位置；③四门皮卡或小车：后排座位必须保留，但是箱体可以放在座位上面。

9）所有的两座车（不是卡车）：箱体必须不得超过 B 柱。

10）座位不能移动，除非原车的设计是允许可以折叠放倒下来，但是要仍可以回到原位，而不需要移动箱体。

11）如果车辆没有安装原厂的后排座位，而是安装了一个可放倒的后排座位（如同原厂设计的）。后排的座位必须可以放置在卡销的位置，而且在通过时不需要移动箱体。

12）更换 12V 的电路以及蓄电池等装置是允许的，但是只允许使用一个发电机。

13）包括车辆的主蓄电池，SPL1 允许共计一个蓄电池，SPL2 允许有两个蓄电池，SPL3

允许有三个，SPL4 允许有四个，SPL5 无限制。

14）原蓄电池可以被替代。所有电池都必须安全地安装，但必须安装在发动机室或后备箱等里面。皮卡车上，蓄电池安装在后部载货平台上的，必须保护得当。

**5. 外场声压组（DB 组）Drive-by SPL**

这个组别是为针对那些日常驾驶用车在行驶时对街道的影响力而在车外测试 SPL 的一个组别。DB 声压组分组：

1）DB1 0～750W。

2）DB2 751～1200W。

3）DB3 1201～2000W。

4）DB4 2001～3500W。

5）DB5 3501W。

（1）车辆/车主要求

1）在测试过程中，车主或支持团队成员必须坐在驾驶座位。

2）车辆必须安全谨慎地操作。在测试之前、测试中、测试后，如出现选手有危险性的动作及举动，将取消比赛资格。

3）一旦测试开始，车辆不得挂倒档；但是在测试前可以停在测试位之前，再挂空档推到测试位以获得最短距离。

4）车辆在经过赛道时，允许发动机稍微加速以保持车辆正常通过赛道。在比赛过程中任何加速动作都将取消成绩。

（2）评判标准

1）窗户可以开启，但是不允许拆除。门、发动机盖等必须关闭。敞篷车的篷可以移走，可折叠的车顶应折叠。软篷顶车可考虑是否折叠。

2）在测试过程中，参赛选手必须播放音乐曲目。不允许纯音调、扫频以及超低频等曲目。

3）参赛选手不允许使用烧录的 CD，只允许使用商业性音乐 CD。

4）中高频必须在车外可以听得到。

5）歌曲中的歌词不得有污辱或不雅词语。

6）允许有支持团队支持。

7）高频不超过 100Hz，由 TermLab 测试系统确定。

8）测量外声压时，必须确保只有参赛选手和声压执裁裁判在赛道上，其余人员包括支持团队人员、观众等，都必须远离参赛车辆以及测试麦克风等。

（3）麦克风的摆放

1）参考通用规则，麦克风必须放置在地上，在副驾驶座位一边，距离车窗（一般是指副驾驶位）72in 即（1.8m），距离地面 54in（1.35m）。

2）如果是敞篷车或后门窗玻璃可放下的车辆，参赛选手选择从车后测量，麦克风放置在地上，距车体尾部 72in 即（1.8m），距离地面 54in（1.35m），但不允许打开行李箱盖或者打开后车门来测量。

3）参赛选手可以在上述两者中任选其一，但只有后者才计入成绩，如超过将取消比赛资格。参赛选手可以要求重测，但这些都基于裁判的判断。

（4）系统要求

1）箱体不得超过前门的最后端（B 柱的最前端），除小型货车必须将座位更靠前外。

2）门板允许重新修改以适合前门的扬声器。但是所有的改动只允许是为了安装前声场的扬声器。用铁板、木块、玻璃钢等用来增强声压都不允许。

3）OEM 改装的主机必须在车里。

4）仪表板的改装仅限于：对视频（显示屏、DVD、游戏机控制等）以及前置扬声器的线材等，主机的重新改装，以及为提升音质而安装的前置扬声器。

5）仪表板允许由一些织物覆盖，为了和整车配合喷涂颜色也允许。

6）在 B 柱以前只允许用橡胶或树脂等减振材料，任何地方最多只允许用两层。在 B 柱前采用泡沫、树脂、风管或其他任何相似的材质用来增强声压的都不允许。

7）参赛车辆外观与内饰不得有为加强声压而粘贴的胶板、树脂等临时性的材质。

### 6. 超级声压组（X 组）Extreme SPL

X 组是针对那些车辆为了最大的改装以达到最高的声压级。X 超级组分组：

1）X1 0 ~ 6000W。

2）X2 6001 ~ 10000W。

3）X3 10001W 以上。

（1）车辆/车主要求

1）车辆必须能够安全驾驶到赛道。

2）中控台的高度不得超过风窗玻璃的底部，而且不能妨碍人从驾驶座位过到前乘客座位。

3）前风窗玻璃可以由有机玻璃或其他类似材料代替，但必须至少有 $500in^2$ 的面积不会妨碍视觉。

4）侧面玻璃可以由有机玻璃或其他类似材料代替，但必须至少有 $200in^2$ 的面积不会妨碍视觉。

5）车厢前面必须允许驾驶员和前乘客坐下，就如原车配置一样。

6）脚踏板或其他电子开关在测试过程中可以覆盖起来保护，但是在测试后，应可以轻松地拆除。

7）不得有超过 6in 厚的支撑架。

（2）评判标准

在测试过程中，窗户、门、发动机室、行李箱等都必须关闭。

（3）麦克风的摆放

1）综合通用规则，麦克风放置在副驾驶位旁，麦克风距右边玻璃 4in（100mm），距离仪表板 4in（100mm）。

2）麦克风后面没有阻碍物，除座位和头枕。

（4）系统要求

1）箱体（包括扬声器、倒相管等）距离车轮不得少于20in，而且不得破坏其水平或竖直方向的平衡。

2）所有的音响系统必须安装在车里，除调音台外。

3）蓄电池可以安装在车外，但必须安全，保护妥当。

（SPL竞赛规则与指南结束）

# 汽车维修与服务高技能人才培养丛书

行业专家与双师教师精心编撰

适于突出高技能型人才培养的中、高职及技师培训

| 书　名 | 主编 | 定价/书号 |
|---|---|---|
| 汽车发动机电控系统原理与诊断维修（含1CD-DOM） | 行文凯 | 45元/35902 |
| 针对高职和技师培训的高端教材，配有Flash动画演示电控工作原理。 | | |
| 汽车自动变速器原理与检修一体化教程（PPT课件） | 王正旭 | 45元/27305 |
| 经典一体化高职教材，变速器类型全，拆装操作步骤、检修思路详细。 | | |
| 汽车自动变速器原理与检修教程 | 薛庆文 | 29元/36624 |
| 著名维修培训专家执笔，思路新、内容新，适合中高职、高级工和技师培训。 | | |
| 汽车自动变速器原理与检修 | 徐家顺<br>郑志中 | 39.80元/36984 |
| 结合维修实践，内容全面，适于中高职及高级工培训。 | | |
| 汽车传动系统原理与检修 | 罗新闻 | |
| 汽车新技术新配置 | 嵇　伟<br>桂江一 | /38323 |
| 包括柴油高压共轨、新能源汽车等最新技术，针对高职及技师培训。 | | |
| 汽车影音改装实用教程 | 王鹤隆 | /38175 |
| 著名影音改装专家执笔，突显操作性、实用性的高职及培训教材。 | | |
| 汽车售后服务与管理 | 姚美红<br>栾琪文 | 29元/36132 |
| 熟悉欧美日车系4S店管理的专家编写，结合案例，适于本科、高职及高端管理。 | | |

各大售书网站有售。

专为师资教学备有PPT课件，咨询申请邮箱：sy88888@sina.com

图 1-9　蓄电池导线熔丝、熔丝座

图 1-23　主机面板框改装前

图 1-25　面板框制作过程(二)

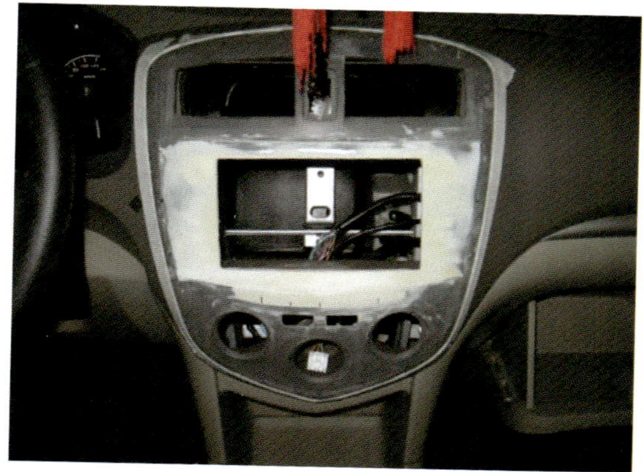

图 1-27　面板框制作过程(四)

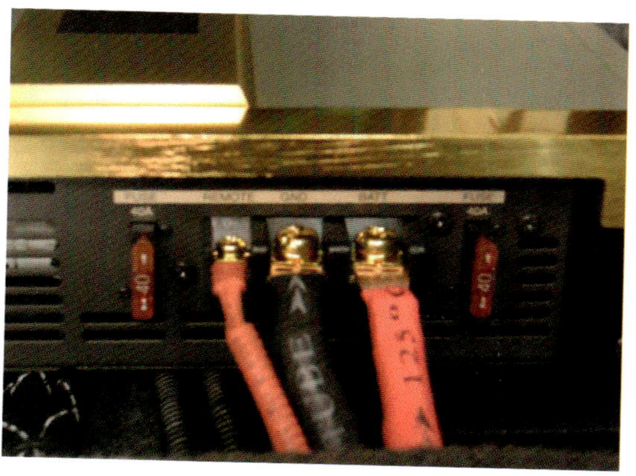

图 1-10　功放接线保护套管

图 1-24　面板框制作过程(一)

图 1-26　面板框制作过程(三)

图 1-28　面板框制作完成(一)

图 1-29　面板框制作完成(二)

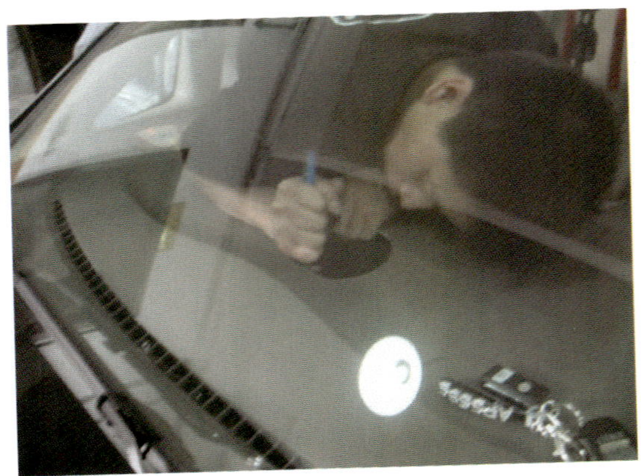

图 1-30　中置扬声器改装(一)

图 1-31　中置扬声器改装(二)

图 1-32　中置扬声器改装(三)

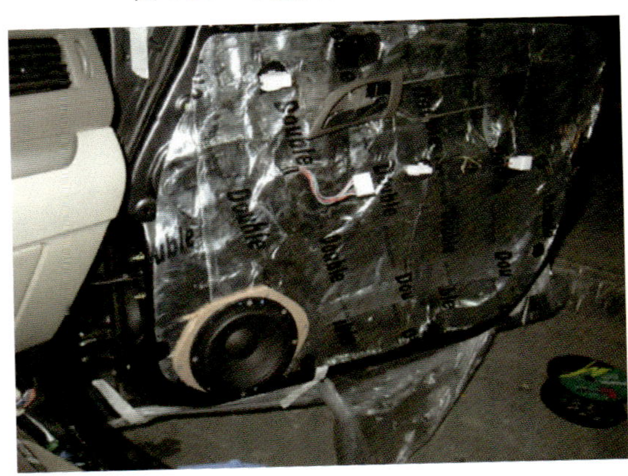

图 1-33　右前门扬声器改装(一)

图 1-34　右前门扬声器改装(二)

图 1-35　右前门扬声器改装(三)

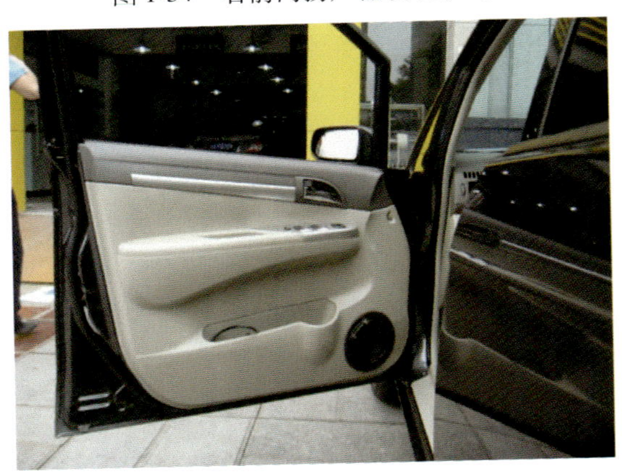

图 1-36　左前门扬声器改装(一)

图 1-37　左前门扬声器改装(二)

图 1-38　右后门扬声器改装(一)

图 1-39　右后门扬声器改装(二)

图 1-40　左后门扬声器改装(一)

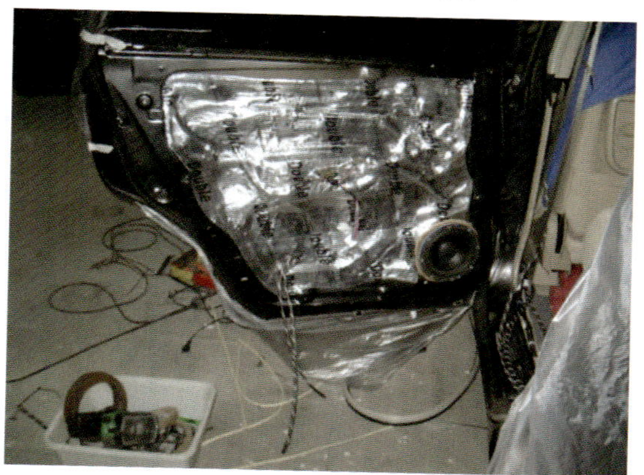

图 1-41　左后门扬声器改装(二)

图 1-42　左后门扬声器改装(三)

图 1-43　左后门扬声器改装(四)

图 1-44　前声场完成图

图 1-45　后备箱完成图

图 2-19　简明的功放安装方式

图 3-26　转向盘解码器

图 4-6　汽车 DVD 影音系统

图 2-4　伸缩式液晶显示屏

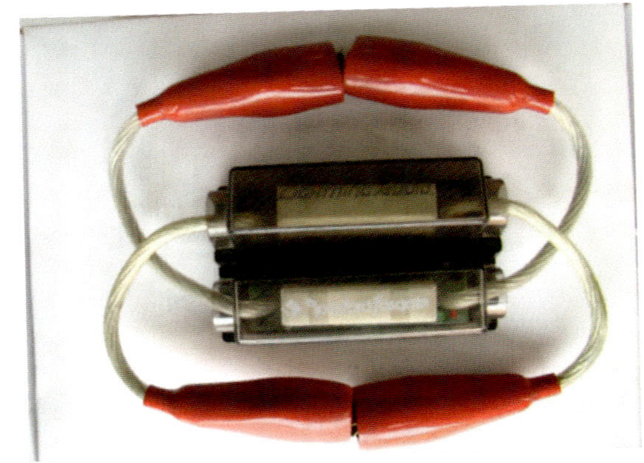
图 3-10　电容充电保护器

图 3-28　布线基础方式

图 4-14　两台功放架

图 4-15　改装前 A 柱

图 4-16　贴上弹力布 A 柱

图 4-17　将 A 柱涂上腻子图一

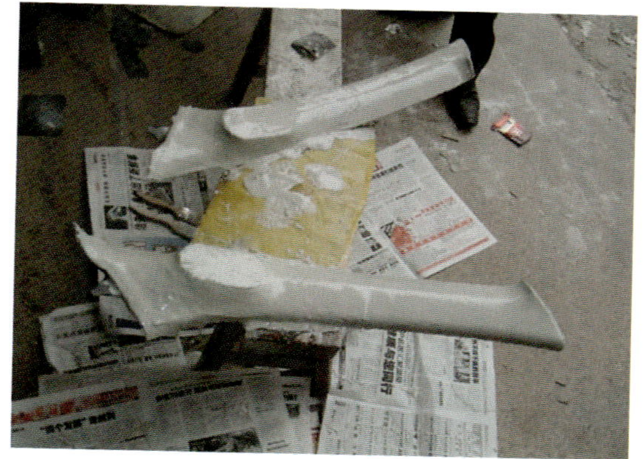
图 4-18　将 A 柱涂上腻子图二

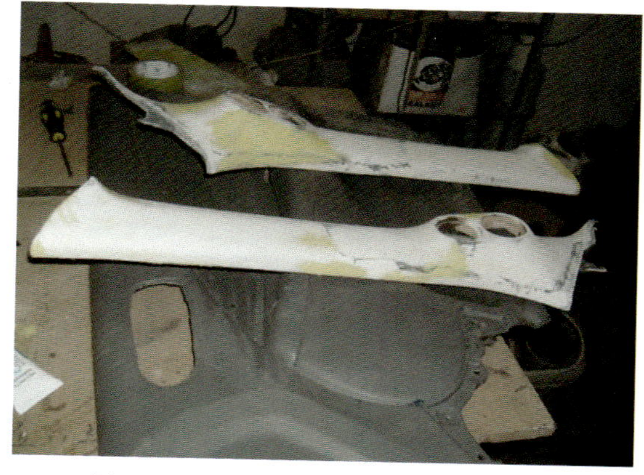
图 4-19　抛光、磨平 A 柱上的腻子图一

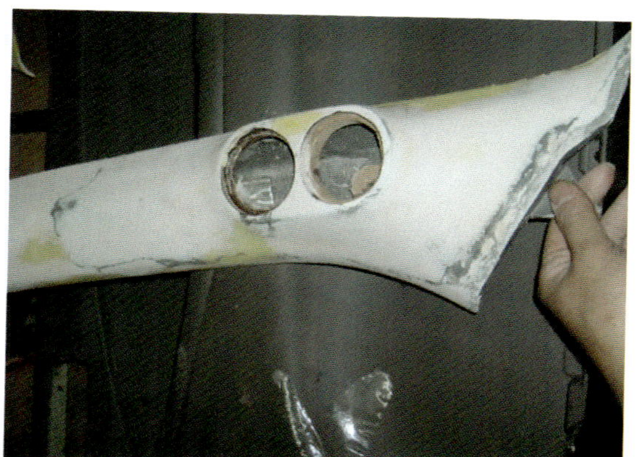
图 4-20　抛光、磨平后 A 柱上的腻子图二

图 4-21　安装固定 A 柱上高音及包上皮革图一

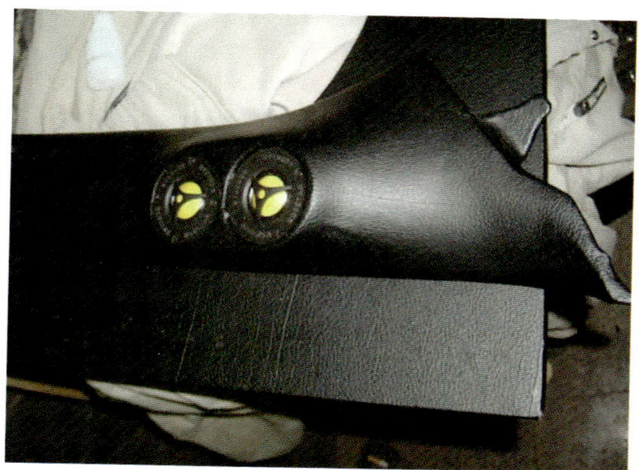
图 4-22　安装固定 A 柱上高音及包上皮革图二

图 4-23　导模完成视图

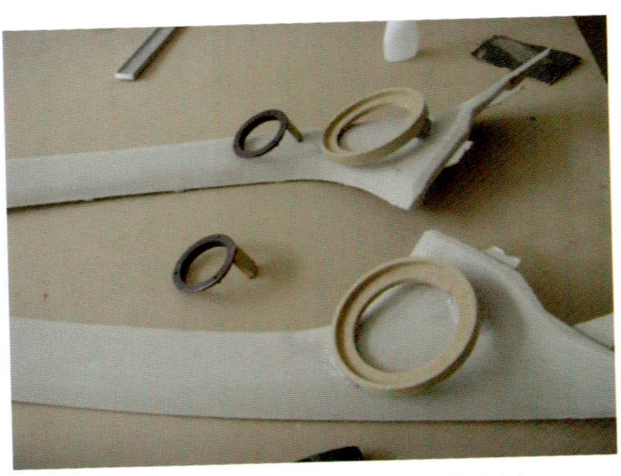

图 4-24　固定高音木垫圈在 A 柱上图一

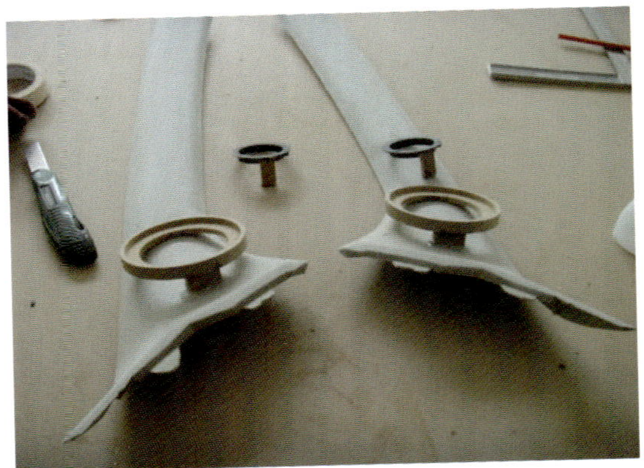

图 4-25　固定高音木垫圈在 A 柱上图二

图 4-26　固定高音木垫圈在 A 柱上图一

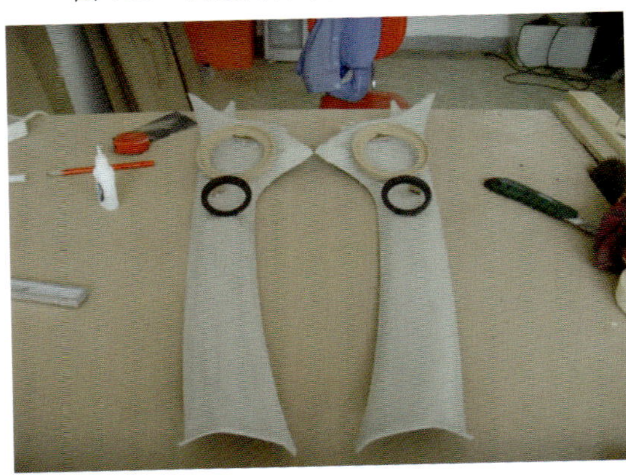

图 4-27　固定高音木垫圈在 A 柱上图二

图 4-28　初步完成 A 柱导模

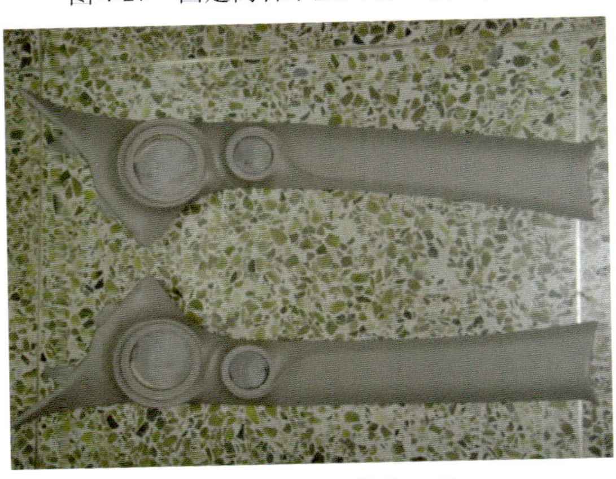

图 4-29　包上皮革的 A 柱

图 4-30　导模完成视图

图 7-4　Honda CRV 视图

图 7-8　主机视图

图 7-9　左前 A 柱视图

图 7-10　右前 A 柱视图

图 7-11　超低音音箱视图

图 7-12　BENZ ML350 视图

图 7-14　三台功放叠起视图

图 7-15　本例影音系统视图

图 7-17　调音实例过程

图 7-18　前声场视图

图 7-19　左前声场视图

图 7-20　右前声场视图

图 7-21　行李箱视图

图 7-23　先锋 DEX-P90RS 主机

图 7-24　改装后效果视图

图 7-25　夜间效果视图